TRAITÉ DES INFLUENCES

Divisé en deux Parties.

PREMIERE PARTIE

Des Influences des Cieux, & des Astres;

Erectos ad Sidera tollere vultus. Ex Ovid.

CHAPITRE PREMIER

Des Influences des Cieux, & des Astres en general.

CHAPITRE SECOND

De la Domination particuliere des sept Planetes.

DEVXIE'ME PARTIE

Des Influences, & Vertus occultes des Estres terrestres.

Trahit sua quemque voluptas.

CHAPITRE PREMIER

De l'Aimant.

CHAPITRE SECOND

De l'Inclination des Arbres vers les Metaux, Mineraux, & les Eaux.

Par M. IACQVES LE ROYER Sieur de la Bliniere Conseiller du Roy, Iuge de ses Gabelles aux neuf Eslections privilegiées de basse Normandie.

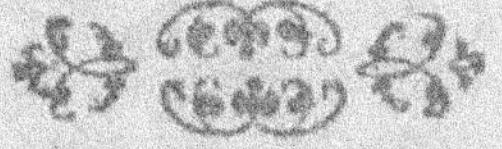

A AVRANCHES,

Chez NICOLAS MOTAYS Imprimeur & Libraire, demeurant en la Ville. 1677.

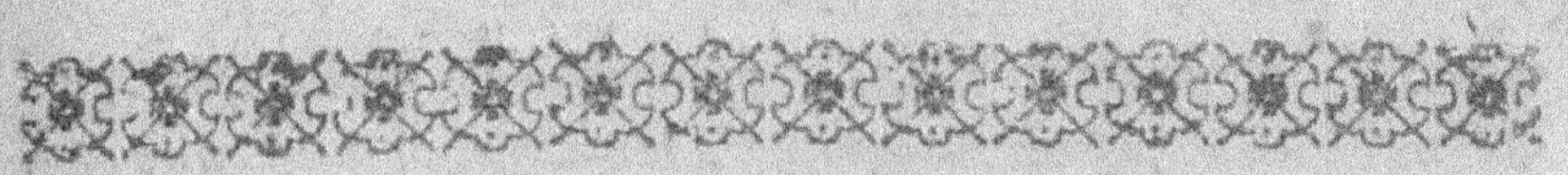

A MONSEIGNEVR,

MONSEIGNEVR

DE BEAVVAIS,

CONSEILLER DV ROY

en son Parlement de Normandie ,
Abbé Commandataire de Montmorel ,
Prieur de Marsac , &c.

Par son tres humble & tres-obeïssant
Seruiteur LE ROYER.

MONSEIGNEVR,

*Vous croirez peuteſtre d'abord , que ſuivant l'uſage
commun de ceux qui font des liures , ie vay faire voſtre
Panegirique , ou demander la protection de mes Ou-
urages , mais ce n'eſt pas mon deſſein , & ie ne ſuis
pas icy dans un autre ſentiment que celuy , où i'ay touſiours
eſté , qui eſt de ne pas ſuivre les voyes ordinaires , que les
autres ont teniies , afin d'y rencontrer ce qu'ils n'ont pas
trouvé ; ce n'eſt pas d'un coſté , que ie ne peuſſe bien vous
dire des fleurettes , & que ie n'euſſe beaucoup de veritez
a étaler ſur ce ſujet , ſi ie le voulois faire ; & d'effet
(comme i'ay dit dans un de mes petits ouvrages , qu'un
homme en vaut autant d'autres , qu'il ſçait parler de
langues) ie trouve en vous , en outre les differentes
langues que vous ſçavez , trois ſortes de perſonnes , ſça-*

voir un Homme de Cour, qui possedez à droit succeßif
la faveur de nostre Auguste Monarque, ainsi que vos
Ayeux, celle de ses Predeceßeurs Roys de ce magni-
fique Royaume, l'un ayant esté Conseiller d'Etat, & d'autres Presidens en Parlement; & un homme de Iustice, qui la
rendez inviolableme͂t dans le Parleme͂t de Roüen, qui est un
des premiers du monde, puis qu'il est le second de la France,
& un Homme d'Eglise, qui faites paroistre autant vostre
zele pour la pieté & la religion, que pour la decoration
des Eglises dont vous estes le chef, & des Maisons qui
en dependent dont vous estes le directeur, que vous avez
trouvées en un déplorable estat, & qui (comme un des
Empereurs disoit de Rome) n'estoient que de boüe, & que
vous avez renduës splendides, comme si elles estoient de
marbre ; ie pourois confirmer ces choses par un long détail
des vertus, qui vous font briller en ces trois differentes
considerations, mais encor une fois ce n'est pas mon deßein,
& ie m'engagerois dans une si grande matiere, que ie
n'en pourois sortir, à moins que de faire une perte plus
grande que tout le bâtiment, que i'ay entrepris de faire,
& sur laquelle il suffit de mettre vostre Nom, pour dire,
autant qu'un grand volume pouroit contenir, couvrant le
reste d'un rideau, de peur que les traits de la copie, ou
de la peinture, que ie voudrois faire, ne diminuaßent
le lustre de l'original : de l'autre costé, si iamais un livre
eut besoin de protecteur, & d'un solide appuy, c'est celuy
que ie vous presente ; car en oustre qu'il y a de nouveaux
principes, qui pouront choquer le sentiment de plusieurs
graves & celebres Authours, qui sont respectez comme
des oracles, & dont les pensées sont executées, comme des
Arrests, par ceux qui iurent sur leurs paroles, ie pourois
craindre, si i'en estois capable, qu'on ne m'objectât que
mes escrits, & specialement mes sentimens sur la puissance & domination des Astres, choquent & detruisent

uôtre franc arbitre ; & qu'ainsi ie devrois implorer vôtre
secours, pour les deffendre, soit à la Cour, ou en Iustice,
ou dans l'Eglise, toutes fois ie n'en parleray pas, me
persuadant, qu'estant fondez sur de bonnes, & solides
raisons, & appuyées d'experiences, ils se soûtiendront bien
d'eux-mêsmes, & que quelque chose qu'on puisse proposer
au contraire, on ne les poura pas ébranler, ny detruire;
que si donc Mr. i'ay pris la liberté de vous les presenter,
c'est (en outre plusieurs raisons qui m'y ont porté, & entr'autres cette genereuse bonté, & cette grande affection
que vous auez tousiours euë pour moy, depuis que vous
estes pourveu de vostre Abbâye) à cause qu'ayant mis au
commencement de mes Ouvrages, Dico Opera Mea
Regi, il paroissoit que mon intention estoit de les dedier
à Dieu & au Roy, & comme ie trouue en vous quelque chose de Divin, en ce que vous estes Ecclesiastique,
& dans les Ordres saintes (sans parler de vos vertus
qui sont toutes Divines) & quelque chose de Royal,
estant Conseiller du Roy, & lequel parle par vostre
bouche, dans vos iustes iugemens & Arrests, (sans
mettre en ligne de compte vos Royales & magnifiques
qualitez.) ie ne pouvois pas mieux rencontrer pour achever mes entreprises, que de ietter mes yeux sur vous;
car ie reünis en vous, lors que ie vous presente ce Traité,
& Dieu, & le Roy, comme i'ay fait dans le frontispice
de mes Ouvrages, ie rends à Dieu ce qui luy appartient
plus eminemment, qui est le Ciel du Ciel, au sentiment
du Prophete Royal, ie veux dire la connoissance des
Astres, qui sont les plus beaux ouvrages de ses mains :
Cœlum Cœli Domino : & à Cæsar, ou au Roy ce qui
luy appartient aussi, sçavoir la connoissance de l'Aimant,
qui est vne petite terre, suivant l'opinion de tous nos Autheurs modernes, l'offrant aux fils des hommes, en l'a-
dressant au Roy qui en est l'aisné, & leur Maistre; Tet-

ram autem dedit filijs hominum ; Car pour ce que i'y ay
adiousté de l'inclination des arbres vers les metaux & les
eaux, ie n'en suis plus le maistre pour en disposer, du moins
d'vne partie, en ayant donné vn petit manuscrit à feu
Monseigneur Seiguier Chancelier de France, en 1662.
Et bien que i'y aye adiousté beaucoup de choses, & reduit le tout en vn autre ordre, cela n'est plus à moy, non
plus qu'vn habit qu'vn Tailleur auroit fait d'vne étoffe,
qui ne seroit pas à luy; ainsi trouvant en vous vn esprit
Divin, ie vous addresse mes vœux, pour les offrir à
Dieu; & vn genie Royal, ie vous presente mes desseins,
pour les donner au Roy, me recommandant tout à la fois
à Vous, au Roy, & à Dieu.

TRAITÉ
DES INFLVENCES.

PREMIERE PARTIE

DES INFLVENCES DES CIEVX
& des Astres en general, & de la
domination alternative
des sept Planetes.

Erectos ad Sidera tollere vultus.

CHAPITRE PREMIER
Des Influences des Cieux, & des Astres en general.

ARTICLE PREMIER
De l'Astrologie.

Vant que de parler en particulier des
influences, ou vertus occultes des
estres creés, & de descendre des Cieux
& des Astres, aux creatures de ce globe
terrestre, qui ont de pareilles vertus
par eminence, & plus que les autres,
il est à propos de commencer par les
Cieux & les Planetes, attendu que leur puissance est
plus grande, & plus étenduë, & leurs effets plus admirables, que des autres choses qui ont aussi des influences; estant constant, & on ne peut pas le revoquer en

Q

doute, que les Cieux & les Astres, & specialement
les sept Planetes, produisent en ce monde par leurs
influences, ou vertus secrettes, plusieurs sortes d'effets,
qui ne devroient estre ignorez d'aucune personne, suivant le sentiment d'un des Poëtes Latins, Dieu nous
ayant fait pour connoistre, & admirer les Cieux & les
merveilles dont ils sont remplis.

Os homini sublime dedit, cœlumque tueri   Ouid.
Iussit, & erectos ad sidera tollere vultus.   Met.

Nous appellons influences, de certaines vertus secretes, & occultes, par le moyen desquelles, quelques
estres produisent de certains effets, qui nous font iuger de leurs causes ; & d'autant que la plus part des
Astrologues, & mesme des Philosophes, ne se sont
point attachez à expliquer la cause des effets surprenans,
que les Astres, l'Aimant, & quelques autres estres produisent, car il n'y a presque eu aucun que Mr. des Cartes,
& ceux de sa suite, qui en parlent à fond, sur des principes qu'ils ont établis, comme nous le dirons cy-apres
en traitant de l'aimant ; les autres s'estant contentéz de
dire que ces estres-là, avoient des influences, ou vertus
secrettes, par le moyen desquelles ils faisoient tels &
tels effets, & d'autant que j'ay trouvé quelques secrets
en cette matiere, j'ay fait dessein de les donner au public
par ce present traité ; & comme ils ne peuvent pas estre
facilement décrits, ny compris, sans avoir auparavant
établi quelques principes & jetté quelques fondemens.

Je diray qu'on ne peut, & qu'on ne doit pas douter que les Cieux & les Astres n'ayent plusieurs influences, autrement on pouroit dire, que le Soleil
n'auroit point de chaleur, ny de lumiere, mesme en
plein midy, ce qui seroit directement soustenir une
erreur, contre la verité qui paroist à nos yeux, & contre
l'experience que nous en pouvons faire tous les jours

lesquels sont plus clairs & plus chauds à midy, que la nuit, ou les autres heures du iour, à moins qu'ils ne soient obscurcis, & refroidis par quelque cause étrangere, qui nous dérobe la veuë de cet Astre, & nous tempere & amoindrit sa chaleur.

Et d'effet, nous voyons par les differens effets que les Planetes, & les autres étoilles produisent icy, qu'elles ont des influences particulieres, soit qu'ils en ayent d'elles-mesmes, ou qu'ils changent, & alterent celles du Soleil, qu'elles reflechissent, comme nous avons dit dans la cause des Cometes, afin de faire plusieurs sortes d'effets differents à ceux, que le Soleil produiroit seul.

Or pour connoistre les Astres, & leurs effets, il faut sçavoir l'Astrologie, qu'on divise en deux especes, l'une s'appelle Astrologie seulement, ou Astronomie, qui est la science ou connoissance des Cieux, des étoilles, & des Planetes, leurs mouvemens, & situations, leurs cours, leurs centres, leurs épycicles, les constellations, les douze signes du Zodiaque, les cercles de la sphere, les poles, les longitudes, & latitudes des étoilles, & autres sortes de choses. L'autre espece est l'Astrologie iudiciaire, qui traite des effets des Astres, & se mesle de predire, & pronostiquer les choses, qui doivent arriver, comme le bon ou mauvais temps, le froid & le chaud, les vents & les tempestes, & va mesme à vouloir predire nôtre bonne ou mauvaise fortune, les biens, les disgraces, les mal-heurs, & les maladies qui nous doivent arriver, & nôtre mort mesme.

Mais comme celle-cy semble choquer nôtre liberté, & nôtre franc-arbitre, (quoy qu'elle n'y face aucune atteinte, aucontraire, il ny a rien qui fit triompher davantage notre volonté, que la connoissance que nous aurions, si nous sçavions parfaitement cette science,

Q 2

comme nous dirons plus amplement cy-apres) cela fait
que cette belle, & illustre science est presentement décriée,
comme un anatéme , & pernitieuse doctrine , & mesme
qu'on va plus avant, & iusques à blâmer l'Astronomie.

Quoy que cette science de quelque façon qu'on la
considere soit, à mon advis, la plus noble , la plus utile,
& la plus universelle de toutes les Mathematiques, ou
belles sciences ; son objet, qui est le Ciel surpassant autant
celuy des autres, qu'il est elevé au dessus de nos testes.

- - Tantum alias inter caput extulit artes ,   EX
Quantum lenta solent inter viburna cupressi.   virg.

Et d'effet, si l'Aritmetique est la baze , ou le fondement , la clef ou la porte des autres sciences , la Geo-
metrie, un beau Palais , la musique , l'armonie qui s'y
rencontre, il est vray de dire que l'Astrologie est le paradis , puisqu'elle nous fait connoistre les merveilles
qui s'y passent, & l'illustre œconomie des Cieux, qui sont
les plus beaux ouvrages des mains de Dieu , & les effets
de sa plus grande sagesse , & de son admirable providence , ou nostre raison pour intelligente qu'elle soit,
se perd & se confond, & quoy que nôtre entendement
soit bien éclairé , il ne voit, que de l'obscurité , & des
tenebres , dans ces admirables lumieres qui brillent à
nos yeux nuit & iour , lesquelles aveuglent les yeux de
nôtre esprit , de mesme que l'eclat du Soleil , ébloüit
nôtre veüe, ce qui me fait dire avec le Prophete Royal,
que Dieu est admirable dans les choses hautes, qu'on
peut dire estre les Cieux , qui sont bien élevez sur nous,
& au dessus de la portée de nos esprits , *Mirabilis in
altis Dominus.*

Et quoy que nous soyons comme de mauvais Peintres , qui representeroient le Soleil avec du charbon,
en voulant décrire les merveilles des Cieux , & des
Astres , nous ne devons pourtant pas nous en rebuter,

puisque quand nous n'y reüssirions pas bien , & que
nous ne les pourions exprimer telles , qu'elles sont , ny
leurs prodigieux effets , nous aurions toûjours ce mesme advantage , qu'on donna à Phaëton , que s'il n'avoit
pas bien conduit le char du Soleil son pere , il avoit
neantmoins cét avantage , d'estre décheu de grandes
entreprises.

Hic situs est Phaëton currus auriga paterni ,　　Ou. 2.
　Quem si non tenuit , magnis tamen excidit ausis.　met.

L'utilité de cette science paroist en mille & mille
sortes d'occasions , & de rencontres differentes , tant
sur mer , pour entreprendre & faire heureusement de
grands voyages , éviter les écueils & les tempestes ;
que sur terre , pour planter , cultiver , & couper les
arbres , semer les fleurs , les bleds & les herbes potageres , & recüeillir les fruits , où l'on observe les Astres ,
du moins le cours de la Lune , & comme notre santé ,
ainsi que celle du peuple , est preferable à toutes choses ,
nous devons indispensablement sçavoir l'Astrologie ,
afin de prevenir les maladies que les Astres causent ,
(comme nous l'avons desia fait observer en traitant des
causes des fièvres , & le prouverons plus amplement cy-
apres) & les guarir quand nous en sommes affligez.

Et bien qu'il soit constant , que les Astres ne nous
forcent pas de faire du mal , par une necessité absoluë ,
nôtre volonté estant libre de faire ce qu'il luy plaist , neantmoins ils nous inclinent , & nous poussent souvent , par
leurs malignes influences , à faire de mechantes , noires
& cruelles actions , suivant leurs differentes puissances ,
& qualitez , qui entrainent ceux qui n'y prennent pas
garde , faute de les connoistre , comme font les Philosophes , lesquels bien loin d'y acquiescer , ou s'y rendre ,
y resistent & les surmontent , par un effet de leur sagesse.

Astra regunt stultos , sapiens dominabitur Astris.

Enfin cette science , est la plus universelle de toutes,
n'y ayant presque personne , qui n'en ait quelque connoissance , les femmes & les filles depuis une certaine
âge , sçavent par l'experience de leurs purgations ordinaires , le cours & le mouvement de la Lune , les Ma-
thelots , & autres personnes qui trafiquent sur mer , ou
qui sont prés de son rivage , ont connoissance, que la
Lune en gouverne le flux, & que les Astres produisent
les vents & les tempestes , les Laboureurs Iardiniers , &
Charpentiers observent le cours de la Lune, pour semer
les bleds & les herbes , & couper les arbres comme nous
avons dit, afin qu'ils soient meilleurs , que s'ils estoient
faits , ou coupés dans une autre saison. Et sur tout , les
Medecins, Apoticaires & Chirurgiens sont, ou doivent
estre Astrologues , & observer les astres dans toutes leurs
medecines, cures , & operations ; & afin de prouver encor mieux l'université de cette science , ie puis dire, qu'elle
est telle, que tout le monde s'en sert , n'y ayant presque
personne, specialement des Chefs de famille, qui n'ayent
des Almanachs (sans parler de ceux qui ont d'autres
livres d'Astrologie) pour connoistre du moins les mouvemens de la Lune , & les predictions que ces petits
livres contiennent , de la constitution du temps qui
doit arriver.

Il est vray , & ie ne puis m'empescher , de crier en
passant, contre la plus part de ces Astrologues de bale ,
qui se mêlent de faire des Almanachs , & contre les
abus, qui se rencontrent dans les impressions , qui en sont
faites , où il y a souvent autant de fautes que de mots,
estant si peu corrects , & souvent tellement supposez,
& contrefaits , qu'il n'y à rien de certain , ny mesme
de veritable, comme il se reconnoistra aysement , si on
en confere plusieurs les uns aux autres , ou avec de bonnes tables, ou ephemerides, sans que j'en dise davantage.

J'adjouteray seulement, qu'en outre l'exactitude qu'il devroit y avoir, du moins pour le mouvement de la Lune, ses differentes faces & aspects avec le Soleil, la queüe, & la teste de son dragon, & la prediction des éclipses, où aucun Almanach ne devroit pas manquer d'une seule minutte, il faudroit pour bien faire des Almanachs qu'ils fussent exactement supputez, & calculez, au degré de l'elevation du Pole où ils doivent servir, & où ils predisent le temps qui doit arriver, ceux qui sont faits à Troyes ou Paris, c'est à dire pour le 49. degré, ou environ, de l'elevation du Pole arctique, ne pouvant pas servir pour Lyon, Bordeaux, Marseille, ou autres lieux de la France, où ce Pole n'est pas si élevé, mesme qu'il ne fait pas toûjours le mesme temps dans tous les lieux qui sont situez sous un mesme degré de latitude; par exemple, il tombera de la pluye dans les lieux bas, & où les terres sont bonnes & grasses, & il tombera de la neige sur les montagnes, & dans les terres froides & steriles, il pleuvera au bord de la mer, & dans les bocages, bois, & forests, qui attirent les nuës, & il faira beau temps dans les Plaines & Campagnes, comme il se voit souvent par experience, & ainsi des autres observations qu'il faudroit faire, & que j'obmets n'estant pas mon dessein d'en traiter icy amplement.

Et ces défauts, quoy que peu considerables, qui se rencontrent dans les Almanachs, sont peut estre une des principales causes, que cette belle & illustre science d'Astrologie, est aujourd'huy autant decriée, qu'elle estoit consideréc aux siecles passez, dans les plus celebres Empires, & parmy les peuples les mieux policiez du monde, lesquels en faisoient leur principal employ, comme le Poëte Latin l'a exprimé élegamment dans quelques vers de son sixiéme Livre de l'Æneïde, dont i'ay rapporté ailleurs, & pour un autre sujet, la traduction

que Mr. Perrin en a fait , & que Mr. de Segrais a
traduit ainsi ;

> D'autres peuples sçauront l'art d'animer le cuivre ,
> Leurs marbres sembleront , & respirer & vivre ,
> D'autres de l'eloquence emporteront le prix ,
> Ou décriront l'Olimpe , & son riche lambris ,
> Ton art , Peuple Romain , ton illustre science ,
> Sera d'asservir tout à ta vaste puissance ,
> De te faire en tous lieux , dans la guerre & la paix ,
> L'effroy des ennemis , & l'amour des sujets.

Et il seroit à souhaiter qu'il n'y eust que de graves &
bons Autheurs , qui eussent la liberté de traiter de l'A-
strologie , & qu'il ne fust pas permis d'en imprimer aucuns Livres , qu'ils n'eussent esté examinez , par des
Hommes experts , & versez en cette matiere , de peur
de la prophaner , & la rendre méprisable ; suivant en ce
point , Alexandre , qui deffendit à tous les Peintres,
& Sculpteurs de peindre , ou tailler son image , à la reserve d'Appelles , Lysippe , & Pyrgotheles , les plus
fameux & plus habilles de son temps , chacun en leur
Art , & cela sans doute ne produiroit que de bons , &
utiles effets.

Il est vray , que cette belle science d'Astrologie , est
non seulement blamée par la populace ; mais mesme
par des personnes qui tiennent quelque rang , parmy
les honnestes gens , & les Doctes ; dont j'en remarque
de deux sortes, les uns sont des esprits de contradiction,
qu'on appelle des esprits forts , qui s'attachent comme
de propos deliberé à revoquer en doute , & mettre en
problême , les sciences les plus certaines , & les mieux
établies , pour faire paroistre la force de leur genie , &
acquerir quelque reputation , aux despens de la verité
qu'ils méprisent , & qu'ils foulent aux pieds : & les autres se laissent emporter , au torrent de la plus commune
opinion

opinion, & blâment cette ſcience qu'ils ignorent, & dont partant ils ne peuvent ſainement juger, n'en ayant pas la connoiſſance.

Et d'effet, i'ay veu deux perſonnes, qui blâmoient & condamnoient meſme l'Aſtrologie, comme ſi elle eût merité le dernier ſupplice, l'un eſtoit un ancien Docteur de Sorbone, qui eſt la plus celebre Compagnie des Docteurs de l'Vniverſité de Paris; & par conſequent de tout le monde, ce qui eſt ſans contredit, & qui ſeroit bien prouvé par induction, s'il eſtoit neceſſaire de faire la preuve d'une choſe prouvée, & approuvée de tout l'Vnivers, & l'autre eſtoit un ancien Juge d'une ville fameuſe, qui avoit entre ſes mains le pouvoir de decider de la vie & de la mort, du bien & de la fortune de ceux, qui eſtoient dans le diſtrict de ſa Juriſdiction.

Le premier ayant fulminé contre l'Aſtrologie, tout ce que le zele de la Religion, & ſa paſſion particuliere luy ſuggererent, & l'ayant traitée d'erreur & d'incertitude, & dit, qu'elle n'eſtoit fondée que ſur de vaines coniectures, où il n'y avoit rien de certain, ny de ſolide; & quoy que ie luy peuſſe dire au contraire, il demeuroit touſiours ferme dans l'opinion, qu'il en avoit conceuë; neantmoins ayant inſiſté de luy dire, qu'elle avoit des principes tres-aſſeurez, en ſorte qu'un bon Aſtrologue pouvoit predire avec certitude, le temps, auquel une éclypſe devoit arriver, & qu'il en devoit paroiſtre une de lune en bref, qui eſtoit marquée dans les Almanachs, il fit deſſein de l'obſerver, pour voir, ſi elle eſtoit exactement remarquée, & ayant veu dans ſon Almanach, qu'elle devoit commencer à une heure apres minuit, il dit, qu'il ne ſe donneroit pas la peine de la voir, & qu'il l'eût fait, ſi elle eſtoit arrivée à midy, ou environ : àlors ie pris la balle au bond, & luy fis

connoistre , qu'il blâmoit mal à propos une science,
qu'il ne connoissoit pas , veu qu'il estoit moralement
impossible , qu'une éclypse de lune arrivât à midy,
n'estant causée , que par l'ombre de la terre , qui est
pour lors entre elle & le soleil ; & l'éclypse du soleil
se fait par l'interposition de la lune , qui est entre luy,
& nous ; ce qui arrive à la nouvelle lune : d'où vint
que S. Denys l'Arreopagiste , qui estoit meilleur Astro-
logue que luy , voyant l'éclypse du soleil , lors de la
pleine lune , qui arriva à midy , le iour , & au temps
de la Passion de nostre Sauveur Jesus-Christ , dit , qu'il
falloit , ou que l'Autheur de la nature souffrît , ou que
le monde finît : *aut naturæ Auctor patitur , aut totius*
mundi machina dirüitur ; ce qui mit ce Docteur en estat
de ne plus répondre.

L'autre ayant bien blâmé l'Astrologie , & voyant la
lune , dont nous parlions à lors , il ne vouloit pas
croire , qu'elle fût ronde , mais soûtenoit à fer émoulu,
qu'elle estoit platte comme une assiete , fondé sur ce
qu'elle luy paroissoit de mesme , & n'en vouloit croire
que ses yeux , & quoyque ie luy peusse dire du contraire,
& que les yeux estoient souvent trompeurs , & faisoient
paroistre des objets d'une autre façon qu'ils n'estoient
pas ; tesmoin un baston qui paroist estre courbé , estant
en partie dans l'eau , quoy qu'il soit bien droit ; & que
si la Lune estoit platte , elle ne nous paroistroit pas éclairée peu à peu , comme elle fait , cela n'arrivant ainsi
qu'à cause de la differente situation , qu'elle a avec le
Soleil , & nous ; estant constant qu'elle est toûiours éclairée , en tant que la moitié qui regarde , & qui est exposée
au Soleil , & que l'autre moitié est obscure , à cause
qu'elle n'en reçoit point de lumiere , la Lune n'estant
éclatante qu'à cause de la lumiere du Soleil qu'elle reçoit , & qu'elle refléchit. *Luna luce lucet alienâ* ; il ré-

pondit que cela ne se faisoit pas ainsi, & que la lumiere
de la Lune croissoit, ou diminuoit de mesme qu'un feu,
qui s'augmente, ou diminuë peu à peu ; & puis ce Juge
jugeoit de l'Astrologie, luy qui ne connoissoit pas la
Lune, qui est la plus proche des Planetes, & on pouvoit dire à l'un & à l'autre Censeurs de l'Astrologie,
ce que dit un des Poëtes Latins.

Si iudicas cognosce , si regnas iube.

Il est vray, & ce premier me sçeut bien objecter,
que tous les Astrologues, & principalement ceux qui
s'attachent à predire ce qu'il doit arriver, ne s'accordent pas tousiours, les uns disant par exemple, qu'un
tel, dont ils ont tiré l'horoscope, moura par le glaive,
les autres, qu'il sera noyé, pendu, ou bruslé ; quelques uns diront que l'enfant, dont une femme sera
grosse, est un fils, & d'autres, que c'est une fille, &
d'autres diront, que ce n'est ny l'un ny l'autre.

A quoy ie respondis, comme ie fais encor ; premierement qu'il se peut faire, qu'ils diront tous vray,
une personne pouvant mourir par le fer, estre noyé,
pendu & bruslé, ce qu'on dit estre arrivé à un homme,
qui avoit fait tirer son horoscope, à plusieurs personnes,
qui luy avoient predit, les uns, qu'il devoit mourir
d'une façon, & les autres, d'une autre, lequel tenant
un flambeau en sa main, & passant de nuit sur une plan-
che, tomba la teste dans l'eau, & sur le fer de la bou-
trolle de son épée, qui luy entra dans le ventre, &
demeura suspendu par les pieds ; & le flambeau qu'il
tenoit, luy brusla ses habits, ensorte qu'il fut ainsi trouvé
le lendemain matin, suspendu, blessé, ses habits &
partie de son corps bruslez, & sa teste dans l'eau ; &
l'enfant que cette femme eut, estoit hermaphrodite, ainsi
il estoit vray de dire, que c'estoit un masle, vray que
c'estoit une fille, & vray aussi que ce n'estoit ny l'un, ny

l'autre, puis qu'il estoit comme une troisiéme espece, qui participoit des deux autres.

En second lieu, si deux Astrologues ne conviennent pas tousiours dans leurs predictions, il ne faut pas pour cela blâmer ou condamner l'Astrologie, la bannir & rejetter comme une science inutile & incertaine; car il se peut faire, qu'il y en aura un d'iceux, qui ne sera pas habile en cette matiere, ou qui s'appuyra sur de mauvais principes; autrement il faudroit aussi blâmer la Philosophie, la Iurisprudence, Medecine, & mesme la Theologie; se voyant rarement deux Philosophes, deux Iurisconsultes, Advocats, ou Docteurs au Droit, deux Medecins, & deux Theologiens, qui soient d'un mesme sentiment sur une mesme matiere, à moins que ce ne soit sur quelques maximes generales, & premiers principes, ou qui regardent la foy, & encor souvent les Theologiens de secte differente, expliquent plusieurs points de nostre Religion, d'une façon contraire l'un à l'autre; ainsi, il ne faut pas s'étonner, si les Astrologues, qui n'ont souvent que des conjectures, & de certaines maximes, fondées sur diverses experiences, sont quelquesfois appointez en faits contraires; estant neantmoins constant, que les bons Astrologues, s'accordent souvent dans les predictions, qu'ils font des choses qui doivent arriver, dont nos Histoires sont pleines, & qu'il seroit trop long de rapporter, & méme que nous nous écarterions trop de nostre dessein.

J'adioûteray seulement que nos sciences sont aujourd'huy si incertaines, tant à cause des nouvelles experiences qu'on a faites depuis un siecle, & des brigues, & des schismes, pour ainsi dire, qui se rencontrent dans les nouvelles opinions, que l'on suit souvent aveuglement, ou par un aheurtement invincible; qu'on ne sçait, où l'on en est, y ayant presque autant de senti-

mens que de testes , chacun tournant , & accommo-
dant à son opinion particuliere , & à sa façon de raisonner , toutes sortes d'experiences , & authoritez des
anciens Philosophes , voulant persuader , & faire croire
en bien des rencontres , qu'ils sont de leurs avis , quoy
qu'ils soient d'un sentiment contraire ; & ainsi on reduit auiourd'huy tout en probléme , & on met tout en
usage , pour soûtenir des erreurs manifestes , & des
contradictions évidentes.

Et d'effet , quel fracas n'ont point fait depuis quelques années, des Copernics dans l'Astrologie , & les
Phainomenes, qu'ils attribuent aux Astres , & dans les
Cometes, & le flux de la mer, qu'ils tirent du mouvement de la terre ; & des Carthesiens dans la Philosophie , & explication des causes physiques ; en verité ,
on peut dire, que ces Messieurs, ont presque renversé
les fondemens les plus solides de ces belles sciences, &
ont remué le Ciel & la terre, pour appuyer, & demontrer
des chymeres, & ont , pour ainsi dire, broüillé les cartes,
pour mieux faire leur ieu , & pescher en eau trouble.

Mais i'espere que comme i'ay fait voir les erreurs,que
les premiers avoient fait glisser parmy le peuple , par
les veritables causes du flux & reflux de la mer , & des
cometes , que i'ay heureusement trouvées , & données
au public , & ce, sur d'autres fondemens , que le bransle
& le mouvement de la terre , qui demeure immobile
dans le centre du monde ; ie pouray aussi dissiper quelques uns des phantosmes , & des chimeres , que les se-
conds ont commencé de faire depuis quelques temps.

Ce sont les vœus que ie fais , & que ie tâcheray
d'accomplir, invitant tout le monde de les seconder ,
afin de découvrir la verité , & en tirer les advantages,
que nous en deuons attendre, pour nous rendre plus
scavans, & plus sages, & dissiper les erreurs qui nous

pouroient nuire ; estant fort persuadé par les experiences
que i'ay fait, à ioindre aux observations, & les principes, que nos Predecesseurs ont étably, que l'Astrologie est une illustre, & tres-utile science, & que les
Cieux, & les Astres ont des influences, & specialement
les sept planetes, comme nous le fairons encore connoistre plus amplement cy-aprés.

ARTICLE II.
De la puissance des Astres.

IL n'est pas à presumer, que les Cieux, où les é-
toilles fixes sont attachées, & où les planetes se pro-
menent, comme les poissons en l'eau, & les oyseaux
en l'air ; qui sont d'une vaste & prodigieuse étenduë,
ayent esté faits en vain, & que Dieu leur ait donné
tant & de si differens mouvemens, comme il a fait,
sans leur avoir aussi donné des puissances, ou vertus
particulieres, qu'on appelle des influences ; par le
moyen desquelles, ils produisent plusieurs sortes d'effets,
les Astrologues ayant remarqué, par les observations
qu'ils en ont fait, que lors que les étoiles, & specialement les planetes, sont conioints, ou opposez au soleil,
ont plus de force & de puissance, que quand ils le regardent, d'un trine ou sextil aspect.

ARTICLE III.

De la Lumiere, de la Chaleur, & des Influences
du Soleil, & des autres Astres.

EStant certain que les Astres ont des influences, il
est necessaire de faire connoistre, comme ils agissent,
& s'en servent dans les effets qu'ils produisent, quoy-

que nous en ayons defia parlé ailleurs, & cette repe-
tition ne doit pas eftre trouvée mauvaife, puifque nous
devons établir en ce traité, ce que nous entendons
dire, quand nous y parlons en plufieurs endroits, d'influences, & de vertus fecrettes, & pour cét effet ;

Je dis premierement, que le Soleil eft un grand
Aftre, clair, luifant, & éclatant, qui communique par
fa prefence, fa lumiere de tous coftez, par laix ou la
matiere diaphane, qui la laiffe paffer, en la recevant,
& qui eft, & paroift éclairée ; & les étoilles, & planetes recevant cette lumiere, la reflechiffent auffi du
cofté qu'elle vient, & paroiffent éclatans, principalement quand le Soleil eft fous l'horifon, à caufe qu'eftant
deffus, il les offufque, & les dérobe à nôtre veuë, par
fa trop-grande, & trop éclatante lumiere ; ou quand
on les regarde avec des lunettes d'approche ; & fi elles
paroiffent de differentes couleurs, ce n'eft qu'à caufe
qu'elles font ainfi difpofées, pour changer la lumiere
du Soleil qu'ils reçoivent ; ou bien fi elles ont effectivement cette couleur, elle ne fe feroit pas voir à nos
yeux, fi elle n'eftoit aydée, & augmentée par la lumiere
du Soleil ; & d'effet ie crois que nous ne verrions pas
la Lune, par exemple, s'il n'y avoit point de Soleil au
monde, de mefme que nous ne voyons point les dia-
mans dans l'obfcurité de la nuit, & à moins qu'ils ne
foient expofez à quelque lumiere.

Quand ie dis, que les Aftres reçoivent leur lumiere
du Soleil, & qu'elle nous les fait paroiftre, de la couleur que nous les voyons ; ie ne pretends pas qu'ils
n'ayent point de couleur, & qu'elle, ainfi que celle
des autres objets, depende de la lumiere ; car ie crois
que cette opinion, qui eft foûtenuë par quelques
Philofophes, n'eft pas veritable ; les Aftres, & les
autres objects eftans colorez, auffi bien en l'abfence,

qu'en la presence d'un objet éclattant , ce papier estant blanc , & cette ancre estant noire , & ainsi des autres couleurs , quoy qu'elles soient enfermées dans un lieu obscur ; & mesme il y a des animaux , qui voient aussi bien , & mieux toutes sortes d'objets, dans les tenebres les plus epaisses , & dans l'obscurité de la nuit , qu'en plein midy , ou à la lumiere du feu , ou d'un flambeau ; ie veux seulement dire que les Astres reçoivent du Soleil cette vive & éclatante lumiere , dont ils brillent , témoin la Lune , & les autres planetes , qui ne paroissent éclairées que du costé , qui est exposé au Soleil.

En second lieu , le Soleil est aussi le principe de la chaleur , qui est inseparable , & attachée à sa lumiere , soit qu'elle vienne directement de luy , ou qu'elle soit reflechie par la Lune , ou les autres Astres , laquelle chaleur peut estre conneuë par experience , dans les ardeurs que le Soleil cause à midy , & en l'esté , & dans les lieux où il porte sa lumiere , & quand on rassemble ses rayons par le moyen d'un miroir ardent ; & si les autres Astres , ont de la chaleur d'eux mesmes , & s'ils en produisent icy quelqu'une , elle est tres-foible , & presque insensible.

En troisiéme lieu , le Soleil , & les Astres produisent de differens effets par leurs vertus occultes , & secrettes , ou Influences , ce qui se fait à ce que ie crois , ainsi :

Le Soleil ayant produit sa lumiere , & sa chaleur de tous costez , & l'une & l'autre estant envoyées , & transmises vers ce Globe terrestre , par l'aïr qui l'environne , cét air qui est un corps liquide & fluide , est determiné , changé , & alteré de plusieurs manieres , selon qu'il est exposé à la puissance des Astres , & qu'ils agissent plus , ou moins dans differens lieux , d'où vient la diversité des meteores , & phainomenes , que nous

voyons

voyons daus ſa vaſte étenduë ; car quelques Aſtres pro-
duiront icy des foudres, & des tempeſtes, & là d'autres
cauſeront de la pluye, & des vents, ou autre choſe,
ſi la matiere y eſt diſpoſée.

Que ſi cela arrive en l'air de cette ſorte, cela ſe fait
auſſi de meſme ſur & dedans la terre, & dans l'eau,
ou nous voyons differentes productions qui y ſont faites,
par des voyes imperceptibles, que nous attribuons avec
raiſon, à ces meſmes Influences, par exemple, l'or,
l'argent, & les autres metaux & mineraux, les perles,
& autres pierres precieuſes, & mille choſes que nous
voyons n'aiſtre, par la puiſſance du Spleil, ſoit de luy
ſeul, ou concurremment avec d'autres Aſtres, quelques
eſtres eſtant plus éclatants que les autres, à cauſe que
la lumiere y aura plus contribué que la chaleur, comme nous avons dit ailleurs, où pour en faire la preuve,
nous avons rapporté, ce qui arrive à la pierre nommée
Selenite, dont l'éclat augmente & diminuë, à proportion que la lumiere de la Lune croît, & décroiſt ; on
dit la meſme choſe, d'un oyſeau qui ſe trouve dans
les Indes Orientales, ſes plumes ayant plus d'éclat à la
pleine, qu'à la nouvelle Lune.

Et bien que la chaleur, & la lumiere du Soleil, ne
paſſent pas librement au travers des corps ſolides, &
obſcurs, neantmoins ſes Influences, ainſi que des autres Aſtres, y trouvent des paſſages, & des voyes tres
faciles, par leurs pores, qui ſont remplis d'un air ſubtil,
& par les veines de la terre qui ſont ouvertes pour les
recevoir, ſe trouvant meſme de ſemblables veines entre les pierres, & leſquelles ſont élevées autant que le
pole qu'elles regardent, comme il eſt ayſé de le recon-
noiſtre dans les carrieres, qui ſont coupées ſous le meridien du lieu, ſoit du coſté d'Orient, ou d'Occident,
afin de recevoir les Influences qui viennent du coſté

du pole, comme nous dirons plus particulierement en
traitant de l'Aimant.

ARTICLE IV.

Du Soleil, & de ses Influences en general.

JE commence par le Soleil, le plus éclatant & le
plus beau de tous les Astres, le flambeau du monde, & l'œil de l'univers, bien qu'il ne soit pas le plus
élevé, estant placé, suivant le systeme de Tyco-brahé,
comme au milieu, & dans le centre de Saturne,
Jupiter, Mars, Venus, & Mercure, lesquels tournent au tour de luy, en telle sorte que les trois premiers, faisant leurs cours ordinaires, tournent aussi au
tour de la terre, icelle se trouvant souvent entre eux &
le Soleil, auquel temps, ils sont dans leur perigée,
& bien plus proches de la terre, que quand ils sont
au dessus de luy, & dans leur Apogée ; & Venus &
Mercure, tournent au tour du Soleil, & ne s'en éloignent que de peu de degrez, sçavoir Venus de 49. &
Mercure de 27. ou environ, & la Lune ne tourne iamais
au tour du Soleil, mais seulement au tour de la terre,
dont elle est bien plus prez que les autres.

Le Soleil a aussi plus de chaleur, & d'Influences que
les autres Planetes, lesquelles ainsi que les étoilles, à
mon âvis n'ont point, ou fort peu de lumiere, de chaleur, & d'Influences d'eux mesmes, les recevant du Soleil, comme nous avons dit, & qu'on peut visiblement
colliger de la Lune, qui est ainsi appellée, à cause qu'elle
luit d'une autre lumiere que de la sienne, comme nous
avons aussi dit cy-devant.

Le Soleil est l'ame de l'Vnivers, c'est luy, qui par sa
presence fait le iour ; & par son absence, & l'inter-

position , & ombre de la terre , l'air est obscurci & remply de tenebres , ce que nous appellons la nuit ; il fait
en s'approchant , & se reculant de nous , les differentes
saisons de l'année , c'est luy, qui fait vivre, vegeter , &
croître , tous les estres de cét Vnivers , si vous en exceptez l'ame raisonnable , qui est crée des mains de
Dieu , encor si l'on en croit Aristote , le Prince des
Philosophes , il contribüe beaucoup à sa formation,
ayant dit , que le Soleil , & l'Homme engendroient
l'Homme , *Sol & homo , generant hominem.*

Il produit l'or dans le sein de la terre , suivant le
sentiment de tous les Philosophes , Astrologues , &
Chimistes , auquel il commande , ainsi qu'aux couleurs , & fleurs jaunes , & specialement à l'eliotrope ,
qui suit son cours , & se tourne vers luy , ie ne vois
pas qu'il domine plus dans un âge des hommes , que
dans l'autre , si vous en exceptez neantmoins depuis 30.
jusques à environ 50. ans , où il me semble qu'il domine un peu davantage que dans d'autres temps; il est
chaud de sa nature , ou par puissance , & ses Jnfluences
sont benignes , son caractere en l'Astrologie est ☉

Les Astrologues disent que son domicile . ou sa maison , est le Lyon ♌ y ayant plus de puissance que dans
les autres signes du Zodiaque, & son exil ou détriment,
où il a moins de force, est dans le Verseau ♒

On a observé dans ce siecle , qu'il y a quantité de
petites étoilles errantes proches du Soleil , & qui tournent autour de luy , & lesquelles estant entre luy , &
nous , l'obscurcissent un peu , en sorte qu'il semble
qu'il a des taches.

Le Soleil ne sort point de la ligne éclyptique, qui est
dans le milieu du Zodiaque, & les autres planetes s'en
éloignent, tant d'un costé , que de l'autre , de quelque
degrez, les uns plus, les autres moins.

ARTICLE V.

De la Lune, & de ses Influences.

Ien que la Lune nous paroisse aussi grande, que
le Soleil, elle est neantmoins bien plus petite,
non seulement que luy, mais mesme qu'aucunes des
étoilles, qui parroissent à nos yeux ; & comme elle est
plus proche de la terre, que les autres Planettes, elle
fait mieux sentir ses effets, qu'aucun de tous les Astres,
si vous en exceptez le Soleil, ce que ie laisse à vôtre
franc arbitre, sans le decider, y ayant du pour, & du
contre, & cette proposition est problematique, & peut
estre soûtenüe de part & d'autre, car si le Soleil a ses
influences generales, la Lune en a bien de particulieres,
qui determinent les autres ; son caractere est un croissant,
ou demy cercle ☾, sa maison est ♋, & son exil ♑.

Elle domine aux eaux, & specialement à celles de
la mer, dont elle cause le flux & reflux, par la reflection des influences du Soleil, comme nous avons dit
ailleurs, en parlant de cette matiere, elle commande
aussi aux humeurs & humiditez, mesme à nos corps,
& des autres animaux, & specialement à la moüelle,
les os en estant plus pleins, à la nouvelle, & pleine
lune, qu'au premier, & second quartier, quoy qu'il
arrive quelques fois du contraire, par d'autres causes,
qui se rencontrent, sçavoir, si on donne à boire ou
manger à des animaux, plus ou moins, ils auront aussi
plus ou moins de moüelle, au temps qu'on les tuëra,
& d'autant que quelques Philosophes, modernes (sçavoir entr'autres M. Rohault en sa physique, qui suit les
opinions de M. des Cartes) ont voulu infirmer cette
domination, ou puissance de la Lune sur la moüelle des

os, ayant dit, qu'il se voit du contraire, à ce que ie viens de dire, en ce que, si on tuë à la nouvelle ou pleine Lune des bœufs, ou des moutons, qu'on a conduit bien loin, ils n'auront que fort peu de moüelle, & au contraire si on les a fait reposer, & qu'on les tüe dans l'un, ou l'autre quartier, ils en auront beaucoup.

Mais cette objection, ou exception ne détruit pas nôtre regle generale, au contraire, elle la confirme, & l'appuye ; car il ne faut pas s'étonner, si ayant mené des bœufs gras, ou des moutons bien loin, supposez, de basse Normandie à Paris, le travail du chemin où ils n'estoient pas habituez, est cause, que partie de leur moüelle, ainsi que de leur graisse, s'est dissipée, & au contraire, si on les à laissez reposer, & qu'on les ait bien nouris, cette moüelle, ainsi que leur graisse sera reparée, & restablie ; & les ayant gardez quelque temps, & également nouris, on verra par experience, que ceux qui seront tuez à la nouvelle, & pleine Lune, auront plus de moüelle dans les os, que ceux qui seront tuez dans une autre saison.

Nous avons cy-devant dit, que la Lune comman-de, ou gouverne les arbres, les herbes, & les bleds, & qu'il falloit en observer le cours, pour les planter couper, & recueillir ; ce qui est cause, que ie n'en diray pas icy davantage, & si quelqu'un en doute, il en poura aisement faire l'experience, ou s'en informer aux Charpentiers, Jardiniers, & Laboureurs, qui ne font pas à mépriser sur ce sujet, non plus que les remedes, dont le peuple, & les pauvres gens se servent, pour guarir leurs playes & leurs maladies, estant approuvez, par les experiences qu'ils en ont fait plusieurs fois.

Elle domine à l'Argent qu'elle produit dans le sein de la terre, aux couleurs & fleurs blanches & speciale-ment aux argentines, & ses Influences sont bonnes,

& benignes , quoy que souvent elle soit contrecarée par des Astres malins , & par de méchantes constellations.

Elle est un peu chaude de sa nature , ie dis un peu chaude, car effectivement elle l'est, comme nous le prouverons cy-apres , en parlant de ses Influences alternatives, mais non pas tant, que le Soleil , qui a cette qualité plus éminente & dans un degré bien plus grand; ne suivant pas en cecy , non plus qu'en bien d'autres occasions, le sentiment de plusieurs Astrologues, & Philosophes, qui donnent à chaque Planete deux qualitez , de mesme qu'à chacun des quatre élemens, car outre que ie n'estime pas , qu'il y ayt un élement du feu , comme ie l'ay sommairement prouvé dans la cause des Cometes , ie ne reconnois que de deux sortes de qualitez dans les Planetes, sçavoir, que les unes sont chaudes , & les autres sont froides.

Je ne parleray point icy des autres choses, qu'on peut dire de la Lune , comme de ses aspects avec le Soleil, & les autres Planetes, étoilles, & constellations, & des effets qu'elle y produit, de son mouvement, teste, ventre , & queüe de son dragon , de l'epacte , nombre d'or , ou autres choses de cette nature, qui meriteroient des volumes entiers , & dont plusieurs graves, & celebres Autheurs ont traité.

Neantmoins ie ne puis quitter cette Lune , sans en dire quelques effets admirables, que i'ay observé depuis quelques années, dans la determination du sexe des enfans, où elle agit , comme une cause necessaire, ayant receu cette puissance de la main de Dieu son Autheur , ainsi que les autres causes secondes de la nature, en ont receu d'autres, qui leur sont propres.

Et cette verité est tellement constante , qu'on peut aisement predire quel enfant , soit masle , ou femelle, une femme doit avoir, sçachant le temps, & quel enfant elle aura eu le dernier, qui est une connoissance rare & curieuse, & qui merite bien d'en traiter en particulier, & d'en faire le suivant

ARTICLE VI.

Moyen de sçavoir, quel Enfant une Femme doit avoir.

IVsques à present ie n'ay point veu dans aucuns livres, de regles, maximes, ou moyens asseurez, de sçavoir, quel Enfant, soit fils, ou fille, une Femme doit avoir, & ceux qui ont esté décrits, sont si incertains, & si peu vray-semblables, qu'on n'y doit âjouter aucune foy, n'estant fondez sur aucune raison solide, & sur laquelle on puisse s'appuyer, car ce ne sont que des conjectures frivoles, & mesme qu'elles ne sont pas generales, & qu'on ne les peut observer, que dans le temps de la grossesse des Femmes.

Par exemple, on dit que si une Femme grosse s'estant arrestée, commence de marcher par le pied droit, ou que son visage soit vermeil, elle est grosse d'un fils, & si au contraire, c'est une fille ; comme si cela avoit quelque rapport avec l'enfant qu'elle porte, ie n'y en vois aucun.

Mais voicy un moyen, que ie propose, pour cét effet, qui est certain, & dont on peut aisement faire la preuve par experience, non seulement à l'égard des enfans, qui ne sont pas encor nez, soit que les femmes soient grosses, ou non, mais aussi à l'égard de ceux, qu'elles ont eu, quand il y auroit un, ou plusieurs siecles, sçachant le temps, & quel enfant une femme aura eu le dernier, pourveu qu'elle n'ait pas eu de fausse couche, ou de faux germe.

Il faut sçauoir l'epacte de l'année proposée, & si on ne la sçait pas precisement, il la faut trouver par le nombre d'or, mais comme l'epacte ne marque pas exactement l'âge de la Lune, s'y trouvant souvent un iour de plus, ou de moins, il faut pour le mieux, auoir recours à de bonnes Tables, ou Ephemerides.

Cela presupposé, ie dis qu'il est constant, & i'en suis asseuré, par plusieurs experiences, que i'en ay fait, qu'une Femme qui aura eu un Enfant, soit Fils ou Fille, si la Lune ne change point de face en trois iours, ie veux dire qu'elle ne devienne point pleine, ou nouvelle, elle aura encor, ou a eu son premier Enfant d'apres, du mesme sexe ; par exemple, si elle a eu un Fils, depuis la nouvelle Lune, iusques à trois iours, ou trois fois vingt & quatre heures avant qu'elle soit pleine, & depuis qu'elle est pleine, iusques aux trois iours, avant qu'elle soit nouvelle, elle aura encor un Fils, & au contraire, si elle a eu une Fille, elle en aura encor une (supposé tousiours comme i'ay dit, qu'elle n'ait point eu de fausse couche, à quoy il faut bien prendre garde) quelque temps qui se puisse passer entre l'un, & l'autre Enfant, fût-il de dix, quinze, ou vingt ans ; & si elle accouche dans un des trois iours avant la pleine, ou nouvelle Lune, elle aura le premier enfant d'aprés, d'un autre sexe ; sçavoir, si elle a eu un Fils, elle aura une Fille, & au contraire, si elle a eu une Fille, le premier enfant d'apres, ce sera un Fils.

Ce que ie dis icy du premier Enfant, qui suit cét accouchement proposé, se doit aussi entendre, soit que cette Femme n'ait qu'un Enfant, ou qu'elle en ait deux jumeaux, ou mesme plus grand nombre, d'où vient que les Enfans jumeaux sont ordinairement d'un mesme sexe, & quand il arrive du contraire, & qu'il y a un Fils, & une Fille, cela vient d'une autre cause, dont

nous

nous parlerons cy-apres.

Cecy est indubitable, & tres asseuré, & en outre l'experience qu'on en peut aysement faire, ie puis dire, comme Virgile.

Namque is fidissimus auctor.   1. Georg.

Quand il dit, que si le quatriéme iour de la Lune est beau, tous les autres iours suivans, pendant le reste de la lune, sont pareillement beaux; pourquoy on dit ordinairement, *Talis quarta, talis tota, nisi impediatur à sexta*; n'en déplaise pourtant à Virgile, & à ceux qui sont de ce mesme sentiment, car ie puis dire, que si cela est veritable dans l'Italie, il ne l'est pas toûjours ailleurs, ayant souvent veu le contraire en ce pays, qui est sous le 49. degré de l'élevation du pole arctique; les premiers iours de la Lune, & mesme iusques à ce qu'elle fût pleine, ayant esté beaux, & les autres, iusques à la nouvelle lune, ayant esté mauvais, ou au contraire, les premiers ayans esté mauvais & pluvieux, & les derniers beaux, & serains, mais ce n'est pas ce, dont il s'agit.

D'où vient que les Femmes produisent quelques fois des eunuques, & des hermaphrodites, ie n'en suis pas encor bien asseuré; ie crois pourtant, qu'on le poura sçavoir par les observations, qu'on en poura faire; ie ditay cependant, que cela peut arriver de ce que les Femmes auront eu des Enfans, dans les points que la Lune change de nature; sçavoir, si une Femme a eu un Enfant, au temps que la Lune n'a point, ou ne nous montre point de lumiere, ce qui arrive entre la vieille, & nouvelle Lune, & qu'elle est jointe au Soleil, le premiér Enfant qu'elle aura apres, ce sera un eunuque; & si elle a un Enfant au temps, que la Lune est pleine, & que sa lumiere commence à décroistre, ou bien au temps qu'elle commence à changer de nature, c'est à dire, directement ayant les trois iours pre-

cedens la pleine , ou nouvelle Lune , le premier Enfant
qu'elle aura ensuite , participera de l'un & l'autre sexe ,
& sera un hermaphrodite ; & si cét Enfant participe
plus d'un sexe , que de l'autre , il est à croire , que cela
provient de ce que la Lune approchoit , lors du dernier Enfant , davantage , de la situation où elle devoit
produire , & determiner un Enfant , d'un seul & unique sexe.

Et mesme il se peut faire par ce moyen , ce qui arrive neantmoins rarement , qu'une Femme accouchera
de deux sortes d'enfans , sçavoir , d'un fils , & d'une
fille , & le dernier d'iceux reglera , & déterminera l'enfant , qu'elle aura aprés , soit à neuf ou dix mois , ou à
quelque temps que ce puisse estre , comme nous avons dit.

Ainsi les enfans gemeaux , estant produits dans un
mesme temps , & d'une mesme cause , ils se ressemblent
ordinairement , ce qui me fait croire , à ioindre à d'autres observations que i'ay faites , que les astres determinent la couleur , le teint , & les traits du visage , &
des mains des enfans , & qu'ainsi deux enfans , bien
qu'ils ne soient pas freres , & qu'ils soient originaires
de deux pays , ou nations differentes , peuvent se ressem-
bler , en telle sorte qu'on ne les poura distinguer l'un
d'avec l'autre , comme il a esté remarqué , & que quelques Histoires le rapportent , ce qui vray-semblablement
provient de ce qu'ils ont esté conceus , & produits , ou
dans un mesme temps , ou sous un mesme signe & constellation , & ordinairement ces sortes de personnes ,
& specialement les freres gemeaux ont tousiours de semblables accidens , du moins quand il n'y a pas eu beaucoup de temps entre leur naissance.

Et afin de faire encore mieux comprendre ma pensée ,
ie suppose , qu'une femme ait eu un fils , à la pleine
lune , & lors qu'elle est opposée au soleil , en sorte pour-

tant qu'il s'en faille encore quelques minuttes, ou quelque petit intervalle de temps, (ie suppose aussi, sans le repeter, la mesme chose des deux points, où elle change de nature, trois iours avant qu'elle soit pleine, ou nouvelle) l'enfant qu'elle aura par apres , & qui sera hermaphrodite, participera davantage de la nature d'une fille, que d'un masle, car la lune est mieux disposée à determiner une fille ; & au contraire, si la lune passe un peu le point de son opposition, cét hermaphrodite participera davantage de la nature, ou du sexe masculin, que du féminin ; quoy que ie n'en sois pas bien asseuré, (comme i'ay dit d'abord,) ne l'ayant pas encor observé par experience, & mesme cela n'arrivant pas souvent, mesme que les peres & meres, n'estans pas curieux d'observer la naissance de leurs enfans, ces sortes d'experiences sont difficiles à bien faire.

Sur ces mesmes principes, i'entends dès observations du cours & mouvement de la lune, ie crois aussi qu'on poura sçavoir, quel enfant une fille, ou une femme aura le premier ; car il est à croire, que la Lune le determine aussi bien, qu'elle fait le second, ou le troisiéme, ou les autres de suite; soit qu'elle le face, dés le temps de la naissance de cette fille, ou dans celuy de la conception de son premier enfant : Mais c'est aussi une chose à observer par experience, & avant que d'en pouvoir rien dire de certain, ce que ie n'ay pas encor assez exactement fait, pour en dire mon sentiment ;

Et pour encherir sur la pensée d'Aristote, cy-devant rapportée, ie dis que si le Soleil, & l'homme engendrent des enfans, la Lune, & la femme y contribuënt aussi, le soleil & la lune estans le pere, & la mere celestes, & l'homme & la femme, le pere & la mere terrestres des enfans, *Sol & Luna, vir & fœmina generant hominem* ; car si le soleil, ainsi que le pere, par sa semence feconde, & sa chaleur vivifiante, est la cause efficiente, & productive des enfans, la lune a le soin d'en regler, & determiner le sexe, ainsi que la femme, a la peine de porter ce fruit, & de le nourir, & entretenir iusques à sa parfaite maturité.

Et si Salomon le plus sage des hommes a dit, qu'il y avoit trois choses, qui luy sembloient tres-difficiles à comprendre, sçavoir, la voye d'un poisson dans l'eau, d'un oyseau dans l'air, & d'une couleuvre sur une pierre, & qu'il y en avoit une quatriéme, où il ne connoissoit rien du tout, *viam viri cum adolescentula*, ie puis adjouster, que la voye, que la lune tient, pour determiner le sexe des enfans, dans le ventre, & dans les entrailles des femmes, n'est pas moins difficile à concevoir que ces quatre autres choses, & ie pense, que c'est un secret, que Dieu s'est reservé, par des ressorts de son admirable providence, que nous ne pouvons pas penetrer, ny comprendre.

Et d'effet comme se peut-il faire, que la Lune, qui est un estre inanimé, & un corps materiel, & insensible, mette neanmoins dans le ventre d'une Femme, aussi-tost, & à l'instant que son Enfant en sort, un germe, & une semence feconde, qui détermine la nature, & le sexe de l'Enfant, qu'elle produira long-temps aprés; c'est un mystere où nos connoissances ne peuvent atteindre, mais quoy que nous n'y puissions rien comprendre, il n'est pas moins veritable, & ce seroit parler contre l'experience, si on disoit le contraire.

Quelqu'un me poura dire, que si ce que i'ay dit cy-devant, touchant cette matiere, est veritable, on pouroit avoir tels Enfans qu'on voudroit, s'il est vray aussi, comme il n'en faut pas douter, que les Enfans viennent ordinairement, au bout des neuf mois, qu'ils sont conçeus, & engendrez, car ceux qui viennent a-

vant ou aprés ce temps-là , soit à six , sept , huit , dix
ou onze mois , viennent contre le cours ordinaire de la
nature ; de sorte que si un Homme ne vouloit avoir que
des Fils , ou des Filles , il le pouroit faire.

A quoy ie réponds premierement , qu'il n'y auroit
aucun inconvenient ; & que s'il y en avoit quelques
uns , qui souhaitassent avoir des fils , d'autres voudroient
avoir des filles ; & ainsi l'un iroit pour l'autre : & il
est autant advantageux , ce me semble , d'avoir une fille ,
qu'un fils , car un pere peut choisir tel gendre qu'il
veut , & au contraire , si un fils est mal fait , & qu'il n'ait
pas de beaux sentimens , c'est un grand fleau , & un
sensible deplaisir à son pere , estant un mal necessaire ,
& sans remede.

En second lieu , ie dis que c'est une chose si difficile
à observer , que de dix mille personnes , qui sont au
monde , il n'y en aura peut estre qu'un , qui ait connoissance de ce que ie viens de proposer ; de dix mille
qui le sçauront , il n'y en aura qu'un , qui le veille mettre
en pratique , de dix mille qui le voudront mettre en
pratique , il ny en aura qu'un qui le face effectivement ,
& de dix mille qui l'y fairont , à peine y en aura-t'il
un , qui y reüssisse : car dans ces sortes d'actions , on n'observe ordinairement que sa passion , le plus souvent bru-
tale & mal dirigée , & non , les secrets de l'Astrologie.

ARTICLE. VII.

De Saturne , & de ses Influences en general.

SAturne est le plus haut des Planetes , & si prez du
Ciel des étoilles fixes , & principalement , quand
il est dans son apogée , ou plus haute élevation , qu'il ne
fait presque aucune paralaxe : ce qui a esté ainsi admirablement ordonné , par l'Autheur de la nature , de peur
que cet Astre , qui est tres-méchant , ne causât trop de

mal en ce Globe terrestre, s'il en estoit bien proche.

Il paroist fort petit à cause de son éloignement, sa couleur est pâle & plombée, & son mouvement est tardif, ne faisant son cours, comme disent quelques Astrologues, qu'en vingt-huit années, ou environ, ses influences sont froides & malignes, tristes & melancholiques, qu'on appelle aussi de son non Saturniennes.

Il produit le plomb dans le sein de la terre, auquel il domine, ainsi qu'aux fleurs, & fruits noirs, & noirastres, qui ne sentent pas ordinairement bon, & n'ont pas bon goust, il produit aussi les venins, & poisons.

Par ses malignes Influences, il cause la peste & fiévres intermittentes, & plusieurs autres sortes de maladies, il domine à la melancholie, ou bille noire, & incite les Hommes à commettre des perfidies, lâchetez trahisons, & autres sortes d'actions noires, & souvent cruelles & funestes.

Son caractere, dont on le depeind dans l'Astrologie, est ♄ ; ie ne sçais pourquoy on le décrit ainsi, i'aymerois mieux le representer par une faux, qu'on luy met en la main, quand on le dépeind comme un vieillard avec des ailes, pour representer le temps, dont on le dit estre le Pere, qui fauche, coupe, & moissonne toutes choses, *Tempus edax rerum*, & quelques fois on le dépeind, tenant un Enfant entre ses bras, qu'il devore avec ses dents, pour nous monstrer qu'il tuë les Hommes, ainsi que les autres animaux.

Sa malignité s'accroît ou diminuë, de mesme que des autres Planetes, par la situation qu'il a avec le Soleil, & les autres Astres, & dans les signes du Zodiaque où il est, & par les constellations qu'il regarde.

Il commande à la vieillesse, qui est pleine d'infirmitez, & de maladies, il est froid, du moins dans ses effets, ou Influences, comme les Astrologues en

demeurent d'accord, & que nous venons de dire, &
le prouverons cy-apres par les accez des fievres qu'il
cauſe, le commencement deſquels ſont tellement froids,
que quelque choſe qu'on y puiſſe faire, on ne peut
pas rechauffer les malades, que ſa domination particuliere ne ſoit paſſée.

Il a deux maiſons ♑, & ♒, deux exils ou detri-
♋ & ♌, & il tourne dans ſon centre, & a auprés de
luy, une petite Planete, qu'on ne voit qu'avec des lunettes d'approche, qui tourne au tour de luy, qu'on
appelle la Lune de Saturne, laquelle a eſté découverte
en ce ſiecle.

ARTICLE VIII.

De Iupiter, & de ſes Influences en general.

IVpiter eſt un bel Aſtre, grand, clair & luiſant,
lequel eſt plus bas que Saturne, & plus haut que
Mars ; il fait ſon cours en onze ou douze ans ; il eſt tres-
beau & jovial, & excite la ioye, & preſide aux honneurs, & dignitez, il nous commande depuis environ
quarante ans, iuſques à ſoixante, les Hommes eſtant
en ce temps-là, plus enclins à recevoir des honneurs,
dignitez & charges, que dans les autres temps de la
vie ; car avant qu'on ait atteint quarante ans, on les
neglige, & apres ſoixante, on les rebute, & on s'en
défait, n'en pouvant preſque plus ſuporter l'éclat, &
la fatigue.

Il a quelques petites étoilles, ou Planetes, qui tournent autour de luy, qui ont eſté découvertes depuis
un ſiecle, & qu'on ne voit, qu'avec des lunettes d'approche.

Il produit l'eſtain, auquel il commande, ainſi qu'à

une partie des fleurs blanches , comme ie crois ; il a
deux maisons, ♐ & ♓ , & deux detrimens, ♊ & ♍ ;
son caractere est ♃ . qui est une marque , qui ne con-
vient point à sa nature , ou qualitez, & il me semble
qu'il seroit mieux representé par un sceptre , ou une
Fleur-de-lys, qui est le symbole , ou l'armoirie de cette
Monarchie Françoise , la plus Auguste, la plus flo-
rissante , & la plus absoluë du monde.

ARTICLE IX.

De Mars, & de ses Influences en general.

MArs est un Astre , qui paroist plus petit que Iupiter , comme effectivement il l'est , estant dans
un Ciel, ou lieu bien plus bas que luy, & specialement
quand il est dans sa Perigée , ce qui arrive au temps
qu'il est opposé au Soleil, & alors il fait de grandes
paralaxes ; comme on peut voir par les systemes de
Copernic , & Tico-brahé, qui ne different qu'en ce
que, Copernic met le Soleil immobile dans le centre
du Monde, & fait tourner la Terre , & Tyco fait le
contraire, mettant la Terre au centre de l'Vnivers, &
faisant tourner le Soleil.

Il fait son cours en deux ans, & tourne en son centre
en neuf heures de temps ou environ , comme on l'a
observé depuis quelques années, par ces mesmes lunettes
d'approche, il reçoit sa lumiere du Soleil, ainsi que les
autres Planetes, comme nous avons dit , & qu'il paroist, dans leurs diverses situations.

Il est rouge, étincelant, & enflamé , tres-malin &
cruel, car il ne respire que le sang & la guerre, les sedi-
tions, querelles , & combats , la cruauté , & les desordres, & dont il fait, pour ainsi dire, son pain quotidien, &
principalement

principalement quand il est aydé, de quelque autre méchant Astre.

Il produit le fer, l'Aimant, & le vermillon ou cynabre, ausquels il domine, ainsi qu'au sang, & aux couleurs, fruits, & fleurs rouges, & rougeastres, sçavoir l'écarlate, le bonnet quarré, & autres, comme nous dirons cy-aprés, en parlant de l'Aimant.

Son caractere est un petit globe, où il y a un petit trait, ou fleche, semblable au trait, qui est au bout de la langue d'une couleuvre ♂ ce qui le marque bien, ainsi que ses effets, il a deux maisons ♈ & ♏, & deux exils, ou detrimens opposez ♎ & ♉.

Il commande davantage aux hommes, depuis leur vingtiéme, iusques à leur quarantiéme année ou environ, qu'en une autre âge, leur sang estant plus boüillant, & ayant un genie plus martial, pendant ce temps-là, qu'en un autre, ce n'est pas que les hommes genereux, à la naissance desquels il a presidé, perdent tout d'un coup leur generosité, ayant atteint la quarantiéme année, mais il est certain qu'elle diminuë beaucoup environ ce temps-là, & pendant le reste de leur vie, n'estans pas pour lors aussi propres pour la guerre, & pour en soustenir le travail, & la fatigue, comme ils estoient du precedent, ce qui a fait dire à Ovide.

Turpe senex Miles.   de art. ama.

ARTICLE X.

De Venus, & de ses Influences en general.

VEnus est un Astre éclatant, & qui paroist le plus grand de tous, à la reserve du Soleil, & de la Lune, & lequel a tant de lumiere, qu'il marque l'ombre; il tourne au tour du Soleil, qui est son centre, & dont il ne s'éloigne que de 49. degrez ou environ, ainsi

il fait son cours comme luy, en un an, Ptolomée &
les anciens Astrologues le mettoient en leur systeme, au
dessous du Soleil, mais Copernic & Tyco, & autres
modernes ont observé, qu'il estoit quelques fois plus
haut, & d'autres fois plus bas que le Soleil, & qu'il
tournoit au tour de luy.

Cét Astre inspire les actions qui portent son nom,
il produit l'airain, & le cuivre, il est bien-faisant, &
debonnaire, & induit à la paix & union, aux jeux, &
divertissemens.

Son caractere est un Globe, sous lequel il y a une petite croix renversée ♀, il a deux maisons ♉ & ♎ &
deux exils ou detrimens ♏ & ♈, il commande aux
Hommes depuis leur vingtiéme année ou environ, jusqu'à l'âge de 40. ainsi que Mars, comme nous avons
dit, ce qui a aussi fait dire au mesme Poëte, pour
achever son vers

 - - - *Turpe senilis amor.*

Il dit aussi dans le mesme livre.

 Militat omnis amans, & habet sua tela cupido,
  Postume, crede mihi militat omnis amans.

Ses Influences sont chaudes, comme nous prouverons cy-apres, en traitant de ses Influences particulieres, & alternatives.

Il paroist quelques fois au matin, & d'autres fois au
soir, & par fois on le voit paroistre dans un mesme jour,
avant le Soleil levant, & aprés que le Soleil est couché,
comme disent quelques Astrologues, ce qui arrive,
lors qu'il est plus haut que luy, & specialement quand
il est plus proche du pole Arctique, & qu'il a quelque
latitude septentrionale, car en ce temps-là, ses Paralaxes sont moindres, que celles du Soleil, & il nous
paroist plûtost que luy sur l'horison, de mesme que
le Soleil nous paroist plûtost en Esté estant proche, ou

au solstice du Cancre, que lors qu'il est au solstice du Capricorne.

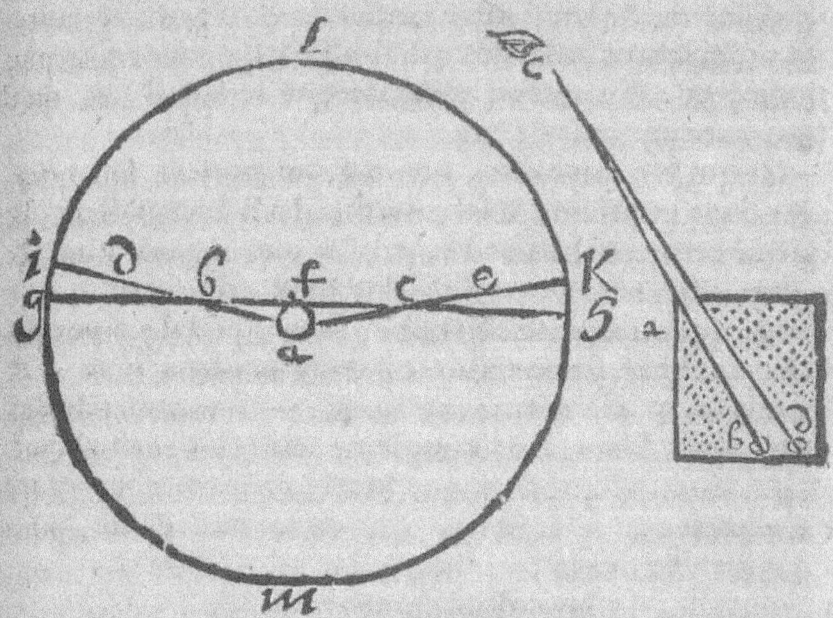

Et afin de faire mieux comprendre cette verité, par une figure, supposez, que la terre soit a , le Soleil levant b , & le couchant c. Venus d. & e. dans les mesmes lignes qui partent du centre de la terre , & qui sont sous les points du Ciel au matin i , & au soir K , & que nous soyons au point f, où nous avons l'horison g , f , h , & que le Ciel des étoilles fixes soit g , l , h , m ; cecy supposé , lors que le Soleil sera au matin dans l'horison, Venus en sera desia bien éloignée, & paroîtra bien élevée, & quand le Soleil arrivera au soir dans l'horison, Venus n'y sera pas encor, ce qui est cause que nous verrons Venus au matin plûtost, & au soir plus tard que le Soleil.

Ainsi le Soleil nous paroîstra se lever au matin au point du Ciel g , quoy qu'il soit au point i , & au soir il nous paroîstra se coucher au point h , quoy qu'il soit sous K , ce qu'on appelle paralaxe, qui est la distance du vray lieu, ou point du Ciel, sous lequel est le Soleil, ou autre Planete, & de l'endroit du Ciel où il paroist estre, en sorte que plus une Planete est proche du Ciel des étoilles fixes, les paralaxes sont moindres, que quand ces Astres sont plus bas, & plus proches de la terre.

Ce qui me fait croire, que nous voyons quelque peu plus de la moitié du Ciel, où sont les étoilles, à cause que la terre estant ronde, & nous eloignant de son centre, de la longueur de son demy diametre, elle nous fait ainsi voir une plus grande partie du Ciel, que nous ne fairions pas, si nous estions dans son centre, & qu'elle fût coupée par la moitié, & une d'icelles moitiés ostée, au quel cas il n'y auroit point de paralaxes, & les Planetes nous paroistroient sous le mesme endroit du Ciel, où elles sont.

Il y a encor une autre raison qui me fait croire, que nous voyons plus de la moitié du Ciel où sont les étoilles, sçavoir, que le Soleil fait tousiours des paralaxes, & qu'estant aux deux equinoxes, il se leve directement à six heures, & se couche à pareille heure, & ainsi il est douze heures sur l'horison, & autant dessous ; & côme il est au dessous des étoilles fixes, l'endroit du Ciel, sous lequel il est, nous paroist plûtost au matin, & plus tard au soir, & partant nous voyons plus de la moitié du Ciel.

Il y a encor une autre chose qui nous fait paroistre les Planetes plus tost, & plus tard, qu'elles ne fairoient, sçavoir les vapeurs, qui sont dans l'air, car estant essentiellement de l'eau, & rendant l'air plus épais, il nous les fait paroistre plus élevées qu'elles ne sont, quand elles sont dans, ou proche de l'horison, & plus l'air est remply de vapeurs, plus cette refraction est grande, mesme que pour lors, l'air estant remply de ces vapeurs, il est plus obscur qu'à l'ordinaire, ce qui est cause que nous ne voyons pas si tost au matin la lumiere, comme nous fairions, s'il estoit clair, & net, d'où vient qu'il semble que le Soleil se leve plûtost qu'il ne devroit faire, qui est un signe de pluye, & de mauvais temps, & qui a donné lieu à ces anciens vers.

> Femme qui boit du vin,
> Enfant qui parle latin,
> Soleil qui se leve matin
> Volontiers ne font pas grand fin.

Pour preuve de cette verité, mettez une piece d'argent au fond d'un vaisseau a, au point b, ensorte que vôtre œil estant au point c, vous ne la voyez point ou fort peu, puis emplissez ce vaisseau d'eau, l'œil demeurant tousiours au mesme lieu, alors vous verrez entierement cette piece au point d, dans un lieu où elle n'est pas, & si on vouloit tirer quelque coup dessus, (supposez que ce fût un poisson, avec un fusil, ou une fleche, ou trident, ce seroit inutilement, si on tiroit à droite ligne, car il faut tirer plus bas, & au dessous de cét objet, à proportion de la profondeur de l'eau, & encor s'il y avoit deux ou trois pieds d'eau à passer, elle amortiroit le plomb ou la fleche, ou la divertiroit, & la fairoit rejallir d'un autre costé, à cause qu'elle resiste à sa division ; & pour y remedier, il faut charger le plomb à deux ou trois fois, & y mettre deux ou trois bouchons de bourre, ou d'autre matiere, afin que le premier plomb qui touche leau la fende, & l'écarte, & que le dernier ayant ainsi plus de force, puisse tuer ce poisson ;

Ce meurtre ainsi fait par raisonnement, & par la connoissance de la philosophie, vous satisfaira beaucoup, s'il le fait autant que moy, car dans le temps que i'avois plus de loisir que ie n'en ay eu depuis plu-

sieurs années, & que ie m'addonnois au divertissement
de la chasse, & de la pesche, i'eusse mieux aymé un
poisson tué de cette façon-là, ou une perdrix en volant,
ou un lievre en courant, que dix autres, pris d'une autre
maniere : mais c'est trop parler de nos petites proüesses,
retournons au Ciel, & concluons, que quand le Soleil,
la Lune, Venus ou quelques autres Planetes, nous paroissent plûtost qu'elles ne fairoient, si l'air n'estoit remply de vapeurs, cela provient des paralaxes, & refractions ; à joindre qu'en ce temps-là, les Astres & specialement le Soleil, & la Lune, estans dans, ou prés
de l'horison, ils nous paroissent bien plus grands qu'en
un autre endroit, & qu'ils sont elevez vers le meridien
du lieu, où l'on est, à cause qu'il n'y a pas tant de vapeurs
entre ces Astres & nous, que lors qu'ils sont prez de
l'horison.

C'est peut estre, pour cette consideration des paralaxes, & des refractions, qu'on se mocque des chiens
qui abbayent la Lune, car ils n'ont garde de la prendre,
n'estant pas dans le lieu, où elle leur paroist, & principalement quand elle est proche de la terre.

ARTICLE XI.

De Mercure, & de ses Influences en general.

MErcure est un Astre bien petit, qui paroist d'une
couleur un peu verte, ou verdastre ; il tourne au
tour du Soleil, qui est son centre, & dont il ne s'éloigne que de 27. degrez ou environ, ce qui fait qu'on
ne le voit que rarement, à cause de la lumiere du Soleil,
qui l'offusque, & des vapeurs qui sont proches de la terre,
qui le cachent, & comme il suit le mouvement du Soleil,
il fait comme luy son cours en un an, bien qu'il face son
tour, au tour du Soleil en un temps bien moindre.

Il produit le vif argent, & commande aux fleurs vertes & bleuës, ou qui en approchent, il induit au larcin, à la legereté ou inconstance, aux Arts, aux sciences, & au commerce, & domine, & commande aux Hommes, specialement depuis la 30. année de leur âge, iusques à leur 50. ou mesme iusques à leur soixantiéme année, aprés laquelle ils ne sont pas ordinairement si propres, pour s'appliquer à l'étude, ou au commerce ; & si on apprend quelque chose avant la 20. ou 30. année, ce n'est qu'avec peine & difficulté, & on l'oublie bien viste, mais aprés qu'on a passé ce temps-là, si on s'applique à l'estude, on y fait de grands progrez, l'esprit estant plus ouvert, & la conception plus forte que du precedent.

Il est benin & bien-faisant, & un peu chaud de sa nature, comme nous le prouverons, lors que nous parlerons de sa domination particuliere, neantmoins il est fort changeant, & volage ; & son humeur est si complaisante, qu'il s'accommode avec les autres Astres, aux quels il est ioint, ou opposé, & en augmente les forces, car il est bon, avec les bons, & méchant avec les méchans, il est chaud avec les chauds, & froid avec les froids ; il a deux maisons ♊ , & ♍. & deux exils ou detrimens, ♐. ♓.

Son caractere est un petit Globe, sur lequel il y a un demy cercle, & une petite croix dessous ☿ , il me sembleroit mieux representé par un vol, ou par un caducée, qui est une baguette, où il y a deux ailes, qu'on a de coûtume de luy mettre en la main, quand on le represente comme un Dieu, & l'ambassadeur & interprete des Dieux ; on en faira pourtant comme on voudra, ainsi que de Jupiter, & Mars ; les caracteres, les lettres, & les mots, ne signifiant que ce que nos Peres ont voulu, & souvent de mesmes mots, ont un double sens, & deux differentes significations.

ARTICLE XII.

Des Constellations, & de la domination des Signes du Zo-
diaque, & des Planetes sur le corps Humain.

LEs Astrologues ont divisé les étoilles fixes en 48.
constellations, dont la plus part sont des animaux,
ausquelles ils ont attribué differens effets, & principalement aux douze, qui composent le Zodiaque, qu'ils
ont divisé en autant de signes, chacun de trente degrez, & qui font en tout 360. degrez, ainsi que les
autres cercles grands & petits, sont divisez en un pareil
nombre de degrez.

Les Astrologues disent que le Mouton ♈ domine
& gouverne la teste; le Taureau ♉, le col & la gorge;
les Gemeaux ♊, les épaules, les bras, & les mains;
le Cancre, ou écrevisse ♋, la poitrine, le Lyon ♌; le
cœur, les costez & l'épine du dos, la Vierge ♍, le
ventre, & les intestins, la Balance ♎, le nombril,
& le bas du ventre, le Scopion ♏, la vessie & parties genitales; le Sagittaire ♐, les hanches & les cuisses; le Capricorne ♑, les genoux; le Verseau ♒, les
iambes, & les Poissons ♓, les pieds; & pour les representer, ils font une figure humaine, qui a la teste d'un
Mouton, le col est la teste d'un Taureau, les bras, sont
deux Enfans, & ainsi du reste.

On les a mis en ces deux vers,

Sunt Aries, Taurus, Gemini, Cancer, Leo, Virgo,
Libraque Scorpius Arcitenens, Caper, Amphora, Pisces.

Quelques Astrologues disent, qu'il y en a trois chauds,
& secs, de la nature du feu, ♈, ♌, ♐, trois froids,
& secs, terrestres, ♉ ♍ ♑, trois chauds, & humides
de l'air ♊ ♎ ♒, & trois froids & humides de l'eau,
♋ ♏

♋ ♍ ♓ , ils donnent aussi deux de ces qualitez à chacune des sept Planetes , ♄ estant à leur àvis froid & sec terrestre, ♃ chaud & humide de l'air, ♂ Mars chaud & sec de feu, ☉ le Soleil chaud & sec moderé, ♃ chaude & humide de l'air ; ☿ temperé & humide , & la ☽ froide & humide de l'eau ; mais ie ne suis pas de leur àvis , comme i'ay cy-devant dit , n'admettant point d'élement du feu , ainsi que plusieurs Philosophes , & mesme ce qu'ils disent du sec & de l'humide , pouvant estre causé, par le chaud & le froid ; mais n'importe, il est à propos de sçavoir ces choses, pour en tirer de l'utilité , & aucun Medecin ne devroit pas ignorer les vertus des signes , & des Planetes , & ils doivent s'ils veulent agir utilement , observer la situation des Planetes dans les signes du Zodiaque , & les aspects qu'elles ont , les unes avec les autres , & mesme il seroit à souhaiter que tous les Hommes , du moins à l'âge de 30. ans , en cussent aussi la connoissance , & que chacun fût son medecin , & qu'il connût son temperament , & les medecines , & remedes qui luy sont propres ; estant constant qu'une medecine , ou remede pris à propos , est salutaire , mais estant pris à contre-temps , est nuisible ; & pour ne toucher pas plus amplement cette matiere , ie diray seulement suivant le sentiment de quelques uns , qu'il ne faut point toucher à aucune des parties de nôtre corps , pendant que la Lune est dans le signe, qui y commande , & principalement quand elle est pleine , ou nouvelle , ou en quart aspect avec le Soleil , & quand elle est dans la teste , ou la queüe du Dragon , dans lesquels temps on doit aussi s'abstenir de prendre des medecines , & se faire seigner , à moins d'une grande necessité , au quel cas , il faut mettre tout en usage , & apporter les derniers remedes , *In extremis morbris , extrema remedia.*

X

Les Astrologues ont aussi observé, que les Planetes
dominent, les unes sur quelques parties de nôtre corps,
& les autres sur d'autres, & les Chyromantiens defi-
gnent des montaignes, & autres lieux de la main, aux
Planetes, d'où ils tirent, ainsi que des lignes, qui s'y
trouvent, leurs predictions, comme on poura voir dans
leurs Livres, & que j'obmets icy, n'estant pas le sujet, que i'ay entrepris, mais bien de faire voir, que les
Cieux & les Astres ont des Influences, par le moyen
desquelles, ils font de differens effets, comme ie l'ay
desia prouvé, & que ie le fairay encor, en parlant de
la domination alternative des Planetes, aprés que i'au-
ray donné, pour finir ce Chapitre, deux figures, l'une
pour faire connoistre les douze signes du Zodiaque,
& les maisons, & exils des Planetes, afin qu'on les
voye plus viste, & distinctement, pour s'en servir en
differentes occasions; les Planetes qui font au dessus
des signes, & dans le plus grand cercle, marquent
leurs maisons, & les mesmes qui font au dessous, &
dans le plus petit cercle, marquent leurs exils.

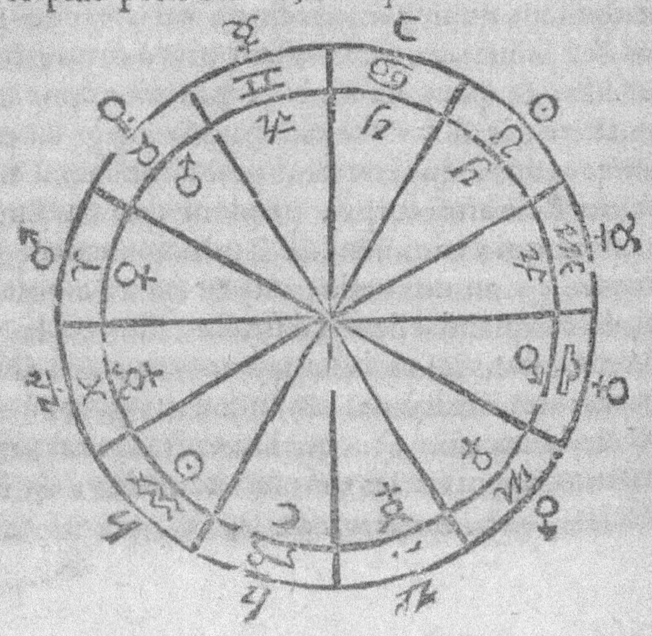

Cette autre figure fait connoistre la maniere que les
signes du Zodiaque agissent vers la terre, par leurs Influences, ou vertus secretes, car il est constant que les
Cieux renvoyent vers ce Globe terrestre, les Influences
qu'ils reçoivent du Soleil, comme un grand miroir
ardent concave, estans comme ie crois, d'une matiere solide; & les étoiles, principalement les Planetes
reflechissent aussi ces mesmes Influences, comme autant
de plus petits miroirs, ainsi que nous avons dit dans
la cause des Cometes; mais les signes du Zodiaque
estans les plus considerables constellations, à cause que
le Soleil, & les autres Planetes y sont toûjours, les
Astrologues y ont plus d'egard, qu'aux autres; ils con-
siderent les Influences que ces signes renvoient, en deux
façons, l'une en forme d'une pyramide, dont la base
est de la grandeur de chacun signe, & la pointe
touche le centre de la terre, comme il paroist aussi
par la premiere figure, de sorte que, comme il y a
douze differens signes dans le Zodiaque, ils conside-
rent douze pyramides, qui en partent, & qui abou-
tissent vers la terre, où chaque fait de divers effets;
l'autre divise le Ciel en douze parties, dont chacune
comprend non seulement un signe du Zodiaque, &
les étoilles qui y sont, mais aussi celles qui répondent
à ce mesme signe, tant vers le pole arctique du Zodiaque
que l'antarctique, & chaque partie renvoye vers la terre

ces mesmes Influences.

Les Astrologues divisent le Ciel en douze maisons, d'où ils tirent leurs predictions, ou horoscopes, observant les étoilles & Planetes qui se rencontrent en chaque, & leurs effets, comme on poura voir dans leurs Livres, n'estant pas mon dessein d'en traiter icy plus amplement.

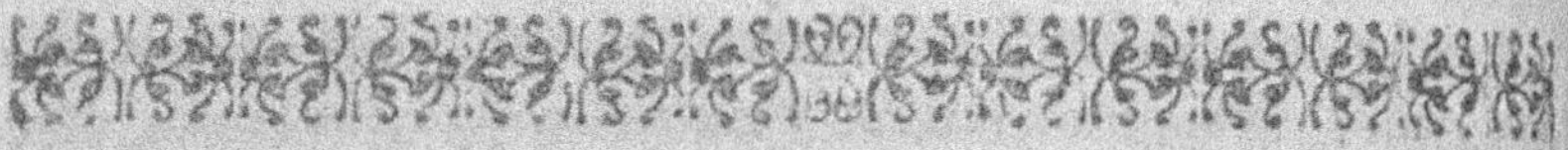

CHAPITRE II.
De la Domination particuliere alternative des sept Planetes.
ARTICLE I.
De la Denomination des Iours.

LES anciens Peuples de l'Egypte, Phœnitie, Arabie, & autres pays Orientaux, s'estant plus particulierement addonnez, que les peuples de l'Europe, à l'Astrologie, & à la connoissance des Astres, & de leurs effets ; & ayant remarqué, que les sept Planetes dominoient, les unes plus que les autres, à de certains iours, & à de certaines heures, ils ont donné le nom à chaque iour, (& en ont composé une semaine) de l'une de ces sept Planetes, qu'ils ont observé, y dominer la premiere, & pendant une vingt & quatriéme partie, & ont divisé le iour & la nuit, en 24. parties, qu'ils ont appellé des heures ; sçavoir, ayant remarqué, que Saturne dominoit le premier, à un certain iour, ils l'ont appellé le iour de Saturne, *dies Saturni,* & les Juifs ont nommé ce iour-là, le iour du Sabath *dies Sabbati,* qu'ils gardoient religieusement, sans y faire aucun œuvre de leurs mains, le passant en prieres & oraisons, en memoire du iour du repos de Dieu, lequel ayant travaillé fix iours entiers, à la creation du Ciel, & de la terre, & autres elemens, & à la production de toutes fortes d'eftres, fe repofa le feptiéme iour, comme Moyfe l'a employé dans la Genefe, & du Bartas le Prince de nos Poëtes François, a décrit admirablement les merveilles des differens ouvrages des mains de Dieu, dans chaque iour de la premiere femaine.

Mais pourquoy les Juifs ont-ils choifi pluftoft ce iour-là, pour le iour du repos, qu'un des fix autres? Ceux qui ont parlé de cette matiere, en difent deux raifons, la premiere, à caufe qu'il s'y trouve plus de méchantes heures, qu'en aucun des autres; car il fe voit que Saturne y domine pendant la premiere heure, & Mars y domine pendant la derniere; ainfi ♄ & ♂, qui font méchans, y dominent pendant huit heures entieres, & dans les autres iours, ils y dominent moins, par exemple, dans le iour du Soleil, que nous appellons Dimanche, *dies Domini*, à caufe des myfteres de noftre Religion qui s'y font paffez, & fpecialement la Refurrection de nôtre Seigneur Jefus-Chrift, ces deux méchants Aftres n'y dominent que pendant fix heures, & pour cette confideration, les Juifs ont pluftoft choifi le iour de famedy, qu'un autre, pour le feftiner, & le paffer en prieres, s'abftenant de toutes fortes d'œuvres ferviles & manuelles, tant afin de prier Dieu de les preferver des malheurs, que les méchants Aftres caufent par leurs malignes influences, que par ce qu'ils eftimoient, que y ayant plus d'Aftres malins, lefquels y dominoient, qu'en un autre iour, ils craignoient que leurs ouvrages ne reüffiffent pas fi bien, que dans un des autres, eftant conftant que les méchantes Planetes font de mauvais augure, & les Iuifs eftoient perfuadez, qu'ils ne caufoient que de malheureux effets.

La seconde raison est, qu'il y avoit en la Iudée une fontaine, qui estoit l'origine d'un petit ruisseau, qui couloit continuellement six iours entiers, & le septiéme cette fontaine seichoit & tarissoit, & par consequent ce ruisseau faisoit la mesme chose; & voyant que cela arrivoit le samedy, ils estimpient que cette eau leur apprenoit leur leçon, & qu'ils devoient en faire de mesme, & s'abstenir ce iour-là, de toutes sortes d'ouvrages.

Et d'effet, les Iuifs gardoient si religieusement ce iour-là, & s'y abstenoient de faire aucuns ouvrages de leurs mains, que les Citoyens de Ierusalem, qui estoit leur ville capitale, ayant esté assiegez par leurs ennemis, un iour de samedy, ou du sabath, ils aimerent mieux la laisser prendre, & se reduire à leur tyrannie, que de se deffendre, de peur de prophaner ce iour-là, par leurs actions manüelles.

Le Soleil commande le premier iour d'aprés, que nous appellons, le Dimanche, comme nous avons dit, & que les Anciens appelloient *dies Solis*, à cause que le Soleil y dominoit pendant la premiere heure; la Lune commande la premiere le lundy, appellé *dies Lunæ*; Mars au mardy, *dies Martis*; Mercure au mecredy, *dies Mercurii*; Jupiter au ieudy, *dies Iouis*; & Venus au vendredy, *dies Veneris*.

Car divisant chaque iour, en vingt-quatre parties, ou heures, & voyant que les sept Planetes dominent chacune à son tour, pendant une de ces parties-là; à commencer par Saturne, au samedy, puis Iupiter, Mars, le Soleil, Venus, Mercure, & la Lune, & continuant à les reprendre de suite, par Saturne, Iupiter, & les autres successivement, il se trouve, que les iours reviennent les uns aprés les autres, comme ils ont esté nommez, ainsi que nous avons dit.

ARTICLE II.

Des Heures égales, & inegales.

LA question est de sçavoir, si les Planetes dominent chacune son heure egale, ou inegale.

Avant que d'en rien resoudre, il est à propos de sçavoir, qu'il y a deux differentes façons de diviser les iours, qui sont composez de vingt-quatre heures, c'est à dire un iour & une nuit, ou bien le temps, que le Soleil employe, à faire le tour du globe terrestre ; les uns divisent cét espace de temps, en vingt & quatre parties égales, soit en hyver, où les iours sont bien cours, à l'égard des lieux, qui sont vers le Septentrion, & les nuits sont bien longues ; où en esté, auquel temps au contraire les iours sont bien longs, & les nuits bien courtes, car en quelque lieu qu'on puisse estre, cét espace est divisé en vingt & quatre heures, ou parties égales, & les cadrans, dont nous nous servons ordinairement, ainsi que nos montres, & horloges, qui sont des machines inventées dans ces derniers siecles, sont construits en telle sorte, qu'ils representent tousiours les heures d'une égale longueur.

Les autres divisent chaque iour, à commencer au lever du Soleil, iusques à son coucher, en quelque saison que ce soit en 12. parties où heures égales entre elles, & la nuit aussi, depuis Soleil couchant, iusques à Soleil levant, en douze parties pareillement égales les unes aux autres ; neantmoins ces heures-la, soit du iour, ou de la nuit, ne sont pas tousiours égales, c'est pourquoy on les appelle inegales ; car en hyver, par exemple, le Soleil estant au solstice du Capricorne, il se leve à huit, & se couche à quatre heures, des

heures égales , aux lieux où le pole est élevé de 48.
ou 49. degrez, ainsi il n'est que huit heures égales sur
l'horison , & neantmoins on en compte douze ; & la
nuit a 16. heures égales, le Soleil estant autant de temps
sous l'horison , & neantmoins on n'en conte que douze
heures, & au solstice d'esté le iour a 16. heures égales,
& on n'en conte que douze , & la nuit à huit heures,
& on en conte douze , lesquelles partant sont inégales
à celles de l'hyver , & sont aussi toûjours inégales entre elles , pour châque tour du Soleil, à la reserve que
lors qu'il est aux équinoxes, les heures du iour , & de
la nuit sont égales les unes aux autres.

On appelle aussi ces heures inégales , Planetaires , les
anciens ayant creu que les Planetes dominoient chacune à son tour , & alternativement , pendant la douziéme partie du iour , & de la nuit, soit que le iour,
ou la nuit, fussent grands ou petits ; ie ne scais pas, si
cela est veritable dans la zone torride , & prez des tropiques , comme l'Egypte, l'Arabie, & autres lieux, dont
les peuples estoient grands Astrologues , & ont observé
cette domination des sept Planetes , & établi ces heures
inegales , & comme les iours n'y sont gueres plus longs,
en une saison qu'en l'autre , les heures y sont aussi presque toûjours, d'une égale grandeur;

Mais ie suis asseuré , par les experiences, que i'en ay
fait , que cela ne se fait pas ainsi , dans ce pays , qui
est sous le 49. degré de l'élevation du pole arctique,
estant certain, que châque Planete domine alternativement, pendant une heure égale, le iour & la nuit, en
hyver & en esté , comme nous le demontrerons cy-
aprés par experience.

Je ne scais pas de quelle façon , ces Planetes dominent alternativement vers les poles , où les iours sont
en esté , bien plus longs qu'icy, ceux qui habitent dans
l'étenduë

l'étenduë de l'un ou de l'autre cercle polaire, ayant six mois de iour, & autant de nuit, les peuples de ces pays-là, où ceux qui y vont, en pouront connoiſtre la verité, & ie n'ay pas fait deſſein d'y aller exprés pour cét effet.

ARTICLE III.

Du Commencement du Iour, & de la Planete, qui y domine, pendant la premiere heure.

NOus avons dit que la Planete qui domine pendant la premiere heure du iour, a eſté cauſe de ſa domination, reſte à ſçavoir, en quel temps le iour commence, y ayant divers ſentimens ſur ce ſujet.

Pluſieurs Aſtrologues commencent le iour directement à midy, & le finiſſent vingt & quatre heures aprés, & lors que le Soleil eſt arrivé au meſme lieu, à cauſe que ce point eſt fixe, & determiné, & qu'ils peuvent faire alors plus exactement leurs experiences.

D'autres le commencent à Soleil couchant, voulant dire, que la nuit en fait le commencement, & que cette façon, eſt conforme à la nature, la nuit, ou les tenebres de l'ancien cahos, ayant precedé le iour, & la lumiere, il ſemble que la ſainte Ecriture le commence ainſi, étant porté dans la Geneſe, en chaque iour où Dieu crea le monde, que du ſoir & du matin il en fut fait un iour.

D'autres le font commencer à Soleil levant, & finir aprés que la nuit eſt paſſée, & au retour du Soleil.

Les Chrêtiens le commencent à minuit, & le finiſſent à pareille heure, aprés que le Soleil a fait le tour du monde, ce qu'ils font ainſi à cauſe que deux des premiers Myſteres de nôtre Religion (ſçavoir, l'Annonciation faite à la ſainte Vierge Marie, qu'elle devoit concevoir & enfanter Jeſus-Chriſt nôtre Sauveur, & ſa Nativité,) ont eſté faits en ce temps-là; qui eſt

une façon de commencer le iour, bien contraire à sa
nature, le faisant commencer au milieu de la nuit, &
la divisant ainsi en deux parties égales, dont une appartient au iour precedent, & l'autre, au suivant; ce
qui fait mesme quelques-fois de la confusion, en ce
qu'on ne peut pas precisément déterminer la nuit,
dont on veut parler, & ou quelque chose doit estre
arrivée, & duquel iour elle est, & pour l'exprimer,
il faut prendre un circuit, & dire, par exemple, la
nuit d'entre le samedy tantiéme, & le Dimanche, &c.

Enfin il y a d'autres personnes, qui commencent
le iour, à la premiere lumiere qui paroist au matin
vers l'Orient, ce qu'ils appellent l'aube, ou le point
du iour, & le finissent à la derniere lumiere qu'ils remarquent vers l'Occident, divisant ainsi le iour & la
nuit, par la lumiere, & les tenebres. S. Iean Evangeliste
semble estre de cette opinion, lors qu'il dit que Marie
Magdelaine vint au sepulchre le matin du premier iour
de la semaine, comme il faisoit encor obscur.

Quoy qu'il en soit, il est constant, & i'en suis persuadé
par les observations que i'en ay fait, que chaque Planete
domine chaque iour à Soleil levant pendant une heure,
en quelque temps, que ce soit, du moins en ce pays
icy, & ie presume que c'est la mesme chose ailleurs
(si vous en exceptez sous les Poles, dont ie ne suis
pas asseuré comme i'ay desia dit,) & specialement sous
la zone torride, & dans les pays voysins, ce qui a esté
cause que les Anciens ont nommé chaque iour, du nom
de la Planete, qui domine la premiere, ainsi la nuit
suivante appartient, & fait partie de ce iour-là.

Les Juifs commençoient ainsi leurs iours à Soleil
levant, comme on le peut colliger de la sainte Ecriture, S. Marc Evangeliste disant que les trois Maries
allerent au sepulchre de Jesus-Christ de grand matin,

le Soleil étant deſia levé, *Orto iam ſole* ; ce qui n'eût
pas deu eſtre, ſi le iour eut commencé à midy, ou à
minuit, ou au point du iour, mais bien à cauſe que
leur iour commencoit à Soleil levant, il pouvoit eſtre bien
matin, & neantmoins le Soleil eſtoit deſia levé, ſe pouvant faire qu'il eſtoit ou ne faiſoit que ſortir de l'horiſon,
quoy que S. Mathieu diſe que ces trois Maries allerent à
ce tombeau, au ſoir du Sabat, *veſpere autem ſabbati*,
où il n'y a pas de contradiction, contant le ſoir iuſqu'à
ſoleil levant du iour ſuivant.

ARTICLE IV.
De la Domination alternative des ſept Planetes.

CEs choſes ainſi preſuppoſées, comme de premieres veritez qu'il a fallu établir, pour traiter particulierement de la domination alternative des ſept
Planetes pendant une heure, chacune à ſon tour, à
commencer par Saturne, puis Jupiter, & les autres
de ſuite, comme nous avons dit : & pour le mieux
comprendre, prenons un iour de Samedy, à l'équinoxe
du Belier, ou de la Balance, auquel temps les iours
& les nuits, ſont d'une égale longueur, le iour ayant
douze heures, & la nuit autant, Saturne domine depuis ſix iuſques à ſept heures, & Jupiter depuis ſept
iuſques à huit, Mars depuis huit iuſques à neuf, le
Soleil, depuis neuf iuſques à dix, Venus depuis dix
iuſques à onze, Mercure, depuis onze iuſques à douze, ou midy, & la Lune depuis midy iuſques à une
heure, puis Saturne recommence à une heure & les
autres de ſuite, iuſques au lendemain à Soleil levant,
auquel temps le Soleil domine pendant la premiere
heure, puis Venus, & ainſi conſecutivement iuſques
au lundy, que la Lune dominera à Soleil levant, &
ayant continué à dominer les unes apres les autres cha-

cune son heure, Mars dominera à Soleil levant le mardy, Mercure le mecredy, Iupiter le ieudy, Venus le vendredy, & le samedy il se trouvera que Saturne y dominera, & ainsi consecutivement chaque iour de l'année, soit que les iours croissent, ou qu'ils diminuent.

Mais pour faire exactement ces observations, il faut sçavoir precisément, à quelle heure, le soleil se leve, comme en estant le premier principe, & s'il se leve à un quart, ou demie heure, ou trois quarts, apres une heure certaine, il faut compter de ce temps-là, les heures successivement, pour sçavoir quelle Planete domine, à l'heure proposée.

ARTICLE V.

De la Domination particuliere de Saturne.

LEs Influences des sept Planetes pendant leur domination alternative de chaque heure; estans les mesmes qu'elles ont, & que nous avons cy-devant décrit, produisent les mesmes effets, que nous avons aussi specifiez.

Saturne pendant l'heure qu'il domine, cause la melancolie, & tristesse, les querelles, batteries, excez, violences, trahisons, ou perfidies, & autres laschetez, les accez de fievres, soit qu'elles soient tierces, quartes, doubles, & triple-quartes; de la rage, & phrenesie; le mal-caduc, esquinancie, & apoplexie; la mort subite, & les accés de mort, à ceux qui sont malades à l'extremité, & enfin la mort, ayant observé que tous les excez & accez, se font ordinairement sous sa domination, & sous celle de Mars, qui sont les Astres les plus méchans de tous.

Les alimens qu'on prend pendant la domination de

Saturne, ainſi que ſous celle de Mars, & ſpecialement
ſi on eſt malade, ou mal diſpoſé, nonſeulement ne
profitant point, mais meſme ils ſe convertiſſent en bile,
ou melancolie, ou meſchantes humeurs; & les medecines, & autres ſortes de medicamens, ſont auſſi tres-
ſouvent inutiles, & meſme nuiſibles, quand ils ſont
pris ſous la domination de ces méchants Aſtres, & dont
on ſe doit bien prendre garde, ſi on eſt malade, ou
que l'on ſoit mal conſtitué, & ſi, eſtant ſain, on veut
conſerver ſa ſanté.

Et d'effet, i'ay obſervé, que les indigeſtions provien-
nent de ce qu'on mange par extez, ſous leur domination, meſme que ſi on eſt échauffé, & qu'on aille
boire, & ſpecialement de l'eau froide, on en ſera incommodé, & on poûra tomber malade d'une maladie
mortelle.

Les playes qu'on reçoit ſous la domination horaire
de cét Aſtre, (c'eſt la meſme choſe, & encore pire ſous
celle de Mars) pour petites qu'elles ſoient, ſont ſouvent incurables, ou du moins tres-difficiles à guerir, &
bien davantage, que ſi elles eſtoient faites ſous la domination de Iupiter, du Soleil, de Venus, de Mercure, ou de la Lune, qui ſont de bons aſtres, ſe voyant
ſouvent qu'une perſonne ſe tuëra, ou ſe rompera un
bras, ou une iambe, bien qu'elle ne tombe que de ſa
hauteur, ou de deſſus un cheval, & au contraire ſi on
tombe de deſſus une tour, ou de quelque haute maiſon, pendant qu'une des cinq bonnes Planetes domine,
on voit ſouvent, qu'on ne ſe fait aucun mal, ou tres-
petit.

Et il ſemble, que ces méchans Aſtres influent du
venin, ou poiſon dans les playes, & ne ſe plaiſent
qu'à faire du mal, & du deſordre.

Les facheuſes nouvelles, comme de la mort, ou

quelque malheureux accident, de perte de biens, d'in-
cendie de maisons, submersion, ou autres de pareille
nature, sont ordinairement annoncées pendant la domination de cét Astre pernitieux, ou de Mars, & le
Messager, ou celuy qui aura commission de les dire,
attendra par fois deux ou trois heures, feignant d'estre
venu pour un autre dessein, iusqu'à ce qu'un de ces Astres
vienne à dominer, auquel temps il baille les lettres,
ou fait sa commission.

Et cecy est tellement veritable, qu'il se voit quelquefois
qu'un accusé d'un crime capital, si son procez est deliberé,
& iugé pendant que cét Astre, ou Mars dominent, il
sera condamné à mort, & si c'est sous la domination
d'une des cinq autres Planetes, il sera peuteestre absous,
ou bien ne sera condamné qu'à des amendes, ou legeres peines, se trouvant mesme, que les derniers opi-
nans, qui conclûront sous des Planetes bienfaisantes,
fairont revenir ceux, dont les voix alloient à la mort,
ou à de grandes peines, & s'il est executé à mort, ce
sera sous la domination de cét Astre, ou de Mars.

Si quelqu'un converse avec son ennemy, & contre
lequel il a machiné quelque trahison, il la dissimulera,
& parlera de choses indiferentes, ou mesme luy té-
moignera de l'amitié, iusqu'à ce que cét Astre, ou Mars
commencent à dominer, auquel temps son feu s'é-
chauffera, & sa passion éclatera, & mesme il le poura
assassiner en trahison, & le blessera, ou tuéra à coups
d'épée, ou de coûteau.

Si quelqu'un ayant conspiré la mort de son ennemy,
& qu'il l'attende de guet à pend sur le chemin, par
où il doit passer, pour l'assassiner, s'il y passe sous la
domination de Saturne, ou de Mars, c'est fait que de
luy, il sera tué, ou extrémement blessé, & si c'est pendant la domination d'une des cinq autres Planetes,

quoy qu'il soit mieux armé que luy, & qu'il soit es-
corté de plusieurs satrapes assemblez pour cét effet, il
ne luy faira aucun mal, & se contentera de luy faire
quelque reprimande, & de luy marquer, que sa vie est
entre ses mains, ou mesme il le laissera passer, sans luy
rien dire, ou bien s'il se met en estat de l'attaquer, il
arrivera quelqu'incident, qui le poura garantir de la
mort, soit par le defaut des armes à feu, qui man-
queront de tirer, ou de l'ajuster ; ou bien s'il est blessé, ce
ne sera que legerement, & dont les playes ne seront
pas mortelles, & si elles sont grandes, elles ne seront
pas si difficiles à guerir, comme si elles avoient esté
faites sous Saturne ou Mars.

On voit par les effets, & specialement par les accez
des fievres intermittentes, que Saturne est froid, ou
du moins, que ses influences ont cette qualité-là,
comme nous avons cy-devant dit, & quelque chose
qu'on puisse faire, on ne poura pas réchauffer le malade, que sa domination, qui dure une heure, ne soit
passée.

ARTICLE VI.

De la Domination particuliere de Iupiter.

LA domination horaire de Iupiter est bonne & temperée, cét Astre ne produisant que de bons, &
agreables effets, & Dieu Autheur de la nature, l'a placé,
& fait en sorte que sa domination est entre celle de
Saturne, & de Mars, pour les separer, & reprimer
leurs mauvais effets, par sa benignité naturelle ; &
d'effet, si la domination de Mars suivoit immediatement
celle de Saturne, ils augmenteroient respectivement
leurs forces, & produiroient ainsi d'étranges & funestes
effets ; & quelque puissant que soit Iupiter, ces deux
Astres voisins, usurpent souvent bien de son authorité,

& diminüent ses forces , entreprenans sur son empire, par un effet de leur tyrannie.

Jupiter pendant l'heure de sa domination , incite à la joye, & divertissement, car cét Astre est iovial , & d'une gaye humeur, & excite beaucoup à rire, en sorte que pour peu qu'on en ait de sujet , on rira à gorge deployée, & quelque-fois on rit sans cause, & sans aucun pretexte : & quelque chose qui puisse arriver , pendant qu'il domine , on le tournera le plus souvent en raillerie , & quelqu'affront qu'on reçoive , on le traitera quelque-fois de bagatelle , ou d'indiference , comme on fait aussi sous les quatre autres Planetes bienfaisantes, & on n'en aura point , ou fort peu de ressentiment, ou du moins pas tant , que si cela estoit arrivé sous Saturne, ou Mars.

Iupiter est de sa nature , chaud , ou du moins dans ses influences , ou ses effets , comme on peut voir pendant sa domination horaire , & specialement dans les accez de fievre , car l'heure de la domination de Saturne estant passée , si la fievre n'est point trop violente, & que l'accez ne dure qu'une heure en froid ; on commence alors d'entrer en chaleur , & si les accez sont rudes , & qu'ils se continuent pendant la domination de Mars , comme il arrive souvent , il est constant que pendant la domination de Iupiter , les accez en froid sont bien plus moderez , que pendant que Saturne & Mars dominent , car ils causent un si grand froid , qu'on tremble iusqu'en la racine , pour ainsi dire.

On voit encore cette verité , lors qu'une personne est en l'agonie , car pendant la domination de Saturne, il aura un accez de mort , & sera froid comme marbre, mais Iupiter venant à dominer , il le réchauffera, & luy causera quelque petite sueur , puis Mars dominant il aura encor un accez plus rude , ou mourra.

Article

ARTICLE VII.

De la Domination particuliere de Mars.

CEt Aftre fait les mefmes effets, que nous avons dit de Saturne, & ie les eufle mis de compagnie, fi ie n'avois fait deffein de parler des fept Planetes feparement, & les unes aprés les autres, fuivant le cours de leur domination, i'adioufteray feulement que Saturne produit, ou fait faire des actions plus triftes & melancoliques, plus noires, ou plus lafches que Mars, lequel à fon tour en commet, ou fait commettre ordinairement de plus cruelles, que fon compagnon; & i'ay obfervé, que celuy-cy ne refpire que le fang, & le carnage; & d'effet il y a plus des deux tiers du monde, & quand ie dirois les trois quarts, ie ne dirois que la verité, qui meurent fous Mars, & fi Saturne les abbat beaucoup, & les met à l'extremité, Iupiter les rappelle fouvent, & fait qu'il femble, qu'ils vont mieux fe porter, mais Mars venant à dominer, il les tuë, comme s'il leur mettoit le couteau dans la gorge, & fpecialement s'il fe trouve dominant à midy, à minuit, au matin avant foleil levant, & le foir aprés foleil couchant, qui font quatre heures à craindre par deffus toutes les autres, foit que Saturne ou Mars dominent, & principalement Mars.

Si on me demande, d'où vient cela? Ie réponds qu'il peut proceder de ce que le Soleil eftant à midy, a plus de force qu'en un autre temps, & qu'ainfi les Planetes, & pour ne fortir point de la thefe de Saturne, & de Mars, où nous fommes, en reçoivent plus de force, te qui augmente leur malignité.

Et à minuit la fraifcheur de la nuit augmente la force,

& cruauté de ces deux méchantes Planetes , la nuit
estant tousiours plus contraire aux malades que le iour,
ou bien cela peut proceder , de ce que le Soleil estant
dessous l'horison , & au midy de nos antipodes , envoye ses influences autour de la terre , qui venans à
se rassembler dessus l'horison à minuit , elles ont plus
de puissance estant unies , & ainsi elles en communiquent davantage à ces Astres , que lors qu'elles
sont separés au tour du globe terrestre , comme il arrive
à la Lune , qui cause par un mesme moyen un flux
dans la mer , lors qu'elle est sous l'horison , de la mesme
façon , que quand elle est dessus , comme nous l'avons
dit , en traitant de la cause du flux & reflux de la mer,
&c. expliquant ce mystere , qui passoit dans l'esprit de
nos Autheurs modernes pour estre inexplicable.

Pour le matin avant que le soleil soit levé , cela provient de ce que le soleil commençant d'élever plus de
vapeurs de la terre qui sont essentiellement de l'eau,
& par consequent froides , elles refroidissent l'air , &
augmentent ainsi la puissance de ces deux astres malins,
dont les influences sont froides , & malfaisantes, le froid
estant l'ennemy mortel , & ouvertement iuré du genre
humain ; d'où vient aussi que nous sentons quelquefois
au matin une grande puanteur , specialement quand le
temps est obscur , & couvert , ou plain de broüillards
épais , l'air estant remply de mauvaises vapeurs , qui
s'élevent de la terre.

Et pour le soir après que le soleil est couché , il est
constant que ces vapeurs retombent de l'air , vers & sur
la terre , comme nous voyons par la rosée , qui se forme en goutte d'eau sur les herbes , & ainsi elles refroidissent l'air , par le serain , comme on l'appelle , de
mesme , qu'au matin en montant & s'élevant ; & par
ce moyen elles causent un pareil effet dans l'air qu'elles

font avant le lever du soleil, lequel comme il s'éleve, & que sa chaleur s'augmente, le purifie, ainsi ces deux heures du matin ou du soir sont à craindre aux malades, principalement quand Saturne & Mars dominent, comme nous avons dit.

Nous avons desia dit, que Mars a les mesmes qualitez que Saturne, ainsi il est froid comme luy, ou du moins il le cause, comme on le peut voir par les accés des fievres, qui sont tres-froids sous sa domination.

ARTICLE VIII.

De la Domination particuliere du Soleil.

COmme cét Astre est bon & pur, il n'a que de bonnes influences, c'est nostre Pere commun, qui a un soin tout particulier de la vie, & de la santé de ses enfans, & ie n'ay remarqué en luy aucune méchante humeur, ny qualité particuliere, n'ayant point d'autre inclination, que de bien faire, & comme ses influences sont les plus benignes de toutes, Dieu Autheur de la nature a sagement voulu mettre sa domination, par un des effets de son admirable providence, immediatement après celle de Mars, le plus pernicieux & le plus cruel de toutes les Planetes, & de tous les autres astres, pour reprimer les effets de sa tyrannie, & de sa cruauté.

Il est chaud de sa nature, ou dans ses effets, comme on le voit dans les mesmes accez de fievre, car la domination de Mars estant passée, les malades deviennent plus chauds, qu'à leur ordinarie, le froid ayant reserré la chaleur, & la nature ressentant que ce froid est nuisible, elle rassemble toutes ses forces, & sa chaleur, pour le combattre, & le soleil & les autres Planetes qui

viennent à dominer aprés, y contribuënt ; ce n'est pas
que le soleil ait toufiours assez de force pour dissiper
d'abord qu'il commence à dominer, tout le froid que
Mars a causé, car quelquefois ce méchant astre est si
opiniastre & âheurté, qu'il continuë, & prolonge sa
domination, pendant une partie de celle du soleil.

ARTICLE IX.

De la Domination particuliere de Venus.

VEnus n'a que de bonnes influences, qu'elle communique pendant sa domination, elle inspire
l'union, la paix, & la concorde, & les actions qui
portent son nom, sans en dire davantage, ny expliquer
plus particulierement ce que c'est que l'heure au berger.

On voit par les accez des fievres, que les influences
de Venus sont chaudes, veu que les malades ont une
telle chaleur, qu'ils semblent brusler, & ont ordinairement de grandes sueurs, pour peu qu'ils soient couverts.

ARTICLE X.

De la Domination particuliere de Mercure.

MErcure inspire pendant sa domination particuliere alternative, la legereté, irresolution, &
inconstance, & sur tout, le larçin, comme un de ses
principaux, & plus particuliers employs, en telle sorte
que ceux qui sont sujets à ce vilain, & infame commerce, en font alors les effets plus aisement, & avec
plus d'inclination ; car il les y pousse avec plus d'activité, & de passion, qu'en un autre temps, & s'ils en
trouvent l'occasion favorable, ils la prennent aux cheveux, & ne la laissent pas échaper sans joüer leur ieu ;
d'où vient qu'on dit, que l'occasion fait le laron, de
sorte que si quelques voleurs sont en ambuscade dans

un bois, ou quelque autre lieu commode à leur dessein, & qu'il passe quelque marchand, au temps de la
domination particuliere de cét Astre, c'est un grand
hazard, s'il n'est volé, tant il inspire, & augmente en
ce temps-là l'envie, qu'ils ont de commettre ce crime.

Et bien que cét Astre ne soit pas naturellement méchant, ny cruel, neantmoins comme il est d'une humeur accorte, & qu'il s'associe aisement avec les autres,
estant bon, avec les bons, & méchant, avec les méchans, comme nous avons dit, il arrive par fois, qu'on
commet des actions cruelles, & sanglantes sous sa domination particuliere, & mesme qu'en ce temps-là,
quelques personnes meurent, quoy que cela n'advienne
que fort rarement, car de mille personnes qui mouront, ce sera sous Saturne, & Mars, & il n'y en aura
que deux ou trois sous Mercure, & encor ce sont des
corps ruinez, d'une longue maladie, & que Saturne,
& Mars ont tellement affoiblis, qu'il ne leur reste que
bien peu de force, & de vigueur, & par ce moyen
étant ainsi abbatus, ils succombent au moindre effort,
que cét Astre fait à son arrivée.

On voit aussi par les accez des fiévres, que les Influences de Mercure sont chaudes, veu que les malades continuent la chaleur, où ils estoient, pendant la
domination du Soleil, & de Venus.

A R T I C L E XI.

De la Domination particuliere de la Lune.

L A Lune n'a que de bonnes & salutaires Influences,
pendant l'heure qu'elle domine, & on peut dire,
que si le Soleil est nôtre Pere, la Lune est nostre mere
commune, qui a une grande tendresse pour ses Enfans,

qu'elle protege, & conserve de tout son pouvoir.

Et bien qu'elle face son possible, pour nous faire du bien, neantmoins elle n'est pas toûjous la maitresse, ses forces estant diminuées par Saturne, qui usurpe sur sa domination, car il arrive quelques fois, que cét Astre malin, a tant de puissance sur des corps ruinez & mal disposez, qu'il commence dés le temps, que la Lune domine, à leur faire ressentir par advance, ses méchants effets, comme il se voit à ceux qui ont la fiévre, lesquels pendant la domination de la Lune, commencent à se detirer, & à fremir, iusques à ce que Saturne vienne à dominer, auquel temps ils tremblent tout de bon.

On peut pareillement reconnoistre par les accez des fiévres, que les Influences de la Lune sont chaudes, la chaleur continuant aux malades pendant sa domination: il est vray, que lors que Saturne, & Mars reviennent à dominer, ceux qui ont eu un grand accez de fiévre, ne recommencent pas toûjours à trembler, comme ils auroient fait au commencement de leur accez, mais cela vient d'une autre cause que i'espere expliquer plus amplement, quand ie parleray de cette matiere, où j'augmenteray le traité que i'en ay fait.

Article XII.

Observations particulieres sur la Domination alternative des sept Planetes.

ON voit de ce que nous avons dit cy devant, que les sept Planetes dominent alternativement chacune à son tour pendant une heure, & qu'il y en a deux méchantes, Saturne, & Mars, & que les cinq autres sont bonnes, ainsi on peut predire la mort d'une per-

sonne qui sera bien malade, & qui est à l'extremité,
en considerant les Planetes qui dominent, & qui doivent dominer par après, & si Mars est passé, on peut
moralement parlant, asseurer qu'il ne moura pas pendant les quatre heures suivantes, à moins que cela
n'arrive sous Mercure, ce qui ne se fait que rarement,
comme nous avons dit.

On peut aussi deviner l'heure qu'une personne sera
decedée, ou qu'il se sera fait quelque querelle, excez,
ou larcin, ou autres actions, en faisant reflection sur
les Astres qui ont dominé en ce temps-là, & specialement si on sçait à sept ou huit heures prez, le temps où
ces choses se sont passées.

Nous avons dit cy-devant, que quelques-fois Saturne, & Mars usurpent, & entreprennent sur leurs
voisins, mais ils n'aneantissent pas tout à fait la puissance les unes des autres, neantmoins ceux qui sont addonnez à quelques unes des Passions, que ces Planetes
inspirent, sont toûjours preparez pour en commettre les
actions ; un homme colere, & bilieux prendra feu à
la moindre étincelle, & pour la moindre chose, & com-
mettra toutes sortes d'excez, violences, & cruautez in-
distinctement & à quelque heure que ce soit ; un melancolique le sera toûjours ; un jovial sera en tout
temps de bonne humeur ; un laron à toutes mains,
sera toûjours laron, quand l'occasion s'en presentera ; un
homme addonné aux actions venetiennes, sera toûjours
prest d'en commettre quelqu'une, parceque toutes ces
sortes de gens, ont un penchant qui les porte, & les
entreine chacun à son inclination naturelle, & quoy
qu'on y puisse faire, pour les en détourner, on n'y reüs-
sira que rarement, ce qui a faire dire ;

Naturam expellas furca, tamen usque recurret.

Mais comme le nombre de ceux-là, est petit, cela

n'empefche pas que ce que nous avons dit de la domi=
nation des Planetes, ne foit veritable, mefme que
l'exception confirme la regle, & il ne faut pas faire de
loy des chofes, qui n'arrivent pas fouvent, &
ceux qui font naturellement enclins à faire les actions,
à quoy leur humeur les pouffe, le font encor davantage, & s'y portent plus promptement, quand l'Aftre
qui predomine à leur temperament, & qui a prefidé
à leur naiffance, vient à dominer ; par exemple, un
homme naturellement melancolique & faturnien, fera
encor davantage plongé dans la melancolie, quand
Saturne dominera, que pendant la domination des autres Planetes, & ainfi des autres, comme il fe voit
par experience.

ARTICLE XIII.

Des Songes.

NOus pouvons encor tirer une preuve fenfible, de
la domination alternative des fept Planetes, par
les fonges que nous faifons, foit en dormant, ou quand
nous fommes éveillez, ce qui arrive fouvent aux melancoliques, ou autres perfonnes qui font feuls, ou
qui ont quelque inquiétude fur l'efprit, qui les gêne,
lefquels, comme on dit, font des Chafteaux en Efpagne,
& fe forment des monftres, ou des ennemis, pour les
combatre ; d'autres trament de fanglants deffeins, &
penfent aux moyens de les faire éclore, & les pouffer
à bout ; quelques uns fongent à faire des feftins, donner, ou aller au bal, fauter, dancer, & fe divertir ;
d'autres penfent à attraper du bien à tort & à travers,
voler leurs voifins, ou ceux qui paffent par des bois,
couper des bourfes dans des marchez, & affemblées
publiques

publiques, d'autres songent à faire quelques actions
veneriennes; quelques autres, à faire quelque sorte de
commerce, & marchandise, pour établir leur fortune, & augmenter leur bien ; d'autres rêvent à se
baigner, ou qu'ils font naufrage, & au moyen de s'en
sauver, suivant que leur inclination se porte aux unes,
& aux autres actions, & souvent quelques uns rêvent
à plusieurs de ces choses, en differentes heures.

Ces differens songes arrivent ordinairement, sous la
domination alternative des sept Planetes, qui inspirent
divers sentimens & differens desseins, selon leur puissance, & leurs Influences particulieres, poussant, &
faisant agir nôtre imagination, dont ils disposent, comme il leur plaist, & sans que nôtre raison s'y oppose,
étant endormie, & ensevelie dans un profond sommeil,
ou dans une espece de letargie, ou ne faisant pas reflection sur ce que nous pensons, quand nous sommes
éveillés ; par exemple, Saturne, & Mars, nous inclinent, & nous font rêver à des actions noires, sanglantes, & funestes ; Jupiter, à la joye, & divertissement,
aux honneurs, & dignitez, & ainsi des autres Planetes,
& cela est tellement vray, que si nous nous éveillons,
lors, ou aprés ces sortes de rêves, ou que nous y fa-
çions reflection, nous pouvons presque precisément
sçavoir quelle heure il est, considerant la Planete qui
domine, & qui nous a fait penser aux actions qu'elle
inspire ; par exemple, nous rêverons la nuit pendant
nôtre premier somme, que nous combatons contre nôtre ennemy, & considerant, étant éveillez, que nous
nous sommes conchez à dix heures, sur la fin du mois
de Juin, à nuit fermée, auquel temps Jupiter dominoit, & voyant qu'il n'est pas encor jour, nous con-
clurons qu'il est entre onze heures & minuit, & que
Mars, qui domine en ce temps-là, nous a fait rêver,

à ce combat, & ainſi des autres rêves.

Mais peut-on ſçavoir, quel ſonge une perſonne a eu en dormant, ou ſi l'ayant ſçeu, peut-on predire ce qu'il ſignifie? Ie réponds, que ſi on en doutoit, ou qu'on le voulût contredire, il faudroit ne pas croire la ſainte Ecriture, ny le ſentiment de pluſieurs graves & ſçavans Autheurs, qui ont ſoûtenu l'affirmative; Daniel ayant deviné le ſonge que le Roy Nabuchodonoſor avoit fait, ce que les Aſtrologues & Devins de ce temps-là, n'avoient peu faire; & Ioſeph eſtant en priſon, predit ce que ſignifioient deux ſonges, que deux valets de Pharaon Roy d'Egypte avoient fait, & enſuite il predit, ce que celuy du meſme Pharaon annonçoit, qui le mit en grande eſtime auprés de luy, l'ayant fait ſon plus grand fauory; on peut auſſi voir le traité des ſonges qu'Arthemidore a fait, & le livre de M. Belot Curé de Mil-monts, & pluſieurs autres, que i'obmets; & ie crois que la connoiſſance de la puiſſance, & domination particuliere des Planetes, ne ſeroit pas inutile pour ce ſuiet.

Non ſeulement les Aſtres nous pouſſent à faire des ſonges, & des chymeres, en dormant, ou quand nous ſommes éveillez, comme nous avons dit, mais meſme nous nous portons, par une inclination naturelle, à ſuivre leurs ſentimens, & ſeconder leurs deſſeins; ce qui ſe remarque en pluſieurs rencontres, & ſpeciale-ment dans le choix, que nous faiſons des couleurs, & pour leſquelles nous avons plus d'inclination; ſe voyant, que les Melancholiques ayment les couleurs noires, & brunes; les Martiaux, coleres, ou emportez, ſe plaiſent à voir, & à porter des couleurs rouges, & ainſi des autres, ſuivant les Planetes qui leur predominent; d'où peut proceder cette diverſité de couleurs, que les perſonnes de qualité portent, ou font porter à leurs la-

quais, & qu'ils ont pris dans leurs armes , & que leurs
Enfans continüent de prendre, comme des marques de
leur famille, de quelque humeur qu'ils foient.

Il me femble , que les Aftrologues n'obfervent pas
affez exactement la domination alternative des Planetes , dans la naiffance des Enfans, pour en tirer leurs
predictions , s'attachant principalement à confiderer
leurs influences generales , & des autres étoilles , &
les maifons du Ciel, au temps que ces Enfans viennent au monde ; car en outre les inclinations, que les
Planetes infpirent fur nos efprits , au moyen des qualitez, qu'elles ont imprimées fur nos corps à leur naiff-
fance , à caufe qu'eftant encor tendres & delicats , ils
font capables de recevoir telles impreffions qu'on leur
donne , comme on fait à de la cire , à laquelle on
donne telle figure qu'on veut ; car les Planetes font
une telle impreffion fur les organes de nos corps , &
par confequent fur nos efprits, qui en dépendent,
qu'on peut, prefque avec certitude connoiftre , en
voyant une perfonne, de quelle humeur il eft, & quelle
Planete a dominé à fa naiffance.

Par exemple , fi une perfonne a le teint plombé , pâle,
& trifte , le poil noir , & qu'il foit maigre & dechargé,
c'eft une marque affeurée, que Saturne a dominé à fa
naiffance , & mefme à fa conception, car ie crois que
la Planete, qui a prefidé à la conception d'un Enfant,
en a foin , pendant qu'il eft dans le ventre de fa mere ,
& de le faire venir au monde , fous fa domination particuliere ; c'eft une chofe à obferver plus particulierement ; que fi on a le poil rouge , & ardent , c'eft un
figne que Mars y a dominé ; & ainfi des autres ; & comme Saturne & Mars , font les deux plus méchants, ils
font mieux paroiftre leurs effets fur nos corps , que les
autres Planetes ; le mal , au fentiment des Philofophes,

provenant du moindre deffaut, & le bien, vient de l'integrité de la cause.

Et si les puissances de ces deux méchantes Planetes sont unies, & se rencontrent dans la conception, & la naissance des Enfans, ou bien l'un à la conception, & l'autre à la naissance, ce qui se peut faire estant amis, & associez, pour ainsi dire, pour faire du mal, il en peut arriver de grands desordres, tant sur la difformité, & défaut de la formation de quelques uns des membres, que sur nos esprits ; par exemple, un homme sera naturellement bossu, ou borgne, ou boiteux, cela poura bien causer quelque deffaut dans son esprit, & quelque malice naturelle ; d'où vient, ce qu'on dit ordinairement *Cave à signatis*, ce qui a fait dire à un des Poëtes latins :

Crine niger, ruber ore, brevis pede, lumine luscus,
Rem magnam præstas, Zoïle, si bonus es.

Quelques-uns de nos autheurs, disent avoir observé, que tous les Enfans qui naissent à minuit, ont les yeux noirs, & ceux qui naissent par aprés, ont des yeux d'autres couleurs, qui changent d'heure en heure, & peu à peu iusques à midy, qu'ils sont bleus ; ie ne sçais pas quelles observations, ils en ont peu faire, mais ie sçais bien, par celles que i'ay fait, que cela n'est pas toûjours veritable, ayant veu des Enfans nez à midy, qui avoient les yeux roux, & d'autres, quoy qu'ils fussent leurs freres, qui étoient nez au matin, les avoient extrémement bleus ; & ie crois suivant les principes, que i'ay étably cy-devant, que ces differentes couleurs des yeux, procede de la domination, & qualité des Planetes, qui les peignent, pour ainsi dire, dans le ventre des meres.

ARTICLE XIIII.

Du Cry du Coq.

NOus avons defia fait voir, par un grand nombre
de belles obfervations, que les fept Planetes dominent alternativement, chacune pendant un'heure é-
gale, & pour y mettre la derniere main, ie raporteray
les remarques, que i'ay fait fur le cry du Coq.

Je dis, le cry du Coq, ayant obfervé que cette
voix, dont il fe fert la nuit, ou au matin, & autres
heures du iour, à peu prez ainfi, coquelicoos, n'eft
point un chant, comme on a dit, & creu infques à
prefent, qui foit un figne de joye, & d'allegreffe, mais
c'eft un veritable cry lugubre, & plaintif, dont il fe fert
pour exprimer fes plaintes, & foulager fes douleurs,
que les mauvaifes Influences des Aftres luy caufent, ce
que i'expliqueray par toutes les obfervations, que i'ay
fait, où le Coq a de coûtume de fe fervir de cette
voix-là.

Il eft conftant que le Coq s'ecrie, ou, fi on le veut
encor, chante, ou pour éviter un procez qu'on voudroit faire, fur la queftion du non, fait retentir fa voix
deux ou trois fois, environ minuit, & mefme en hyver
auparavant ce temps-là, & continuë reglément d'heure
en heure égale, infques au point du iour, car s'il commence directement à minuit, ou environ, comme un
quart d'heure, plus ou moins avant ou apres, il continuë toûjours à s'écrier, aux autres heures fuivantes,
auffi iuftement que l'horloge, au mefme temps qu'il
a fait la premiere fois, iufqu'à ce que le iour aproche,
qu'il s'écrie davantage, ce qui a donné occafion à
quelques Philofophes, qui ont parlé de cette matiere,

de dire, que cét oyseau est regi par le Soleil, auquel
il est consacré, & que sentant à minuit, que le Soleil
commence à s'approcher de luy, il s'en réjouit, &
témoigne son allegresse par son chant de joye, & qu'il
la continüe ainsi, par ses chants & ses acclamations,
jusqu'à ce qu'il soit iour, auquel temps il les redou-
ble, à cause du contentement, & du plaisir, qu'il reçoit
de la venüe du Soleil son pere, son maistre, & son amy.

A dire le vray, ie ne trouve pas cette raison bien
forte, ny bien établie, car, en outre qu'elle n'explique
pas pourquoy le Coq s'écrie, ou chante la nuit reglément d'heure en heure, il arrive qu'il s'écrie en d'autres
temps, que depuis minuit iusques au iour, qu'on ne
peut pas expliquer par la joye, que cét animal peut
avoir, à cause de l'arrivée du Soleil, s'écriant souvent
de la mesme façon, quand il fait, ou doit faire mauvais temps, à ioindre qu'il s'écrie aussi proche du solstice d'hyver, d'heure en heure, presque pendant toute
la nuit, comme nous dirons cy-apres, & en rapporterons
la cause.

Je dis donc, & soûtiens que cette voix du Coq, est
un veritable cry, qu'il fait a châque heure de la nuit,
lors que chacune des sept Planetes commence a dominer, comme nous avons dit cy-devant, à cause que cét
oyseau sentant en luy, la domination d'une autre Planete, a laquelle il n'estoit point accoûtumé, bat ordinairement des ailes, pour chasser, & éloigner de luy
ces méchantes Influences, qui luy font du mal, ce qui
est cause qu'il s'écrie ; le changement d'une habitude,
ou constitution, dans une autre, estant incommode, &
nuisible ; & ce Coq repousse ainsi tant par le battement
de ses ailes, que par sa voix, l'air voisin, & les méchantes Influences dont il est remply, comme on fait pour
chasser le tonnerre, & la nüe, en sonnant des cloches,

afin que par l'agitation de l'air , ils soient portez ailleurs.

Le Coq commence ordinairement à crier à minuit, ou environ , suivant que les Planetes commencent à dominer , & continuë à chaque heure suivante, iusques au iour ; & la raison est , que le Soleil estant à minuit, & le plus éloigné de nous qu'il puisse estre , les autres Planetes agissent plus puissamment , que lors qu'il en est plus prez ; ou bien à cause qu'en ce temps-là , il a davantage , & de plus fortes Influences, qui augmentent la force des autres Planetes , comme nous l'avons expliqué cy-devant; ou enfin à cause du froid de la nuit : ainsi le Coq en estant vivement atteint, & en ressentant davantage les pernicieux effets , qu'en un autre temps, il s'écrie & s'en pleint.

A joindre qu'on peut dire , que si le Coq ne commence pas à s'écrier ordinairement plûtost qu'à minuit, c'est qu'estant au commencement de la nuit dans son plein, & premier sommeil , il n'est pas aisement reveillé , par les méchantes Influences des Astres , & dont en dormant profondement , il n'en ressent point les mauvais effets.

Le Coq environ le solstice d'hyver , c'est à dire , aux mois de Decembre & de Janvier, s'écrie avant minuit, & commence mesme dés une , ou deux heures de nuit, ce qu'il fait à cause que le Soleil est fort éloigné de nous en ce temps-là , & que l'air est tres-froid , & rempli de vapeurs , & de broüillards , & autres meteores, qui le corrompent , & l'alterent , que le Coq ressentant, s'écrie , & s'en plaint , au moment que les Planetes commencent à dominer , comme nous avons dit , estant constant par les experiences que i'en ay fait, & que châcun en poura aisement faire , que le Coq ne crie point naturellement la nuit , qu'au commencement de la domination d'une des sept Planetes ; & il me semble que

quelques-fois il crie davantage , en une mesme nuit,
quand Saturne, ou Mars viennent à dominer , qu'au
commencement de la domination d'une des cinq autres,
à cause qu'elles ne luy font pas tant de mal , que ces
deux autres méchans Astres.

Le Coq crie plus de fois , lors que le iour approche,
qu'en une des autres heures de la nuit , à cause qu'éstant
plus aifé à éveiller , il a plus de peine à se rendormir
qu'auparavant , ayant dormy plus long-temps , ou bien
qu'éstant éveillé , & sentant l'air qui est plus froid que
du precedent , il s'amuse à crier , & se plaindre.

Mais pourquoy l'air est-il plus froid en ce temps-là que
vers minuit ? Bien que nous en ayons desia donné la
raison , il ne sera pas , ce me semble , hors de propos
de la repeter , & pour la faire mieux goûter, dire ce
que les Philosophes qui en ont parlé , en pensent : ils
disent donc que c'est par antiperistase, la lumiere & la
chaleur du iour , combatant contre les tenebres , & le
froid de la nuit , cela fait , que le froid rassemble davantage ses forces, & se fait mieux ressentir.

Voila , ce me semble , de vaines paroles , & des raisons qui ne concluent rien , car la lumiere n'estant autre chose , comme nous avons dit ailleurs , qu'un air,
ou un autre sujet transparent , éclairé par la presence
d'un objet lumineux, & que les tenebres ne sont causées,
que par le deffaut , ou privation de cette mesme lumiere , comment se pouvoit-il faire , que ces deux choses
(si ie les dois ainsi appeller , & principalement les tenebres, n'estant qu'un non estre , & une privation) com-
batissent les unes contre les autres , & ie voudrois bien
voir un combat du chaud contre le froid , & de la lumiere , contre les tenebres.

Je sçais bien que les Philosophes disent, d'un commun
consentement, que toute sorte de lumiere a de la chaleur,

leur, & par consequent les tenebres doivent estre froides,
mais à mon âvis, cela veut dire qu'un objet éclatant
communiquant par sa presence, sa lumiere à un sujet
qui la reçoit, il luy donne aussi quelque chaleur, comme il se remarque sensiblement par le feu, & par le
Soleil, & on doit juger de mesme, des autres objets
lumineux & éclatans.

Ie sçais bien aussi que les Poëtes, ausquels il est permis de dire, & mesme de feindre ce qu'ils veulent,
pour se faire mieux entendre, disent que le Soleil de-
coche sa lumiere comme des fleches, ou des dards, &
un de nos Poëtes François, encherissant sur les autres,
dit elegamment, que les chevaux du Soleil ronflent sa
lumiere.

> Ses chevaux au sortir de l'onde,
> De flame, & de clarté couverts,
> La bouche & les nazeaux ouverts,
> Ronflent la lumiere du monde.

Mais à vray dire, ce ne sont que des fictions, dont cét
art leur permet de se servir, pour mieux exprimer leurs
pensées.

Et pour refuter cette opinion, bien loin que la chaleur
du iour, ou de la lumiere augmente le froid de la nuit,
ou des tenebres, au contraire elle le devroit faire diminuer.

J'aime mieux dire, comme i'ay desia fait, & avec
plus de verité, ce me semble, qu'il fait plus de froid
au matin, que pendant la nuit, à cause que le Soleil
commence d'élever davantage de vapeurs en ce temps,
qu'il ne fait pas à minuit, & lesquelles, comme elles
sont essentiellement de l'eau, & par consequent froides,
elles refroidissent davantage l'air, qu'en un autre temps,
comme nous avons dit cy-devant, le Soleil, ne les
pouvant pas tant échauffer qu'il fait, lors qu'il se leve

ſur l'horiſon , & qu'il approche vers le midy.

Et pour faire voir encore plus particulierement , que cette voix du Coq, eſt un veritable cry , cauſé par la domination alternative des ſept Planetes , eſt , que ſi le Soleil ſe leve , par exemple , un quart ou demy-heure plûtoſt , ou plus tard , que l'heure égalle , le Coq crira iuſtement , & preciſement de meſme , avant ou apres minuit , & autres heures ſuivantes , comme nous l'avons obſervé.

Le Coq ſert ainſi par ſon cry , non ſeulement d'horloge , pendant la nuit à ceux qui demeurent aux champs, mais auſſi il leur ſert de prophetie , pour ainſi dire , afin de pronoſtiquer le mauvais temps , car il s'écrie quand il fait ou doit faire un temps pluvieux , froid, & couvert , eſtant pour lors froid , & aſſoupi , & ayant la queüe abbatüe , & ſouvent crottée , ou moüillée , à cauſe , à mon âvis , que reſſentant la mauvaiſe conſtitution du temps , & les méchantes influences des Aſtres, qui luy cauſent du mal , il s'afflige , s'attriſte , ſe plaint, & s'écrie , n'eſtant pas vray-ſemblable qu'en ce temps-là , tout crotté , ſombre , triſte , melancholique , & aſſoupi & ſe cachant , comme il fait , dans quelque maiſon , & à l'abry de la pluye , & du vent , il ſe rejoüiſſe du mauvais temps , qu'il fait ou doit faire , & qu'il entonne des chants de joye , & d'allegreſſe , comme s'il eſtoit le plus ioyeux , & le plus content du monde , & qu'il fit , ou deût faire un beau temps , & ſerain; lors du quel il eſt paiſible , gaillard , & tranquille; eſtant conſtant par induction , que tous les hommes , & les autres animaux ſont triſtes , peſans & malades , quand il fait un temps froid , peſant , & mauvais : & ils ſont gaillards & éveillés , & ont le cœur bien placé, quand il fait un temps beau , doux , & ſerain ; d'où vient que pluſieurs , auſquels on demande , comme ils se portent, répondent, selon le temps, c'est à dire que si le temps est mauvais, ils se portent mal, & s'il est beau, ils se portent bien.

Que si on demande, pourquoy les autres animaux ne crient pas au changement de la domination particuliere des sept Planetes, comme font les Coqs.

Je réponds premierement, que Dieu autheur de la nature, n'a pas trouvé à propos, que tous les animaux s'écriassent ainsi, à châque heure de la nuit, & quand il fait, ou doit faire mauvais temps, car cela fairoit un trop grand bruit, & troubleroit le repos de tout le monde, soit à la ville, ou aux champs, ainsi il n'a donné ce pouvoir qu'au Coq, les autres animaux ayant leur instinct particulier, & leurs qualités differentes, ce qui fait paroistre les merveilles de Dieu, dans les creatures, & la beauté de l'Vnivers, dans la diversité de ses ouvrages.

En second lieu, ie crois que les Coqs ayans des crestes pleines de sang dessus sous & au costé de la teste, cela les rend sensibles & tendres, & partant ils peuvent plus facilement que les autres animaux, qui sont couverts de plume & de poil, ressentir les mauvaises influences, que les Astres leur impriment, & les maux qu'elles leur font, & comme ils ont une voix forte, & vigoureuse, ils peuvent plus hautement s'en pleindre, & en advertir de plus loin, les hommes, & les autres animaux.

Et d'effet si on frotte d'huile les crestes d'un Coq, il ne crira point ou fort peu, à cause que ses crestes estans adoucies, les Astres n'y peuvent pas si aisement faire du mal, comme si elles estoient aigries, & alterées par du vinaigre, qui est âcre & mordicant, auquel cas les Coqs criroient presqu'incessamment, de mesme que si ou mettoit du miel ou du sucre, ou de l'huile dans une

playe, cela ne feroit aucun mal, & n'empescheroit pas
un malade de reposer ; mais si on y mettoit du fiel, ou
du vinaigre, ou quelqu'autre sorte de drogues mordi-
cantes, il perdroit repos & patience, & criroit à haute
voix, ce qui arrive aussi au Coq, car si on frotte ses
crestes de vinaigre, il crira presque toûjours, & bien
plus haut qu'il ne faisoit du precedent.

Que si on demande, pourquoy les poules ne crient
point, ainsi que font les Coqs ?

Ie réponds en premier lieu, que cela peut proceder,
de ce qu'elles n'ont pas des crestes si grandes, si rouges,
ny si enflammées, que les Coqs, ainsi elles ne ressentent
pas si fort comme eux, les méchantes influences des
Astres, neantmoins elles crient quelques-fois de la
mesme façon que les Coqs, qui est un mauvais presage, & une marque, qu'il fait, ou doit faire un
mauvais temps.

Secondement il ne faut pas s'étonner, si Dieu Auteur de la nature, qui a fait tout pour le mieux, ayant
fait reflexion sur toutes les Creatures qu'il avoit fait,
& remarqué, comme il est porté dans la Genese, que
tous ses ouvrages estoient bons, a donné l'usage de la
voix aux Coqs, qui sont mâles, & non aux poules
qui sont femelles, & s'il a donné l'usage de la voix, &
de la parole, à nos femmes, qui sont ou doivent estre
raisonnables, ce n'a pas esté peut estre, sans s'en fâcher,
Dieu ne s'éstant point repenti d'avoir fait l'Homme,
qu'apres qu'il luy eut fait une femme, & ce n'est pas
un des moindres défauts naturels des femmes, que leur
flux de plaintes, & de paroles, qui sont le plus souvent inutiles, & si les poules, qui sont des animaux irraisonnables, pouvoient pousser de tels cris, que font
les Coqs, elles ne fairoient autre chose iour & nuit,
que de crier.

Mais d'où vient que les filles , & les femmes parlent davantage , & sans en estre incommodées que les
hommes ? Ie réponds que c'est à cause qu'elles ont plus
d'humeur , ou d'humidité , & cette humidité , qui est
dans les hypocondres, se changeant en air , lors qu'elles
parlent , & leur autre humeur qu'elles ont , & qui entretient celle qui s'évapore par leur voix , & leur parole , fait , qu'elles peuvent parler presque incessamment
sans en ressentir aucune incommodité , ce qui n'arrive
pas ainsi aux hommes , à cause qu'estant d'une com-
plection plus seiche , cét humide radical , qui rafraichît
leurs poûmons quand ils parlent , est bien-tost dissipé ,
ainsi ils ne peuvent pas parler long-temps , sans en
estre incommodez.

De sorte que supposant , que les femmes sont deux
fois plus humides , que les hommes , & cette humidité se changeant en air , pour aider à l'air exterieur ,
à former la parole , elle fait dix fois davantage d'air ,
que ce qu'elle contient , si on en croit les Philosophes ,
qui admettent une proportion decuple , quand un élement se change en un autre , (soit que cela soit veritable
ou non , n'ayant pas entrepris de l'éxaminer presentement) nous pouvons conclure , que les femmes peuvent parler , ou mesme pleurer vingt fois davantage ,
que les hommes , ou pour mieux dire , elles peuvent
causer , & caqueter éternellement , & les hommes peuvent à peine parler de suite plus de deux heures ou
environ , sans se reposer , & prendre haleine.

Et quoy que cela soit assez constant , sans qu'il soit
besoin d'en chercher d'autre preuve , ie diray neantmoins qu'une femme est comme un écho , ou un tuyau
d'orgue, qui répond toûjours, ou raisonne incessamment,
pendant qu'on parle , ou qu'on luy donne du vent ; &
qu'un homme est comme une cloche , laquelle si on la

sonne long-temps, supposez un iour, ou une nuit, elle devient enroüée, & ne rend qu'un son bien moindre, que celuy qu'elle faisoit avant.

Mais où ce caquet nous a-t'il mené ? retournons à nos Coqs, & voyons pourquoy lo Lyon en a peur, & s'enfuit, & va se cacher quand il les voit, ou qu'il les entend crier ?

Cette question est tres-belle, & la remarque en est curieuse, & agreable, s'agissant de connoistre la nature de deux animaux, que les Rois de France, & d'Espagne, ont pris pour leurs hyerogliphes, & leurs armoiries; ceux de France portans aux siecles passez des crapaux, & à present ils portent des fleurs de lys, qui se trouvent dans la cervelle d'un Coq, representant d'un costé un crapaut, & de l'autre une fleur de lys, telle qu'on la depeint dans le blason, & les Roys d'Espagne portent un Lyon dans leurs armes.

Car il est bien seant aux François, ou Gaulois, de sçavoir pourquoy un Coq, de sa seule presence, ou par un seul ton de sa voix, met une legion de Lyons en fuite, & les fait se cacher, & trembler iusques à la racine ; & d'un autre costé, il est malhonneste aux Espagnols, de ne pas connoistre la cause de la crainte, & de la fuite d'un animal si genereux que le Lyon (qu'ils ont pris pour leur marque, & leur devise) devant un si petit & si foible animal, qu'est le Coq, & ie presume, que les autres nations seront aussi bien aise, de connoistre la nature de ces deux animaux, que ces deux peuples belliqueux, ont pris pour leur blason.

Si donc l'Espagnol dans ses rodomontades, se vante d'estre genereux comme un Lyon, le François ou Gaulois, comme un Coq, se peut vanter avec plus de verité, qu'il le fait par sa presence & sa voix, craindre, trembler, fuir, coûre, & se cacher, tout d'un coup.

Et certes la providence de Dieu, est admirable en
ce point, ainsi qu'en plusieurs autres, ayant bien voulu
qu'un si petit, & si foible animal, qu'est un Coq, fît
trembler, & mît en déroute un Lyon, le plus fort, &
le plus genereux de tous les animaux ; de mesme qu'un
petit poisson, qu'on appelle Remore, arreste un grand
navire, quoy qu'il soit en pleine mer, & qu'il ait le
vent favorable.

Mais pourquoy le Coq fait-il fuir & trembler le Lion ?
Ie ne trouve pas, que les Philosophes en ayent donné
aucune raison solide, ou plausible ; Campanella qui est
un Autheur moderne, dit en son livre *De sensu rerum*,
qu'il y a quelque chose dans le Lyon, à laquelle le Coq
fait, ou peut faire du mal, & de la peine, voicy ses
propres termes, *Est aliquid in Leone, aptum pati à Gallo :*
mais quelle est cette chose-là, *ne verbum quidem.*

Voicy ma raison en deux mots, ie dis que le Lyon n'a
point peur du Coq, precisement, & comme Coq seulement quand il le voit, ou qu'il l'entend crier, il est
trop genereux pour apprehender un si foible animal, &
un si petit oyseau, mais il a peur des mauvaises influences des Astres, que le Coq a de coutume de luy annoncer ; de sorte que s'il le voit, ou l'entend, il fait
reflection, que c'est un oyseau de mauvais augure, qui
ne predit que du mal, & du mauvais temps, ce qui
le fait trembler d'apprehension, que ce qu'il predit, n'arrive, & l'oblige ainsi de s'enfuir pour aller chercher quelque azyle, afin de se mettre à couvert des iniures du
temps, & pour s'oster la veuë de cét oyseau importun,
& d'un sinistre presage.

Pour confirmer mon opinion par un exemple, ou
comparaison familiere, representez-vous un Criminel
atteint, & convaincu par une forte preuve, de leze-
Majesté, ou d'un autre crime capital, qui est renfermé

dans une prison obscure, les fers aux pieds, & à qui
le grand Provost, ou quelque autre Juge travaille incessamment, pour achever son procez, & de ses com-
plices; s'il voit entrer un boureau en cette prison, ou
s'il l'entend parler, ou que l'on prononce son nom,
il est saisi de crainte, & les cheveux luy dressent en la
teste, & la baissant, il s'enfonce dans son cachot, &
voudroit qu'il peust tellement s'y cacher, qu'on ne le
peut ny voir, ny trouver, & ne se remettra pas de son apre-
hension, qu'il ne voye, que ce n'est pas luy, qu'il cherche.

Ce Criminel a-t'il peur precisément du boureau?
Non, mais il se figure d'abord en le voyant, que son
jugement de mort, & sans appel, a esté rendu, & que
ce boureau le vient querir, pour le mener au supplice;
car s'il ne le connoissoit point, il n'en auroit point de
peur, quoy qu'il le vît, & le parlât; a-t'il aussi peur,
du mot de boureau qu'il entend prononcer? Non, ce
n'est pas cette parolle, qui luy cause de l'inquietude,
mais il craint de voir l'effet, & ressentir le mal, que
celuy qui porte ce nom-là, luy peut causer, en luy faisant endurer le supplice, qu'il sçait bien en conscience,
avoir merité.

C'est aussi la mesme chose d'un Messager, ou quelque autre personne, qui auroit commission d'apporter
toûjours à un Roy, ou à un Prince, de fâcheuses, &
tristes nouvelles, comme la mort de ses parens, & amis,
la perte des batailles, la prise de ses Villes, & autres
choses semblables, ce Prince, ou ce Roy, voyant venir, ou entendant parler ce Messager, il seroit émeu,
& craindroit d'abord, qu'il n'eut quelque mauvais accident à luy annoncer, bien qu'il n'en eût pas le dessein,
ny la commission; & on ne peut pas dire, qu'il craigne
ce messager, bien qu'il ait quelque émotion quand il le
voit, mais il craint, comme nous avons dit, qu'il ne
luy

luy annonce , quelque fâcheuſe nouvelle.

Nous ſommes auſſi ſaiſis d'apprehenſion , quand nous voyons un éclair , quoy que nous ne le devions pas craindre , mais bien le foudre , dont il eſt avantcoureur, & pluſieurs perſonnes ont peur du bruit, qu'ils entendent aprés avoir veu l'éclair , ce qui eſt inutile , le peril alors eſtant paſſé , & le foudre eſtant tombé , s'il doit choir , avant qu'on entende le coup , ou le bruit qu'il a fait , en crevant la nuë.

Et afin de ne chercher point d'exemples de cette terreur panique , ailleurs que dans les Coqs , nous en trouvons meſme dans leurs images, qui ſont expoſées dans le haut des tours , & des maiſons, car ſi nous les voyons tournées du coſté que la pluye , & le mauvais temps ont de coûtume de venir , cela nous attriſte, & nous fait craindre , & nous fait quelques-fois differer les voyages, que nous avions projeté de faire , & au contraire , ſi ces Coqs inanimez , ſont tournez du coſté que vient le ſec , & le beau temps , nous nous en rejoüiſſons , & en ſommes plus ſatisfaits ; ainſi on peut dire , que ce n'eſt pas ce morceau de fer , ou d'autre metail , qui nous cauſe de la peur , ou du contentement , ſelon ſa differente ſituation , mais bien ce qu'il ſignifie.

Il en eſt ainſi du Lyon , qui n'a pas , ou ne doit pas avoir peur du Coq , car ce petit animal , ne luy a iamais, & ne luy peut meſme faire aucun mal , mais il craint ce qu'il a de coutume de luy crier aux oreilles , & luy pronoſtiquer , qui eſt , un mauvais & fâcheux temps , & de méchantes influences des Aſtres , qui luy font de la douleur , & luy cauſent de la peine ; c'eſt pourquoy quand il le voit , ou l'entend crier , il a peur , s'enfuit , & va ſe cacher , eſperant trouver un lieu , où il ſoit à couvert , de la rigueur du mal qu'il reſſent deſia , ou qu'il eſt averti , qu'il doit ſouffrir ; de meſme qu'un

C c

malade change de lit, dans la croyance qu'il a de trouver en un autre, quelque soulagement à sa maladie.

Si on m'objecte que le Lyon tuë, & devore quelques-fois le Coq, s'il en approche, & qu'ainsi il ne
le craint point : ie réponds, que cette objection ne détruit pas la verité, que ie viens d'établir, au contraire
elle la confirme, n'estant point contraire ny à la generosité du Lyon, ny à la peur, qui luy est causée par la
veüe & par le cri du Coq, & ce pour plusieurs raisons.

La premiere, en ce que cela n'arrive que dans un
Lyon qui est privé, & qu'on mene de place en place,
pour le faire voir, & qu'on a instruit à devorer des Coqs,
quand on les approche de luy ; & s'il estoit en liberté,
il est à croire qu'il aymeroit mieux s'en aller, & s'oster
de la presence du Coq, que de se ietter sur luy, & le
déchirer à belles dents, estant indigne de sa colere, &
de son âversion.

Et afin de prouver cecy, par une experience naturelle, ie rapporteray l'histoire des serpents, qui ont, à ce
qu'on dit, tant d'âversion pour le fresne, comme leur
estant nuisible, & contraire, qu'ils aiment mieux passer
au travers du feu (supposez d'une couche de jan, ou
de genetz, qu'on brûle, pour faire du bled, comme
on fait en quelques endroits de la France) que de passer
au travers de l'ombre de cét arbre-là, tant ils la haïssent, ainsi que le fresne, qui les forcent, à chercher
un passage ailleurs, au peril de leur vie.

La seconde raison est, que cette action, que le Lyon
exerce sur le Coq, monstre qu'il luy porte une âversion
naturelle, non pas comme estant un petit oyseau, car
il ne merite pas sa vengeance, ny d'exercer contre luy,
une si grande cruauté, que de le tuer, luy qui se contente de vaincre, & renverser des taureaux, & de leur
marquer qu'il est leur maistre, sans leur faire souvent

aucun, ou fort peu de mal.

Sufficit & magno taurum protrasse leoni.

Mais ce genereux animal, quoy que privé, & adoucy de sa fierté naturelle, ne pouvant s'oster un objet importun, & qui luy renouvelle ses douleurs, par le souvenir qui'l luy en cause, il tuë & devore ce Coq ; de mesme qu'un Criminel qui'trouveroit à son avantage, un Provost ou autre Juge, qui travaille à luy faire son procez, ou un Sergent qui fairoit quelques diligences contre luy, ou le boureau qui le devroit executer, s'il estoit condamné, il les tuëroit, comme les estimant ses ennemis, & croyant par ce moyen pouvoir vivre en liberté, & en l'impunité de son crime : il en est de mesme du Lyon, qui évite le Coq, s'il le peut faire, comme son ennemi declaré, à cause qu'il ne luy pronostique que du mal, & s'il ne peut pas s'enfuir, il le tuë, pour l'oster de sa veüe, & afin de n'en estre point importuné par sa presence, & ses cris.

On poura m'objecter, qu'un Coq s'estant genereusement battu contre un autre, & l'ayant vaincu, il marche à grands pas fierement, comme s'il luy vouloit insulter, & entonne plusieurs chants de joye, & d'allegresse en signe de sa victoire, & de son triomphe, de la mesme façon qu'il fait aux heures de la nuit, & le vaincu se retire, & abandonne le champ du combat, & s'enfuit tout triste & confus, la teste & la queüe baissée : ainsi il n'est pas à croire ny vray-semblable, que ce Coq victorieux, aprés avoir vaincu ce rival, & son ennemi, dans une bonne guerre, & aprés un long combat, & fort opiniâtré, s'affligeât, & s'attristât de sa victoire, & fit retentir ses soûpirs, & ses plaintes ; au contraire il doit estre glorieux, & satisfait de demeurer seul, & le maistre, & d'avoir triomphé de son ennemi, & joüir du fruit de sa victoire, qui est par fois une

poule, qu'il a disputée contre son rival, à la pointe de
son bec, & de ses ongles, & tournoyant au tour d'elle,
il la caresse, par le tremoussement de ses ailles,
& autres postures qu'il fait pour marquer sa joye, &
sa victoire ; de mesme qu'un amant ayant vaincu, &
desarmé son rival, s'en vient fort content apporter son
épée, à sa maitresse, & se reioüir avec elle, du bon
succez de ses armes, & de son combat, & insulte au
vaincu, lequel rougissant de honte, & accablé du deplaisir qu'il ressent en son ame, se retire à part, &
n'ose de long-temps paroistre à leur veüe.

Cela estant ainsi, & le Coq chantant en cette occasion, & aprés le combat fini, pour se réjouir de sa
victoire, de la mesme façon qu'il fait la nuit, il faut
dire que cette voix-là, n'est point un cri, mais bien
un chant, *Parium par ratio.*

Je réponds que cette objection est forte, & que le
Coq triomphant de son rival, pouroit bien aussi renverser nôtre opinion ; & quoy qu'elle semble bien établie, & que nous ayons donné des preuves tres-fortes,
pour soûtenir les soûpirs, les plaintes, ou le cri du Coq,
il pouroit bien les éluder par un chant victorieux, &
plein de joye & d'allegresse.

Il me semble pourtant qu'elle est appuyée sur des
fondemens trop fermes, & sur des raisons trop solides
pour estre ébranlée, & détruite, par un seul combat
d'un Coq ; elle dis-ie, qui n'a pas craint les furieux
assauts des Lyons, & les a reduit à telle extremité, que
de les mettre en fuite, & les forcer de se cacher, ne
poura-t'elle point supporter, l'éclat de la victoire d'un
Coq ? Je l'espere, c'est pourquoy, ie dis, & soûtiens
que le Coq s'écrie aussi, aprés le combat achevé, &
qu'il a remporté la victoire sur son ennemi, & que par
ce cri, il le rappelle, ou un autre au combat ; & pour

ne sortir point de l'exemple proposé, il est semblable
à un rival vainqueur, qui se fâche en soy même, que
son ennemi s'est si peu, & si mal deffendu; & dans
l'humeur où il est, il voudroit bien recommencer le
combat contre luy, ou contre un autre, s'il le rencon-
troit, & on en a veu, qui ont rappellé leurs ennemis,
& proposé de leur vendre leurs épées, afin de se battre
encor une fois contre eux, dans la coyance qu'ils avoient,
d'en venir aussi bien à bout, & les vaincre une seconde fois, qu'ils avoient fait la premiere.

On voit encor la même chose dans deux Academistes,
ou escrimeurs, qui apprennent à faire des armes avec
des fleurets, si l'un quitte bien bien-tost aprés, qu'ils
ont commencé un assaut, & avant que l'autre soit lassé,
celuy qui demeure, incitera l'autre de continüer, luy
demandant pourquoy il quitte si viste la partie, & s'il
ne veut pas escrimer davantage, il en cherchera un
autre, pour faire un assaut contre luy, pendant qu'il
est en haleine, & qu'il n'est pas encore lassé.

Ainsi en est-il du Coq, qui se fâche, de ce que son
ennemi luy a si peu resisté, & a quitté le combat dans
un temps, qu'il n'est pas encor satisfait, & le rapelle,
ou un autre pour combatre encor avec luy, pendant
qu'il est en humeur, & en haleine; & d'effet i'ay quelques fois pris plaisir à voir deux Coqs joûter, les uns
contre les autres, & l'un estant demeuré victorieux, &
ayant crié deux ou trois fois, pendant que l'autre se re-
tiroit avec sa courte honte, il en paroissoit un troisiéme, qui accouroit à ce signal, qui d'abord entroit au
combat avec luy, & se battoient d'importance, l'un contre l'autre, & se mattoient quelques-fois, en telle sorte,
qu'ils ne pouvoient presque plus se remuer, & estoient
si acharnez, qu'ils ne vouloient pas, l'un ou l'autre se
rendre, & ceder la victoire, en telle sorte qu'ils s'en-

trequittoient , à cause qu'ils estoient plûtost lassez , que soûlez de leur combat.

Ce n'est pas une grande merveille , si le Coq se sert d'un mesme cri , pour se plaindre des influences des Astres , & pour en appeller un autre au combat , les autres oyseaux , se servans bien souvent d'un mesme cri, pour signifier plusieurs choses , par exemple , les Perdrix se servent du mesme cri , pour s'entr'appeller quand elles sont separées , qu'elles font au matin , quand elles vont à la pâture ; ou bien quand elles s'accouplent, & se font l'amour , & des caresses , aux mois de Ianvier, & de Fevrier , quoy qu'alors leur cri , soit un peu plus long , que celuy qu'elles font au matin , qu'on appelle improprement le chant de la Perdrix , de mesme qu'on dit aussi le chant de la Corneille, qui est un veritable cri, & qui est un presage de mauvais temps , quand elles crient plus qu'à leur ordinaire , ou de quelque malheur, ou mortalité , qui doit arriver dans le voisinage.

Sæpè sinistra caua prædixit ab arbore cornix.

Ce Poëte dit *sinistra* , le costé gauche estant repeté un signe de malheur, & aucontraire le droit, ou le dextre, presage de bonheur , suivant les observations des Astrologues, & des anciens Devinateurs , par le vol des oyseaux.

On dit aussi le chant de la Teurtre , quoy que ce soit un veritable cri, & principalement quand ce chaste, & fidelle oyseau se plaint, & gemit de la mort de sa compagne ; on dit pareillement le chant du Rossignol , qui est neantmoins souvent un vray cri de tristesse , & une marque de son deplaisir, & specialement quand il regrette la perte de ses petits, qu'on luy a enlevé , ou qu'on a tué, comme le Poëte latin le decrit dans son 4. livre des Georgiques.

Qualis purpureâ mœrens Philomela sub umbra

Amissos queritur fœtus , quos durus arator
Observans nido implumes detraxit , at illa
Flet mortem , ramóque sedens miserabile carmen
Integrat , & mæstis latè loca quæstibus implet.

Et un autre dit en parlant d'un oyseau , auquel on a
pris les petits.

Illa redit , querulæque domus mirata quietem ,
Stat super intendens , cum carus in arbore sola
Sanguis , & errantes per capta cubilia plumæ ,
Vt miseros arctus gremio miseranda recepit,
Intexitque comis , non verba in funere primo ,
Non lacrimas habuit , tandem laxata dolore
Vox invenit iter , gemitusque in verba soluti.

Et on ne peut pas dire , en parlant proprement , que les
soupirs , & les plaintes , que ces oyseaux font en ce
temps-là , soient des chants de ioye , ou d'allegresse ,
estant tristes , & fâchez de la perte de leurs petits.

On me poura obiecter , que le Coq n'est donc ,
qu'un animal criard , triste & lugubre , & qui se plaint
toûsiours.

A quoy ie réponds , que quand cela seroit , il n'y
auroit pas lieu de s'en étonner , au contraire, on re-
marqueroit par là , son espece, comme on fait celle de
l'homme , en disant, que c'est un animal risible , &
raisonnable , ayant un principe de raison plus éminent
qu'aucun autre (pour donner quelque chose aux Philosophes , qui ont voulu dire que les autres animaux
avoient de la raison) & que le cheval est un animal
hanissant, le chien , abbayant , & ainsi des autres, qui
tirent leurs differences, de leur voix, de mesme on poura
dire , que le Coq est un animal crieur ou criard.

Ie dis aussi que le Coq ne crie pas toûjours , car il
chante quelques fois , sçavoir quand il se rejoûit avec
une poule , qui a fait un œuf , chantant par fois

comme elle en ce temps-là, à peu prez ainsi, co co co
cáaque, estant naturellement bien ayse que sa compagne
se rejoüisse & qu'elle ait produit un œuf, qui est l'objet
de leurs esperances, pour conserver leurs especes; toutes
sortes d'estres, & principalement les animez, aymant
leur conservation, & propagation; d'où vient l'amour
des peres & meres, envers leurs enfans, qui est commun à toutes sortes d'animaux, une femme se rejoüis-
sant naturellement, aussi-tost qu'elle a produit son enfant, & ne se ressouvient presque pas, des douleurs,
& des maux qu'elle a souffert, pendant sa grossesse,
& lors de son enfantement.

Et pour confirmer encor cette opinion, si on prend
une poule, ou qu'on luy face du mal la nuit, proche
d'un Coq, elle crîra, & au mesme temps le Coq crîra
aussi de la mesme façon, qu'il fait aux heures de la nuit,
à cause du deplaisir qu'il a, de la douleur que sa femme & sa compagne ressent, n'y ayant pas d'apparence, que
ce cri soit un chant de joye, & une marque d'allegresse.

Il crie pareillement quand on le chasse d'auprés les
poules, avec lesquelles il a accoûtumé d'estre, ou de
quelque maison, si on l'empesche d'y revenir, ou d'y
rentrer, témoignant par là son deplaisir, & qu'il en est
mâry.

Il est vray que ce Coq a une autre voix, ou cri,
dont il se sert, quand il ressent quelque douleur pres-
sante, & étrangere, & autre que celle qu'il souffre,
par la maligne influence des Astres, & specialement
quand on le prend, ou qu'on le bat, car alors il s'écrie
fort haut, & d'un cri bien plus court, & different de
celuy, qu'il fait la nuit, à peu prez ainsi coás; de mesme qu'une personne qu'on bat, ou qu'on picque d'une
épingle, s'écrie plus haut, & promptement, que lors
qu'il est affligé, d'une longue & mortelle maladie,
causée

caufée par les Aftres , comme nous avons dit cy-devant , auquel temps il iettera de longs foûpirs , & gemiffemens.

Et non feulement le Coq reffent les malignes influences des Aftres , & les annonce par fes cris, mais auffi plufieurs autres oyfeaux font la même chofe , & entr'autres les Oyes , & les Corneilles ; & d'effet fi les oyes fe battent avec leurs ailles , fe plongent dans l'eau , & s'écrient plus qu'à leur ordinaire , ou fi les corneilles s'écrient plus que de coûtume , c'eft un figne affeuré de pluye, & de mauvais temps , & il eft vray de dire , que ces oyfeaux le reffentent , & le pronoftiquent, auant que nous le voyons , ou reffentions vifiblement paroître par effet.

Le Cigne auffi fe fentant malade à l'extremité , & d'une maladie mortelle , que les Aftres luy caufent, agiffant auffi bien fur luy , & fur les autres animaux , que fut les hommes , il s'en plaint & foûpire , & d'autant que fa voix eft foible , & gemiffante , eftant entrecoupée de gemiffemens , & de fanglots , ceux qui l'entendent , la trouvent melodieufe , & mefme plus agreable , que de coûtume ; ce qui a fait dire , que cét oyfeau chante mieux proche de fa fin , que du precedent , & bien qu'il ne pouffe que des plaintes & des foûpirs , ils font pourtant agreables à ceux qui les entendent , de méme que nous nous plaifons a ouyr les plaintes des roffignols , & les accents ou conferts de mufique triftes & lugubres.

ARTICLE XV.

Objection contre le Cri du Coq.

ON me poura objecter, que nôtre Seigneur Jefus-Chrift parlant à S. Pierre , luy dît au foir de fa Paffion,qu'il le reniroit trois fois avant que le Coq chan-

D d

rât, & que partant il chante, & ne crie point.

Premierement ie réponds, qu'il ne s'est pas attaché à decider les questions de Philosophie, & lors qu'il parloit, ce n'estoit que pour se faire entendre à ses Auditeurs, suivant l'usage commun, & la façon de parler de ceux, avec lesquels il conversoit.

En second lieu Saint Marc un des Evangelistes rapporte, qu'il dît a S. Pierre, qu'il le renûroit trois fois, avant que le Coq iettât sa voix, *Priusquam gallus vocem bis dederit, ter me es negaturus*, ainsi il a laissé le choix, & la liberté toute entiere aux Philosophes d'examiner, & de disputer, si cette voix est un cri, ou si c'est un chant, ne l'ayant pas voulu determiner precisément.

A iondre qu'il n'est pas à croire, que nôtre Seigneur eût voulu faire connoistre a S. Pierre, sa perfidie, & lâcheté de renier son Dieu, & son Maître, par un chant de ioye, & de réjoüissance, & qui devoit faire commencer sa tristesse, & sa penitence, & le faire pleurer amerement le reste de ses iours ; au contraire il est à presumer, que cela luy devoit estre annoncé, par un cri, & par une plainte ; & quand bien le Coq auroit toûjours chanté, il auroit deu pour lors crier, & se plaindre, & donner des marques de tristesse, d'une perfidie si noire, de le desavoüer contre son devoir, & les promesses qu'il venoit de faire, de souffrir plûtost la mort, que de le renier ; de même que le Soleil, la Lune, les pierres, & autres creatures insensibles, auroient donné en ce temps-là, & lors de la mort & passion de leur Createur, des marques sensibles de leur düeil, & de leur tristesse ; le Soleil ayant esté privé de sa lumiere, & icelle deniée à la Lune ; & les pierres s'estant fendües, & rompües ; & d'autres creatures, quoy qu'insensibles ayant fait d'autres effets merveilleux, pour monstrer la douleur, pour ainsi dire, que toute la nature souffroit, des peines, que son Autheur enduroit, ce qui fit dire à S. Denys l'Areopagite Apôtre de nôtre illustre Royaume de France, fils aysné de la Chrêtienté, qu'il falloit que l'Auteur de la nature souffrît, ou que le monde finît, comme nous avons dit cy-devant.

Ainsi on peut conclure, par toutes ces observations, & experiences, que la voix du Coq, est un veritable cri, & une marque de sa douleur, & tristesse, & non un chant de joye, & un signe d'allegresse, & que s'écriant reglément la nuit d'heure en heure egale, & lors que les Planetes cômencent à dominer, il fait une preuve certaine, & une demonstration évidente, que les Planetes dominent, chacune pendant une heure égale, & non inegale, comme disent quelques Astrologues ; à joindre aux differents effets, que les Planetes produisent, chacune pendant sa domination particuliere, qui durent reglément pendant une heure égale, comme il est aisé d'observer, ainsi que nous avons dit.

ARTICLE XVI.

Objections contre la Domination alternative des sept Planetes.

NOus avons, à mon avis, bien établi, même par experience, les influences, & domination alternative des sept Planetes, neantmoins il s'y rencontre des difficultez, & des obstacles si grands, que i'ay long-temps balancé, pour me resoudre d'en traiter, n'estant pas entierement persuadé de la verité, & ne pouvant vaincre ces difficultez, ny resoudre toutes les objections que ie vay proposer.

Premierement on me poura objecter, que plusieurs personnes meurent sous la domination particuliere de Jupiter, du Soleil, Venus, Mercure, & la Lune ; par exemple, dans des combats, qui durent des iours tous

entiers , sans intervale , & pendant lesquels il se meurt
beaucoup de personnes à toute heure , & à tout moment ; ce qui arrive aussi de méme dans quelques nau-
frages , ruines de bâtimens , & incendies , & à des personnes que l'on tuë de propos deliberé , ou qui sont
executez à mort en vertu d'une sentence , ou arrest.

En second lieu, de quelle façon les Planetes agissent-el-
les, pour dominer alternativement d'heure en heure , &
chacune à son tour , sans entreprendre , ou fort peu , &
rarement , les unes sur les autres ? Comment une peut-
elle quitter sa place à l'autre , quand son heure est passée,
& reprendre six heures aprés son empire , & continüer
ainsi les unes & les autres éternellement , ou iusques
à la fin des siecles , comme elles sont presentement , &
quelles ont toûjours fait , depuis leur creation , & le
commencement du monde ? Comment peuvent-elles
dominer en un méme temps , en divers endroits , &
climats de la terre , fort éloignez les uns des autres , &
n'avoir aucune force , & puissance , dans les lieux , qui
sont situez entre ceux , où elles exercent leur puissance,
contre les axiomes de Philosophie , qui disent , que les
choses demeurant toûjours les mémes , produisent toûjours les mesmes effets , & qu'une cause ne peut pas
agir dans un lieu éloigné , sans faire la méme chose
dans le milieu , s'il s'y trouve une méme disposition ?
Par exemple , Mars dominera à Paris , le mardy à soleil
levant , au solstice d'esté , c'est à dire à quatre heures,
& dans un méme temps , il dominera dans les pays ,
qui en sont éloignez de 90. degrez , soit vers l'Orient,
ou l'Occident , & où il sera unze heures de matin de
ce iour-là , ou dix heures de soir , du iour precedent,
& le Soleil dominera à quinze degrez loin de Paris,
vers l'Orient , Venus à trente , & ainsi des autres , &
Jupiter dominera iusques à quinze degrez vers l'Occi

dent, & ou le Soleil ne fera point encor levé ; & Saturne
dominera depuis le quinzieme degré iufques au 30. &
ainfi des autres Planetes : Comment fe peut-il faire que
ces Planetes dominent, non pas comme vont les Meri-
diens de châque lieu, mais obliquement & de biais ?
Car fans fortir de nôtre exemple, Mars ne dominera
plus dans les endroits, où le Soleil s'eft levé à trois
heures, ce fera le Soleil, & il ne dominera pas encor
dans les lieux, où le Soleil fe leve à cinq heures, &
ainfi des autres endroits, en tirant vers le pole antartique, car ce mefme iour, & à la méme heure que Mars
domine à Paris, à quatre heures de matin, Mercure
dominera fous le méme meridien, & dans le méme degré
de latitude auftrale, fçavoir le 48. on 49. de l'élevation
du Pole antartique, où le Soleil ne fe levera ce iour-
là, qu'à huit heures.

Comment le Soleil peut-il donner le pouvoir aux fix
autres Planetes, de commander fucceffivement chacune
pendant une heure, & s'en priver durant ce temps-là,
puis reprendre pour luy cette puiffance, & la quitter encor
une heure aprés, & ainfi de fuite ? Et afin de faire mieux
obferver cette diverfité de dominations, en un méme
temps, confiderons-les, depuis unze heures iufques à
midy, & nous verrons que c'eft Mars qui domine à
Paris, c'eft le Soleil qui domine vers le Septentrion,
où le Soleil s'eft levé à trois heures, & du cofté du Midy
Jupiter domine où le Soleil s'eft levé à cinq heu res, Saturne, où il s'eft levé à fix, la Lune, où il s'eft
levé à 7. Mercure, où il s'eft levé a huit, Venus où il
s'eft levé à neuf, le Soleil où il s'eft levé à 10. & fe
fera encor Mars dans les lieux où le Soleil fe leve pour
lors, de forte qu'il eft vray de dire, que les Planetes
portent leur domination obliquement & de travers, &
qu'enfuite elles les reprennent, aprés les avoir quittées.

ce qui ne se peut pas faire vray semblablement, toutes choses, qui demeurent en un méme estat, devant faire toûjours, les mémes effets, comme il a estédit : ainsi les Planetes estant attachées en un méme lieu, & exposées au méme aspect avec le Soleil, elles devroient produire par tout les mémes choses, qu'elles font en un de ces lieux-là.

En troisiéme lieu, si on considere en un méme instant, le tour du monde, & qu'on vueille sçavoir quelles Planetes dominent par toute la terre, dans le climat où l'on est, le Soleil faisant son tour en vingt & quatre heures ; par exemple, supposons qu'il soit midy à Paris, il sera midy à tous les peuples qui voient le Soleil, & qui sont sous le mesme meridien, & minuit à ceux qui sont opposez ; & unze heures à ceux qui sont éloignez de quinze degrez vers l'Occident, 10. heures, à ceux qui en sont éloignez de 30. degrez, & ainsi des autres, en faisant le tour du monde en sa pensée, en un moment, & à son retour d'un si grand, & si prompt voyage, on retrouve encor le Soleil dominer à midy, soit qu'on ait fait aller sa pensée, vers l'Orient, où l'Occient ; & si on examine, quelles Planetes dominent en tous les lieux du climat, ou degré de l'élevation du Pole, où l'on est, allant vers l'Orient, on trouve (supposé que le Soleil domine à midy) que Venus dominera au 15. degré où il est une heure, iusques au 30. où Mercure dominera iusques au 45. & ainsi consecutivement ; & ayant fait le tour de la terre, on trouve que ce n'est pas le Soleil, qui domine, mais bien la Lune ; & si on examine les Planetes, qui dominent par toute la terre, en allant, ou faisant aller sa pensée du costé de l'Occident, on trouve que Mars domine au 15. degré, où il est unze heures, & que Jupiter domine ensuite & ainsi des autres, & estant revenu au mesme lieu, où l'on estoit, & d'où on n'a point parti, qu'en idée, il se trouvera que ce n'est pas le Soleil qui domine, mais bien la Lune ; & si on considere tous les endroits de la terre de 15. en 15. degrez, & les Planetes qui y dominent, des deux costez, c'est à dire commençant vers l'Orient, & faisant le tour du monde, & recommençant aussi à faire ce tour-là vers l'Occident, il se trouvera que ce ne seront pas les mémes Planetes, qui dominent dans les mémes endroits, & aux mémes heures, à la reserve de Jupiter, comme on voit en cette figure, où les Planetes sont marquées sur les heures, & dans un cercle plus grand, allant d'Orient en Occident ; & dans le plus petit cercle, elles sont marquées, allant d'Occident vers l'Orient suivant leur ordre.

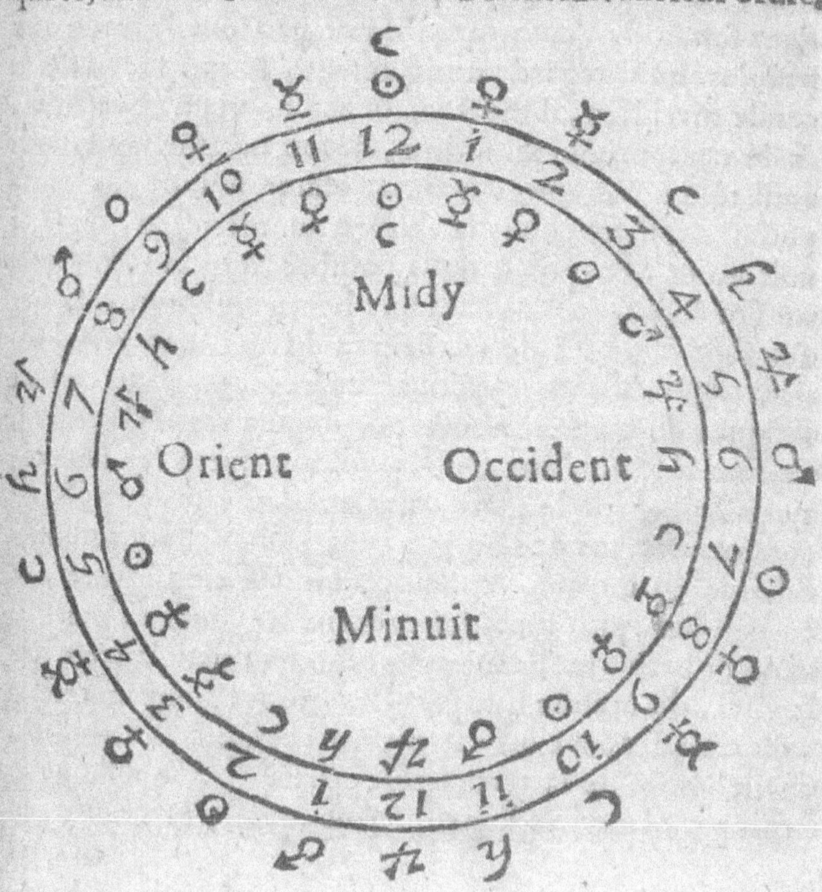

En quatriéme lieu, comment, & en quel endroit du Ciel, se fait châque iour ce changement de la domination alternative de chacune Planete, en une autre, qui est contraire ? Par exemple, & pour mieux faire comprendre cette difficulté, en quel point des Cieux cesse la domination de Saturne, qui est cruel, triste, & melancholique, & où commence celle de Jupiter, qui est bon, jovial, plaisant, & recreatif, & ainsi des autres Planetes chacune à son tour ? En quel endroit du Ciel commence châque iour, par exemple, le mardy, ou le mercredy, ou un des autres ? En effet le Soleil qui est le pere de la lumiere, & autheur du iour, estant en quelque lieu qu'il puisse estre, toûjours dans son midy, ensorte qu'il fait par tout le midy aux peuples, qu'il regarde directement, & qui sont dans le cercle meridien, dont il est le zenit, ou point vertical, & le centre, pour ainsi dire, de son horison ; & faisant aussi toutes les antres heures, estant minuit aux antipodes, qui sont sous la moitié du meridien, qu'il ne voit point, & qui est dans l'ombre, que la terre cause par son époisseur, & estant une heure aprés midy, à ceux qui sont éloignez de 15. degrez du meridien vers l'Orient, & n'est encore qu'onze heures à ceux qui en sont éloignez d'un pareil nombre de degrez vers l'Occident, comme il se voit aux globes qui marquent les heures, au deffaut de la lumiere, que le Soleil y produit, & au commencement de l'ombre, ces globes estant toûjours éclairez en moitié, & l'autre moitié est obscure, & en l'ombre, qui sont des cadrans fort iustes ; mais ils seroient bien plus beaux, s'ils representoient la terre, ou le Ciel, de mesme que font les globes, qui sont faits pour cét effet, car on verroit dans ces globes terrestres, quelle partie de la terre seroit éclairée, & quelle ne le seroit pas, en quels lieux il seroit midy, & minuit, &

en quel

en quels pays le Soleil se leveroit , & se coucheroit , on
y verroit la longueur de châque iour , y ayant tracé un
horison , on y verroit aussi les douze Maisons du Ciel,
qu'il y faudroit placer pour le lieu, où l'on seroit, afin
de s'en servir , & diriger la spere , & le globe celeste ,
comme il le doit estre , au temps qu'on y voudroit observer quelque chose ; & plusieurs autres particularitez,
que i'obmets, afin de reprendre la suite de nôtre discours,
pour dire que le Soleil estant toûjours à son midy ,
comment peut-il changer sa domination particuliere ,
ou de quelque autre Planete , & en quel lieu cela se
peut-il faire ? Par exemple le mardy , Mars domine en
France à Soleil levant , & y a dominé , comme nous
avons dit , aux peuples où il est ce iour-là , une heure
ou deux heures de Soleil , supposez à Vienne en Allemagne , ou à Venise , & il dominera pareillement ce
méme iour , à Soleil levant en Espagne , & en Portugal,
& ainsi consecutivement , & neantmoins le lendemain,
si ce qui a esté dit de la domination des Planetes est
veritable , ce sera Mercure qui dominera à Paris , & en
France à Soleil levant , & qui a aussi dominé en Allemagne , & à Venise , & autres pays vers l'Orient , &
qui dominera à Soleil levant en Espagne , & autres lieux
vers l'Occident , & quoy que le Soleil tourne toûjours
également , ce ne sera pourtant pas Mercure , qui dominera le iour suivant à Soleil levant , qui sera un ieudy ,
mais bien Jupiter , & ainsi de suite.

En cinquiéme lieu , en quel endroit du Ciel châque
iour commence-t'il ? & quel iour est-il à nos Antipodes ?
Par exemple , nous aurons en France le mardy , nous
l'aurons aussi en Allemagne , en Italie , à la Chine , &
autres lieux de l'Europe , de l'Affrique & de l'Asie , car
ces trois parties de la terre , qui en composent un des
hemispheres , qui estoit seul conneu aux siecles passez,

qui est un Continent de terre , pouvant passer par quelques endroits de l'une de ces parties-là , dans les autres
à pied sec , il n'y a pas d'apparence, que l'on conte dans
aucun lieu , un autre iour , que celuy que nous avons
en France , bien qu'en Angleterre , on ne luy donne la
même date du mois , à cause qu'on y suit encore l'ancien
calendrier Jullien , & non le Gregorien , comme nous
avons dit ailleurs , mais cela ne fait rien , & ne doit
point changer l'espece de la difficulté proposée , car il
est constant, ou du moins nous le devons presumer, que
Mars y aura dominé à Soleil levant , & les autres Planetes de suite : Mais la question est de sçavoir, où Mars
aura commencé à dominer , & quel iour il sera pour
lors à nos antipodes, supposez, en l'Amerique ; & lors
qu'il est icy midy , le mardy , s'il sera minuit pour venir
au mardy , ou au mercredy ; car si Mars , pour ne
point sortir de l'espece proposée, commence à dominer
à Soleil levant dans cét hemisphere, lors que le Soleil
est icy à midy , il doit estre minuit à nos antipodes,
supposez en l'Amerique , pour venir à leur mardy , &
au contraire s'il commençoit a dominer aux antipodes,
il seroit minuit , pour venir au mecredy.

Estant remarquable, pour appuyer , & faire encore
mieux connoistre la difficulté proposée , que ceux qui
font , ou ont fait le tour de la terre , allant du costé
de l'Occident , estant revenus au lieu d'où ils ont parti,
supposez en France , ils trouvent , & content un iour
moins que nous , & ceux qui sont allez vers l'Orient,
en trouvent un iour davantage , par exemple , ceux
qui sont allez vers l'Occident , estant revenus , ne
conteront que le mecredy , bien que nous ayons un
ieudy , & ceux qui sont allez vers l'Orient conteront un
vendredy , ainsi ce sera pour eux la semaine des trois
ieudis , & ils ne s'accorderont pas entr'eux & avec

nous dans la domination alternative des sept Planetes,
supposant qu'ils ne suivent que l'observation prescrite
cy-dessus, que châque Planete commence à dominer à
Soleil levant du iour, qui porte son nom, ceux qui
croyent avoir le mecredy, croiront que Mercure a
dominé ce iour-là, & ceux qui croiront avoir le vendredy, estimeront que Venus aura commencé de dominer, bien que ce soit Jupiter, & les autres consecutivement.

A R T I C L E X V I I.

Réponses aux objections & difficultez proposées.

IE crois que ceux qui ont observé les dominations
alternatives des Planetes, ne se sont pas mis en peine,
d'en chercher les raisons, où s'ils l'ont fait, il n'est pas
à croire qu'ils les ayent trouvées, ou du moins ils se
les sont reservées, & n'ont point voulu les donner
au public.

Et pour en dire librement mon âvis, comme
i'ay commencé d'abord, ie trouve quelques unes de
ces difficultez si grandes, que ne ie crois pas, qu'on y
puisse iamais donner aucune bonne solution, & que
Dieu a voulu reserver ces mysteres-là, pour luy, &
pour les esprits bien-heureux, qui voyent mieux, & de
plus prez que nous, les merveilles qui se passent au
Ciel, où ils habitent ; & si les sept Planetes dominent alternativement, chacune pendant une heure égale,
comme i'en suis persuadé, par les experiences, & observations que i'en ay fait ; & si les unes inspirent de
méchantes actions, & les autres de bonnes, & d'honnestes, elles le font de leur nature, & comme il a pleu
à Dieu leur Createur & le nostre, leur en donner la
puissance, & ce me seroit une insigne temerité, d'en

chercher d'autres raisons, & quand ie le fairois, aprés
les essays, que i'en ay fait, qui ont esté inutiles, ie ne
crois pas y pouvoir reüssir;& ie me contente de dire quant
apresent, *Non plus ultra*, comme fit autres-fois Hercule,
qui inscrivit ces paroles, en deux colomnes proche le
détroit de Gilbraltar, aprés avoir parcouru toute la
terre, qui estoit pour lors conneüe, & y avoir tué
plusieurs monstres; n'estimant pas qu'il y eut des terres
par delà, où il pût porter ses conquestes, & remporter
des victoires; & comme plusieurs siecles aprés, Christo-
phle Colomb a découvert l'Amerique, qui estoit in-
connüe du precedent; il se poura faire, que quelque
esprit plus éclairé, & quelque genie plus heureux que le
mien, trouvera de bonnes raisons, pour resoudre toutes
ces grandes difficultez, & les donner au public.

Je dis toutes ces grandes difficultez, en quoy ie ne
pretends pas mettre la premiere objection, car ie ne
la trouve pas bien difficile à resoudre; & bien qu'il
arrive, & puisse arriver, que quelques personnes meurent, sous la domination particuliere de Jupiter, du
Soleil, de Venus, & de la Lune, dans les combats &
batailles, qui durent quelques-fois des iours entiers,
ou sous quelques ruines, ou par autres grands accidens,
cela ne détruit pas ce que nous en avons dit, &
pretends dire, en parlant de la domination particuliere
des Planetes, sçavoir que les choses qu'elles inspirent,
arrivent ordinairement sous leur domination; car il se
peut faire, que quelques unes de ces choses, arriveront
sous quelques autres Planetes, qui ne les inspire neantmoins pas; par exemple, un homme extrémement
colere poura battre, & mesme tuer pendant la domination d'une des bonnes Planetes, & ainsi des autres
personnes, qui sont fortement addonnez, à faire quelques autres sortes d'actions, & qui les fairont en tout

temps ; & pour ne fortir pas encor des combats ob-
jectez, ie dis que le plus fort, eft ordinairement fous
la domination de Saturne, de Mars, & de Mercure,
& bien qu'ils foient continuez pendant la domination
des autres Planetes, il arrive qu'ils n'y font pas fi rudes, & mefme que ceux qui font bleffez n'y meurent
pas tous, mais bien quand une de ces méchantes Planetes
dominent, foit le iour du combat, ou le lendemain, ou
quelques autres iours aprés, ils mouront, comme nous
l'avons cy-devant expliqué.

J'appelle donc ces grandes difficultez, qui font em-
ployées dans les autres objectiós, & bien que ce me foient
des neuds Gordiens, que ie ne peux entierement dénoüer,
i'en diray pourtant quelque chofe, non pour les expliquer, mais pour les admirer, ainfi que Dieu, qui eft
toûjours admirable, & adorable, & principalement
dans fes plus grands effets.

Ie confidere donc que Dieu fouverain Createur de tous
les Aftres, en ufe dans les Planetes, & dans les differentes
puiffances, qu'il leur a donné, comme fait un fage Roy
dans fon Royaume, lequel pour le gouverner heureu-
fement, & faire vivre fes fujets en repos, & tran-
quilité, faire fleurir les loix & la Juftice, établir le
commerce, fouftenir fa gloire, & conferver, ou méme augmenter fon Empire, par l'effort de fes armes,
choifit un homme, qu'il fait fon premier & principal
Miniftre, fur lequel il fe repofe, & auquel il donne
tous les foins, & la conduite de fon Eftat, il le fait
directeur, ou Controlleur general des fes Trefors, &
de fes finances, pour les faire fortir, & les mettre
dans fes coffres, & les employer a fes affaires, entretenir fes armées, & s'acquerir des peuples pour amis, &
aliez, il le fait Jntendant de fes bâtimens, il luy donne
commiffion de faire des ports de mer, des Villes, &

des Palais, il le fait Plenipotentiaire pour declarer la
guerre, & pour traiter de la paix, avec ses ennemis,
il le fait le chef du commerce, des manufactures, de
la police, & de la Justice de son Royaume ; il l'établit
comme son genie, qui suit toutes ses volontez, & exe-
cute ponctuellement tous les ordres, qu'il luy donne,
& au moindre mot qu'il luy dit, pour luy faire comprendre ses desseins, il fait, ou fait faire aussi-tost
de grands ouvrages : il en fait un Soleil, qui éclaire
échauffe, influë toutes ses pensées à son peuple, & qui
n'a point de repos, & agit iour & nuit, pour le bien
& l'utilité de son estat, mais quoy que ce genie soit
tres-grand, il ne peut pourtant pas estre dans tous les
lieux, ou sa presence seroit necessaire, pour y soûtenir
la guerre contre les ennemis de son Maistre, & rendre
la iustice à ses peuples, & autres sortes d'emplois, ce
Roy luy donne d'autres Ministres pour luy ayder à
supporter de si grands poids, & de si pesans fardeaux,
sçavoir un Connétable, un Chancelier, un Amiral,
des Generaux d'armées, des Mareschaux, & autres
Officiers, qui agissent de consert avec ce premier Mi-
nistre, dont ils reçoivent les ordres necessaires, pour
s'acquiter fidellement de leurs commissions, & seconder
les veux, & les desseins de leur Monarque.

Dieu a fait la mesme chose dans la creation du Monde,
par un effet de sa tres-grande sagesse, & de sa puissance
infinie, y ayant fait un Soleil, qui en est, comme l'œil,
le cœur, & l'ame, qui l'éclaire, l'échauffe, & le vi-
vifie, & dans lequel il a mis son tabernacle, au sentiment de la sainte Ecriture, enfin il luy a donné tant
de graces & de vertus, qu'il y a eu des peuples, qui
l'ont adoré, & n'ont point reconneu d'autre Dieu, que
luy, & quoy qu'ils n'eussent pas raison, n'estant qu'une
creature inanimée, & insensible, neantmoins ils seme

blent en avoir eu davantage, que ces anciens peuples idolâtres de l'Egypte, qui estoient si idiots, qu'ils adoroient des oygnons, & des Crocodiles, comme de veritables divinitez. Et les Romains (bien que les plus éclairez d'entr'eux, ne creussent pas qu'il y eût, ou peût avoir plus d'un Dieu, la premiere cause, & le premier estre, d'où les autes dependent, comme on peut voir, dans le traité, que leur Orateur a fait de cette matiere) ont non seulement adoré le Soleil, mais aussi Saturne, Jupiter, Mars, Venus, Mercure, & la Lune ; mais laissons ces Prophanes, & retournons à Dieu, qui a donné au Soleil, l'œconomie, & la direction de ses autres creatures, & specialement des Planetes, qu'il a fait, & qu'il luy a donné pour luy ayder à produire les differens effets, qu'il ne pouvoit pas faire seul ; par exemple, Saturne & Mars, pour avoir soin des guerres, & faire mourir les hommes, & autres animaux, lesquels, comme ils eussent trop vescu, & produisant des semblables, ainsi qu'ils font, la terre eût esté bien-tost trop petite, pour les contenir, & les nourir ; il a donné à Jupiter, le soin des honneurs, & des dignitez ; à Venus, celuy des mariages, à Mercure, celuy du commerce, des arts, & des sciences, & à la Lune, celuy de la mer, & des eaux, & à ces mémes Planetes, & autres Astres, celuy d'exciter les vents, afin de purger l'air, produire les metaux, & faire d'autres sortes d'effets dans les élemens, suivant qu'elles sont en bonne, ou mauvaise intelligence, & leurs differens aspects, & situations ; en telle sorte, qu'il me semble, que Dieu ayant travaillé pendant six iours, suivant le sentiment de la sainte Ecriture, à faire toutes les creatures, il s'est reposé le septiéme iour, & du depuis sur le Soleil, son plus beau, plus noble, & plus illustre ouvrage, & sur les six autres Planetes, qu'il

luy a donné, comme des ministres, pour luy ayder,
avec les autres Astres, à faire toutes les actions, &
effets, qu'il produit dans ce monde ; car bien que les
Astres ne soient pas animez d'une ame sensitive, vegetative, ny raisonnable, ils ont pourtant reçeu de la
main de Dieu, le pouvoir de faire, & de faire produire mille, & mille beaux effets, comme nous voyons
tous les iours, tant dans les estres animez, que dans
ceux qui ne le sont pas ; par exemple, les metaux &
mineraux, dans le sein de la terre, les perles, & autres
pierres pretieuses dans la mer, & plusieurs sortes de
Gamehez, & autres choses, dont on ne peut attribuer
la cause, qu'aux Astres, sans injustice, & parler ouvertement contre l'experience.

Et si Dieu a fait le Soleil, si éclatant si bon, & si
admirable, qu'il est, & Saturne pâle & triste, & Mars
rouge, & enflamé, & tous deux si cruels, comme ils
sont, & ainsi des autres Planetes, & étoilles, il n'en faut
pas chercher d'autre raison, sinon qu'il a voulu les faire
ainsi, & leur donner la puissance de produire les effets,
que sa prudence infinie, a estimé devoir estre faits, dans
la suite des temps, & iusques à la consommation des
siecles ; & on ne doit pas croire, que ces grands ouvrages, qui sont en un branle, & une agitation continuelle, & qui ont diverses sortes de mouvemens, &
qui tournent incessamment au tour de la terre, n'ayent
esté faits, que pour l'ornement des Cieux ; au contraire
nous devons estimer, comme effectivement il est veritable, que le Soleil & les Astres, ainsi que toutes les
autres creatures, que nous voyons, n'ont esté specialement produites des mains de Dieu, que pour servir à
l'homme, qui en est le Maistre, & le Roy, suivant le
sentiment du Prophete Royal.

Et pour répondre quelque chose aux objections
proposées

proposées, ie dis, que ie n'y sçaurois rien dire ; voila
en deux mots de grandes difficultez resoliies, si quelqu'un en sçait davantage, il me faira plaisir de me
l'apprendre, car cela me pouroit encor bien ronger la
cervelle, comme il a desia fait, & ie ne presume
pas, que i'en sois plus sçavant, au contraire plus i'y
pense, & plus i'y trouve de confusion, & d'obscurité.

Je diray neantmoins, que ie crois, que la domination alternative des sept Planetes change chaque iour,
quand le Soleil est sur cette vaste mer, qu'on appelle pacifique, à cause qu'elle n'a point de flux, oudu moins, il
n'est pas sensible vers son milieu, & fort peu en ses bords,
& qu'il n'y a iamais de tempestes, & que les influêces des
Astres s'y perdent, ou si noyent, pour ainsi dire : ainsi
la Planete, qui commence à dominer à Soleil leyant
à la Chine, & les autres en leur rang, comme nous
avons dit, ayant continué leur domination, iusqu'à ce
que le Soleil soit revenu sur cette grande mer, elles
s'entrecedent la place, & une autre commence à dominer, sur les premieres terres, que le Soleil commence d'éclairer, & les autres de suite, & consecutivement, & de iour en iour ; ce qui poura estre observé
par ceux qui font le tour du monde, ou par les éclypses
du Soleil, & de la Lune, & specialement par celles
de lune, estant universelles, & pouvant estre observées
par les peuples, qui sont Antipodes, & opposez les
uns aux autres, la Lune estant éclipsée en elle-méme,
à cause que la terre, estant entr'elle, & le Soleil, luy
en dérobe la lumiere, pendant qu'elle est dans l'ombre,
que la terre, qui est opaque produit, ainsi elle peut estre
observée par les peuples qui la peuvent voir, soit qu'ils
soient vers l'Orient, ou vers l'Occident ; ce qui n'arrive pas ainsi dans l'éclypse du Soleil, à cause que
ne la recevant en luy mesme, mais bien ne pa-

roiſſant ſeulement éclipſé , qu'aux peuples qui ont la
Lune entre eux , & luy , elle n'eſt pas univerſelle , car
ſi le Soleil paroiſt éclipſé à ceux qui ſont vers l'Orient
ou le Septentrion , il ne l'eſt pas à ceux qui ſont vers
l'Occident ou le pole Antartique.

Je crois donc , que par le moyen des éclipſes de la
Lune , on poura obſerver , en quel endroit de la terre ,
châque iour commence , & où châque Planete commence à dominer , & quelle nuit il eſt , ſçavoir par e-
xemple , ſi c'eſt la nuit , pour venir au mardy , ou au
meçredy ; & pour cét effet , ſuppoſons qu'une éclipſe de
Lune , qui arrive à un des équinoxes , commence icy
en France , à ſix heures de ſoir , auquel temps le Soleil
ſe couche , le méme iour de mardy , pour ne point
ſortir de nôtre exemple , ou méme n'eſtant pas encore
couché , ſe pouvant faire , & on a veu des éclipſes de
Lune , le Soleil eſtant ſur l'horiſon , à cauſe des refractions & des paralaxes , dont nous avons cy-devant parlé , & au méme temps nos Antipodes , verront
cette méme Lune à ſix heures du matin , qui commen-
cera de s'éclipſer , à Soleil levant , où eſtant deſia levé ,
pour les meſmes raiſons , ainſi comme cette éclipſe
commence de paroiſtre en France à ſix heures de ſoir
un mardy , il eſt conſtant parce que nous avons dit de
la domination des Planetes , & par la verité du fait ,
dont ie ſuis bien perſuadé , que Saturne commence à
dominer , & que la nuit d'entre le mardy & le mecredy commence pour lors , il ne reſte donc qu'à ſçavoir quelle nuit finit , & quel iour commence , & quelle
Planete domine , à nos Antipodes , ce qu'on poura
connoiſtre en ce pays-là , ſi on l'obſerve fidellement ;
ce que ie dis de la France , & de ſes Antipodes , ſe
peut auſſi entendre , & obſerver dans l'Allemagne , la
Turquie , la Chine , & autres pays , & ce que ie dis

de l'éclypse de Lune , qui commence dans l'horison à
six heures , se peut aussi observer , quand elle est à sept,
huit , neuf, ou autres heures , & qu'elle est élevée sur
l'horison de quinze , trente , quarante-cinq , ou autres
degrez , & remarquer en divers endroits , à quelle
heure cette éclypse commence , ou finît , & quelles
Planetes dominent , & quelle nuit il est pour lors , en
ces differens lieux , & conciliant plusieurs de ces observations , les unes avec les autres , on poura recon-
noître en quel endroit du Ciel , le Soleil commence ,
& finît le iour sur la terre.

Et afin de faire connoistre d'où procede ce qui a esté
remarqué dans l'article precedent , que ceux qui font
le tour de la terre allant vers l'Occident , trouvent à
leur retour un iour moins , que ceux qui sont restez , &
ceux qui sont allez vers l'Orient , en content un davantage ; cela vient , de ce que ceux qui sont allez vers
l'Occident , & avec le Soleil , ont les iours plus longs ,
& ceux qui vont vers l'Orient , & contre le cours du
Soleil les ont plus courts , ce qui donne aux uns ,
un iour de moins , & aux autres un iour de plus ; apres
avoir fait le tour du monde , & afin de le faire mieux
comprendre , supposons , quoy que cela soit impossible,
qu'en idée , que les uns , & les autres partent d'icy ,
ou d'un autre lieu , à midy , un mardy pendant un des
équinoxes , & qu'ils facent le tour de la terre en ving-
quatre heures , ceux qui iroient vers l'Occident avec le
Soleil , le voiroient toûjours , & ainsi estant revenus au
lieu , d'où ils ont parti , le lendemain iour de mecredy ,
ils croiroient qu'il seroit encor mardy , n'ayant point
veu de nuit , & au contraire ceux qui sont allez vers
l'Orient , & contre le Soleil , auroient veu , & trouvé
en leur chemin deux nuits , & deux iours , sçavoir le
iour de mardy , dés trois heures apres leur depart , ils

auroient trouvé la nuit , qui ne leur auroit duré que
six heures , car le Soleil auroit autant avancé vers l'Occident , comme ils auroient fait , vers l'Orient , ainsi
à neuf heures aprés leur départ , ils auroient commencé
de revoir le Soleil , & conteroient un autre iour , sçavoir le mecredy , & s'ils trouvoient aux Antipodes , en
leur chemin , ceux qui sont allez avec le Soleil , ils conteroient desia un iour davantage qu'eux , & continuant
leur chemin , ils trouveroient six heures aprés une autre
nuit, qui ne leur dureroit que six heures, aprés lesquelles
ils revoiroient le Soleil , & trois heures aprés , ils arri-
veroient à midy en ce mesme lieu , d'où ils auroient
party , & conteroient ainsi un iour davantage que ceux,
qui y sont demeurez , contant deux iours en 24. heures,
& les autres , n'en conteroient que le même auquel ils
seroient partis , n'ayant point veu de nuits, & ceux qui
seroient demeurez auroient le mecredy ; ainsi ce qui
arriveroit aux uns , & aux autres , qui auroient fait le
tour du monde , les uns d'un costé , & les autres de
l'autre , en un iour , ou 24. heures , arrive aussi à ceux
qui font ce même tour , en quelque temps que ce puisse
estre , quand ils vont avec , ou contre le Soleil , ce qui
n'arriveroit pas ainsi à ceux qui le fairoient , allant vers
l'un , ou l'autre pole , car supposez qu'ils le fissent en 24.
heures , ils trouveroient le même iour à leur retour, que
ceux qui seroient restez auroient, suposant qu'ils en fussent
partis à un des solstices, mais en le faisant en 5. ou 6. mois,
ou en un an, ils trouveroient bié moins de iours que ceux
qui seroient restez, car en passant sous l'un ou l'autre pole,
ils trouvent des iours bien plus longs , depuis un des
cercles polaires, iusques à l'autre, les iours dans les pays,
qui sont sous les cercles polaires , ayant six mois de
longueur , car ils voient le Soleil pendant six mois , &
ne le voient point pendant les autres six mois.

Je ne veux pourtant pas positivement asseurer , que ce changement des iours , & de la domination alternative des sept Planetes arrive , lors qu'elles sont sur la mer pacifique , cela se pouvant faire , sur l'Ocean Atlantique , estant tres-vaste , & ce sont des choses à observer plus exactement , avant que d'en rien asseurer de certain ; ie ne pretends pas aussi établir , que les Planetes , ne produisent leurs effets particuliers , dans les bateaux , qui voguent sur ces mers , peut estre à cause que ces bateaux recevant , & reflechissant la lumiere , la chaleur , & les influences du Soleil , & des autres Planetes , & Astres , il y peut arriver quelques vns de ces mesmes effets , peut - estre confusement , & sans aucun ordre , suivant les dispositions qu'ont ceux qui sont dans ces vaisseaux-là , se pouvant faire que ces influences sont receües , & reflechïes par ces vaisseaux , comme elles le sont , par la terre ferme , estant constant , & on l'a observé par diverses experiences , que la terre recevant la chaleur , & la lumiere , & par consequent les influences du Soleil , & des Astres , les renvoye , & les reflechit ; ce qui paroist par cette belle , & fameuse experience ; qu'on a fait dans une chambre , où faisant entrer par un trou , la lumiere du Soleil , & qu'on fait sortir par un autre vis à vis ; on ne la voira pas , & cette chambre sera aussi obscure , que s'il n'y entroit aucune lumiere ; & si cette lumiere est receüe , & terminée dans cette chambre , elle sera éclairée ; & par les experiences qu'on a fait dans ce siecle , que l'aimant , & les aiguilles qui en sont touchées , ne s'inclinent, & ne se tournent pas vers les poles des Cieux , mais bien vers ceux de la terre , comme nous le fairons observer plus amplement cy-apres ; mais c'est une chose à remarquer plus exactement , à ceux qui vont sur ces deux grandes mers , pour aprés nous faire part , & au public, de leurs observations,

J'ay voulu tirer cette domination alternative des Planetes, tant au lieu où l'on est, que dans les autres endroits, par les mouvemens qu'elles ont en leur centre, mais ie n'y ay pas trouvé mon compte, tant à cause que celles qu'on a observé depuis quelques années se tourner, ne le font pas dans un semblable temps, méme que quelques unes ne tournent pas en leur centre, ce qui se peut remarquer par la Lune, les taches paroissant toûjours dans les mémes endroits.

Article XVIII.

Des Remedes contre les méchantes Influences des Planetes, & autres Astres.

LA connoissance des méchantes influences des Astres, & specialement des sept Planetes, est un moyen asseuré, si on le veut suivre, d'empescher le mal, qu'elles inspirent, & de rendre tous, ou du moins la pluspart de leurs effets, vains, & inutiles, & nous conserver nostre entiere liberté, estant constant, que bien que les Astres influent, & nous inclinent à faire du mal, ils ne nous forcent pourtant pas, & nous pouvons y resister; Dieu nous ayant donné une ame raisonnable par excellence, aux autres animaux, laquelle estant éclairée par son entendement, pour connoistre la malignité des Astres, & ayant une ferme & constante volonté pour s'y opposer, & empécher le mal, qu'ils nous excitent de faire, & ayant une bonne memoire, pour nous representer les exemples, & les experiences, qui en ont esté faites, & les supplices, & les peines, qui en sont arrivées, nous pouvons, si nous nous servons de ces facultez, ne nous pas laisser conduire par ces mé-chans Guides, & ne pas suivre les âvis, que ces mé-

chans Conseillers nous donnent , & principalement si
nous les reconnoissons tels, par theorie , ou mesme par
pratique , & que nous nous servions de nostre sagesse
au besoin, pour y resister.

Et d'effet, ie considere les méchantes Planetes, qui nous
inspirent de pernicieux desseins , & nous excitent de
commettre de lâches , & mauvaises actions , comme
des flateurs , & de méchants Conseillers, qui seroient
auprés d'un Roy, ou d'un Prince , ou de quelque Personne de qualité , lesquels , pour se mettre bien en son
esprit, & acquerir ses bonnes graces, ou pour se venger
de leur ennemy, & établir leur fortune sur les ruines
de la sienne , luy supposeroient quelque crime particulier , ou d'Etat , ou de leze-Majesté , ou qu'il auroit
mal ménagé les affaires du Prince , & trahy ses inte-
rests, le peignant de noires couleurs , & enfin persua-
deroient à ce Roy, qu'il devroit perdre cét ingrat, &
perfide , s'il vouloit conserver sa personne; ainsi ils pouroient par leurs suppositions & artifices , l'obliger de
luy faire du mal, le disgracier , & mesme le faire mourir,
bien qu'il fût innocent , s'il estoit facile & complaisant;
mais s'il connoissoit leur artifice , & qu'il sçeût, qu'ils
en parlent par interest , & que c'est leur ennemy iuré ,
& que pour le perdre , ils veulent l'engager aveuglé-
ment à venger leurs passions secretes , il leur pouroit
dire, qu'il le faudroit entendre , avant que de le condamner, ou l'absoudre, & voir , s'il pouroit pas se iusti-
fier, ainsi il rendroit leurs effets vains , & inutiles.

Il en est de méme à l'égard des méchants Astres ,
qui nous pressent & nous incitent à faire du mal , supposez de Saturne , de Mars , & de Mercure , qui nous
tentent , & nous excitent à commettre des excez &
violences , & à faire quelque vol , car si nous faisions
reflection en ce temps-là , que nous y sommes poussez

par leurs méchantes influences qui dominent , nous ne
nous laisserions pas emporter à suivre aveuglement
leurs pernicieux desseins, qu'ils nous veulent obliger de
seconder , au contraire en ayant reconneu la'cause ,
nous en empêcherions les effects , & rendrions leurs
efforts inutiles , & nous nous mocquerions d'eux, &
pourions dire , ah ! Monsieur le perfide Saturne , ah !
Monsieur Mars le cruel , & sanguinaire , vous nous
voulez obliger à battre , tuer , & trahir nôtre amy, &
nôtre voisin , & nous servir de l'avantage, que nous
avons sur luy , portez ailleurs vos méchans conseils ,
vous qui ne respirez que le desordre, le sang & le carnage,
allez , nous ne vous en croirons pas , il y va de nôtre
honneur , de nôtre conscience , & même de nôtre vie, &
nous ne voulons pas acheter un repentir si cher.

Je considere Saturne & Mars , comme des pertur-
bateurs du repos public , & tellement acharnez , &
addonnez au carnage , & au sang, qu'ils semblent n'en
estre iamais satisfaits , ny rassasiez , quand ils y seroient
plongez iusques à la teste , il mé semble qu'ils ne sont
faits , que pour faire du mal , & qu'ils ne sont iamais
si contens , que lors qu'ils ont épuisé tout le sang de
nos veines , & que comme des Antropophages, ils ne
se soient fait faire des Hecatombes , ou sacrifices d'un
million de personnes ; de même qu'un Chasseur , n'est
iamais plus satisfait , que lors qu'il a tant tué , & pris
par ruse , de gibier , qu'il ne le peut remporter qu'avec
peine , à la maison de son Maistre , & se vantant de ses
proüesses , il dira , en monstrant chaque morceau, voila
une perdrix que i'ay tuée en volant , voila un lievre,
que i'ay tué en courant , & un autre , que i'ay pris au
giste , voicy une becace , que i'ay attrapée avec des
fillets , & ainsi des autres, & au contraire, s'il s'en revient au logis , sans avoir tué quelque chose , il est
triste

triste, & fâché, & se plaindra de son infortune , & mettra ce iour-là, au nombre des malheureux ; c'est la méme chose d'un General d'armée, qui a remporté de grandes , & signalées victoires sur ses ennemis, & qui en a tué, & blessé plusieurs, & qui est chargé de leurs dépouilles, car en ce temps-là, il est au comble de ses souhaits , & a rempli toutes ses esperances, il triomphe de ioye, & insulte aux vaincus, & ne pense qu'à goûter les fruits de sa victoire, & à se saoûler de l'honneur de ses triomphes, & se repaistre de l'esperance , d'en estre avantageusement recompensé;& au contraire s'il a esté battu à plate coûture, & qu'il ait perdu la bataille, sans avoir fait quelques belles, c'est à dire, quelques sanglantes actions, il en enrage en son cœur, & creve de dépit, & ne cherche que les occasions de reparer sa honte, & rétablir sa reputation.

C'est la méme chose de Saturne , & de Mars, & méme quelques-fois de Mercure ; qui ne recherchent, que les occasions de faire du mal, tuer, assasiner & voler, causer les fievres , esquinancie, appoplexie , & autres sortes de maladies, & si on les évite, & qu'on en échappe quelques-fois, il semble qu'ils redoublent leurs forces , & leur malignité , pour mieux faire reüssir leur pernicieux desseins ; ie mets icy, comme i'ay fait cy-devant, Mercure au mesme rang de Saturne & Mars, estant quelques-fois presque aussi méchant qu'eux, & specialement quand il leur est associé , ou à quelque autre mauvais Astre, ou constellation, ou qu'il y a quelque cause, soit generale, ou particuliere, qui concourt avec luy ; par exemple , dans les combats , & inondations, qui durent plusieurs heures, & dans les executions à mort, qui se font de quelques personnes qui ont esté condamnez , & dont l'heure de leur execution, est reglée par leur sentence ou arrest,

G g

car si Mercure domine en ce temps-là , il y aura quantité de personnes qui seront tuez , ou noyez , & ces
condamnez à mort , y pouront estre executez , & méme il se peut faire , que les mesmes choses arriveront
pendant la domination des autres bonnes Planetes ,
à raison de cette cause generale ou particuliere , qui peut
predominer , & de l'inclination de celuy qui la regle.

Par exemple , un General d'armée aura donné au
pillage une ville , qu'il aura prise pendant que Mars
dominoit , neantmoins lors que le Soleil & Venus dominent , il sera prié de faire cesser ce pillage , à quoy
obtemperant , il faira deffenses de piller davantage , sur
peine de la vie , neantmoins quelque soldat continüera de
piller , pendant la domination de Mercure qui l'incite
de voler , & le trouvant sur le fait , il le tüera , ou le faira
pendre à la mesme heure ; il peut arriver la méme
chose en plusieurs autres occasions , que ie pourois ra-
porter , dont l'execution ne depend que d'un seul homme , lequel s'il est naturellement cruel , il peut faire
ressentir les effets de sa cruauté , & de sa méchante
humeur à quelque heure que ce puisse estre ; mais cela
n'empesche pas , ce que nous avons dit de la domination particuliere des Planetes , qui nous incitent à faire
plusieurs sortes de méchantes actions , & nous causent
diverses maladies.

On les poura pourtant empécher quelques-fois , si on
pratique ce que nous avons dit cy-devant , & specialemét
en s'abstenant de boire & manger , & de prendre des remedes , sous leur domination , du moins quand on est malade ou mal disposé , ainsi que nous avons dit ; il faut
bannir la melancholie , & le chagrin , comme estant de
méchants metz , & d'une rude digestion ; & pour cét
effet , il faut se rire de tout , comme faisoit Democrite ,
& ne se point affliger , pour quelque chose , qui puisse

ſurvenir , car où il y a du remede , ou bien il n'y en
a aucun , s'il y en a , il le faut prendre , & s'il n'y en
a pas , c'eſt une choſe inutile de s'en attriſter.

On peut encore empécher les maux , que les Aſtres
peuvent cauſer , ſi on choiſit un bon air , pour habiter,
eſtant conſtant , que ſi on demeure dans un lieu,
où l'air eſt corrompu , ſoit à cauſe des vapeurs , ou
de quelque autre choſe , on s'y porte bien plus mal,
ſpecialement quand on n'y eſt pas habitué , que dans
un autre lieu , où l'air eſt bon , ſerain , & ſalutaire.

Et afin de ſe ſervir de ce que nous avons dit , pour
connoiſtre la domination des Planetes , & le théme,
ou état des Cieux , & des Aſtres , & autres choſes , qui
concernent ce ſujet , ie voudrois faire une horloge , ou
quelque machine de bois , ou de quelque metail , ou
de carte , qui repreſenteroit toutes ces choſes , & les
fairoit mouvoir , comme elles font au Ciel.

Et pour cét effet , mettre premierement dans le
plus grand cercle immobile , les 24. heures du iour,
de douze en 12. en telle ſorte , qu'un de ces 12. ſeroit
en haut , pour marquer midy , & l'autre en bas pour
marquer minuit , & un des 6. pour marquer l'Orient,
repondroit vis à vis de la main gauche , & l'autre au
coſté oppoſé , marqueroit l'Occident.

Dans l'autre cercle plus petit , & qui ſeroit neantmoins bien large , & mobile , y marquer les 12. mois,
& les 365. iours de l'année , avec leurs lettres domini-
cales , & les 12. ſignes du Zodiaque , & leurs degrez.

Enſuite faire ſept plus petits cercles , les uns dans les
autres , & y mettre les ſept Planetes ♄ , ♃ , ♂ , ☉ , ☿,
♀ & la ☽ , décrites par leurs caracteres , & les marques
de leurs aſpects , ſuivant le ſyſteme de Ptolomée , comme plus aiſé , quoy qu'on le pouroit faire , ſuivant celuy de Tico , ou meſme de Copernic , & pour le mieux,

il faudroit faire en sorte que le cercle du Soleil, fût plus large à l'endroit, où il seroit depeint, que par le costé opposé, diminuant peu à peu, afin que la Lune estant proche, & iointe au Soleil, elle ne paroistroit point du tout, & luy estant opposée on la verroit toute, & dans cette largeur du cercle du Soleil, on y fairoit deux ouvertures, ou fenestres, & dans la plus grande, & la plus proche du Soleil, on y mettroit Venus avec sa portion de cercle, en telle sorte que cette Planete, ne s'éloigneroit du Soleil, que de 49. degrez, ou environ, tant d'un costé, que de l'autre, & dans la plus petite, & la plus éloignée du Soleil, on y mettroit Mercure, avec portion de son cercle, qui ne s'en eloigneroit aussi, que d'environ vingt-sept degrez.

On metroit au milieu, & au centre de cette montre ou machine, le Globe terrestre, soit en relief, ou en plan, où l'on marqueroit s'il se pouvoit faire, les terres, & les mers de nôtre hemisphere, & entre ce globe & le ciel, ou cercle de la Lune, on y pouroit depeindre l'element de l'air, & méme celuy du feu, pour donner quelque chose aux Philosophes, qui l'admettent,

Il faudroit aussi mettre une aiguille, qui passât au travers du corps du Soleil, & que le Soleil allât sur chaque iour de l'année, & sur les degrez des signes, cóme il fait au Ciel.

Si on vouloit aussi, on y depeindroit les 12. Maisons du Ciel, auprés, ou dans le cercle des heures, chacune de sa couleur ; sçavoir, la premiere qui est celle de la vie, à la quelle on donne une couleur blanche ; la seconde des biens, de couleur de saffran ; la troisiéme des freres, de miel ; la quatriéme des peres, verte ; la cinquiéme des enfans, de saffran ; la sixiéme de servitude, de miel ; la septiéme du mariage, blanche ; la huitiéme de la mort, rouge ; la neufiéme de la Religion, noire ; la dixieme de l'honneur, verte ; l'onziéme d'amis, rouge, & la douziéme d'ennemis, noire.

Il faudroit encor y mettre plusieurs autres cercles, qui ne paroîtroient que par un trou, au deſſous, ou au deſſus des heures, un deſquels y repreſenteroit l'année, l'épacte, le nombre d'or, le cycle ſolaire, l'indiction romaine, & la lettre Dominicale; un autre, le mois; un autre le iour, & enfin un autre cercle marqueroit la Planete dominante : ainſi on verroit tout à la fois, toutes les merveilles des Cieux, & les veritables ſituations des Aſtres.

Mais d'autant qu'il y auroit trop de mouvemens, pour faire aller toutes ces choſes reglement, par une ſeule machine, on pouroit en obmettre, ce qu'on voudroit, & même retrancher les cinq Planetes, & y laiſſer ſeulement le Soleil, & la Lune ; & quand on voudroit faire quelque obſervation d'une nativité , & en tirer l'horoſcope, on auroit recours à une autre montre, ou machine de metail, de bois ou de carte, qu'on dreſſeroit, & qu'on accommoderoit au temps propoſé, pour le bien obſerver , & en tirer des inductions.

Et d'autant que cette machine, eſt trop grande, pour la decrire en ce livre, ie n'en feray pas la demonſtration par des figures, & me contenteray d'en mettre quelques-unes de ſes parties, dans le couvercle, avec quelques cadrans , & autres deſſeins.

Article XIX.

Des vtilitez , qui procedent de la connoiſſance de la domination des Planetes.

EN outre les utilitez qu'on peut tirer, de ce que nous avons cy-devant rapporté des Cieux, des Planetes, & autres Aſtres, i'en propoſeray encor plus particulierement quelques unes, pour finir cette matiere;

sçavoir, que si on veut obtenir quelque grace d'un Roy,
d'un Prince, ou de quelque grand Seigneur, il faut
prendre son temps, & chercher quelque occasion pro-
pice, pour la demander, & specialement pendant la
domination particuliere de Jupiter, ou du Soleil, &
de Venus, ou de la Lune, estant constant, qu'on est alors
naturellement mieux disposé, à faire du bien, que si
les méchantes Planetes, & specialement Saturne, &
Mars dominoient, (pour Mercure, il est quelquesfois
de bonne, & d'autres-fois de mauvaise humeur) auquel
temps on est souvent accablé de chagrin, & de melancolie, & on a un penchant à faire du mal, quand on n'y
seroit pas naturellement enclin.

Si on est accusé d'un crime, & qu'on puisse avancer,
& retarder le iugement, iusqu'à ce que les mechantes
Planetes ayent cessé leur domination, & que les bonnes
dominent, il faut tâcher de le faire, faisant naistre, ou
finir quelque incident.

Il resulte encor un autre grand âvantage, de cette
science des Astres, & specialement de la connoissance
de la domination particuliere des Planetes, si on la reduit en pratique, en ce que dans nos œuvres, & principales actions, ou des autres personnes, & mesme souvent dans nos pensées, faisant reflection sur l'Astre qui
domine, & poussée de les faire, nous éleverons nos
yeux au Ciel, ce qui nous donnera occasion de benir
Dieu dans ses creatures, & d'admirer les merveilles de
ses mains, dans ses plus beaux & plus parfaits ouvrages, en attendant, qu'il nous face la grace de nous
donner son Paradis, où nous les connoistrons mieux,
& luy, que nous ne faisons. *Ainsi soit-il.*

TRAITÉ
DES INFLVENCES.
II. PARTIE.

DES INFLVENCES DES E'TRES
Terrestres, & specialement de l'Aimant, & de l'inclination des Arbres, vers les Metaux, Mineraux, & les Eaux.

Trahit sua quemque voluptas.

CHAPITRE PREMIER
DE L'AIMANT.
ARTICLE I.
De la Vertu Magnetique.

N OVS avons parlé dans la premiere partie de ce Traité, des Influences, & vertus secretes des Cieux & des Astres en general, & de la domination alternative des sept Planetes, & dans cette seconde Partie, nous allons parler des Influences des Estres terrestres, par le moyen desquelles, ils produisent de differens effets, partageant ainsi le Ciel, & la terre, comme le Poëte latin disoit, qu'ils avoient esté divisez entre Iupiter & Cesar.

Divisum Imperium cum Ioue Cæsar habet.

Et comme il y a quelques Estres, qui ont des influences plus grandes, & qui se font mieux connoistre par leurs effets, que les autres, ie m'attacheray à les traiter particulierement, & entr'autres cette surprenante vertu magnetique, & l'inclination des arbres, vers les metaux, mineraux, & les eaux.

On appelle Vertu Magnetique, une certaine influence, ou puissance, ou vertu secrete, que l'Aimant a, par le moyen de la quelle, il tire à soy le fer, & l'acier, & se tourne vers les Poles du monde, ou pour parler plus positivement, vers ceux de la terre, comme les experiences faites en ce siecle, le demontrent, & donne au fer cette mesme qualité, quand il le touche.

Et avant que d'entrer en matiere, il est à propos de parler, & de rapporter quelques sentimens de plusieurs de nos Autheurs, sur l'Aimant, & dont la plus part se font plus appliquez à en décrire, & admirer les effets que d'en chercher, ou en donner la cause, quelques uns l'ayant estimée tellement cachée dans l'obscurité, qu'elle n'en devoit iamais sortir, entr'autres du Bartas.

Mais Lucrece, dis-moy, quelle vertu cachée,
Tourne toûjours vers l'Ourse une aiguille touchée,
De l'Aimant tire-fer, vrayement si tu le peux,
D'un laurier toûjours verd, ie ceindray tes cheveux,
Te confessant plus docte aux secrets de nature,
Et que son Empedocle, & que son Epicure.

Le P. Caussin dans sa Cour Sainte, parle de trois, ou quatre effets, qu'il croit devoir toûjours estre ensevelis dans les tenebres de l'ignorance, dont l'un est, sans parler icy des autres, une espece d'Aimant, qui d'un de ses bouts tire le fer, & le repousse de l'autre.

l'Autheur des Recreations Mathematiques, à cette

observation,

observation , en adjoûte d'autres de pareille nature ;
sçavoir , pourquoy l'Aimant a deux poles qui sont opposez , où toute sa vertu , & sa puissance repose ? Pourquoy une aiguille de fer , ou d'acier , estant touchée
de l'Aimant , fait le méme effet , & se tourne comme
luy , vers les Poles du monde ? Pourquoy une aiguille de
fer , ou d'acier soûtenuë de deux pivots , montre par
son inclination , ou abbaissement l'elevation du Pole le
plus proche ? Disant qu'on le dise , si on peut , & que
pour luy , il advoüe ingenüement , qu'il n'en sçait rien ;
& croit qu'on ne peut apporter d'autre raison , pourquoy l'Aimant attire le fer , que la cymparie , qui est
entr' eux ; Mais alleguer seulement cette cymparie ,
c'est à mon âvis ne rien dire.

Henrion dans l'examen de ce livre , dit avoir veu à
Amsterdam une Pierre d'Aimant , laquelle estant armée ,
élevoit huit fois plus pesant de fer , que quand elle
ne l'estoit pas.

Le P. Fournier admire les diverses experiences des
effets de l'Aimant , sans en rapporter une seule raison ,
Guillaume Gilbert , qui a decouvert , que l'Aimant se
tournoit vers les Poles de la terre , fait la méme chose ,
ainsi que plusieurs autres, qui parlent de cette matiere.

l'Autheur du livre du Theatre , ou des Estats du monde , ayant étably l'immobilité de la terre , par plusieurs
raisons , demeure neantmoins en suspens , à cause de
l'experience , qu'il dit avoir esté faite , par Pierre Pele-
rin , de ce qu'une Pierre d'Aimant taillée en globe , &
soûtenuë sur ses poles , répondant à ceux du monde ,
tourne un tour en un iour , ou 24. heures.

Le P. Grand-amy au contraire , prouve l'immobilité
de la terre , par la vertu magnetique , qu'elle a , ap-
pellant la terre , un gand Aimant , ou corps magnetique ,
& l'Aimant une petite terre , remarquant , que le globe

H h

terreſtre fait les mémes effets, que l'Aimant, attirant
comme luy le fer, & luy communiquant auſſi la vertu
de ſe tourner vers les Poles, & que l'Aimant a des
parties ſemblables à la terre, ſçauoir deux poles, l'O-
rient & l'Occident, & autres choſes, dont il fait un
long Traité, que ie ne raporteray pas icy; ie ne puis pourtant paſſer ſous ſilence, une agreable obſervation, qu'il
fait, ſçavoir que les deux poles de l'Aimant, & des
aiguilles Aimantées, partagent en deux, l'un & l'autre
hemiſphere, vers les deux poles du monde, en ſorte
que l'un de ces poles, qui regarde icy le Septentrion,
eſtant paſſé la Ligne Equinoxiale, ſe tourne vers le Pole
Antartique, & par conſequent l'autre ſe tourne auſſi.

M. des Cartes, & ceux de ſa ſuite, ne demeurent pas
d'accord de cette experience, quoy qu'elle ſoit conſtan-
te, à cauſe qu'elle eſt contraire à ſon opinion, diſant
que l'Aimant ſe tourne vers les Poles, à cauſe qu'il
vient de ces endroits-là, en tournoyant, de petites
parties d'une matiere ſubtile d'un premier élement,
qu'il ſuppoſe, & qu'il dit eſtre canelées, & faites en
façon de vis, leſquelles entrant dans les pores de l'Aimant, qui ſont auſſi en contour, le font ſe tourner vers
le lieu, d'où elles viennent, comme fairoit une vis,
qui entreroit dans une écroüe, diſant *tanquam ex tri-*
pode, que celles qui viennent d'un des Poles, ſuppoſez
l'Arctique, ſont tournées, & vont d'un ſens contraire,
à celles qui viennent de l'autre Pole; & les unes, &
les autres trouvant, des poles dans l'Aimant, où elles
s'inſinüent, l'Aimant à ce qu'il dit, ayant des pores ainſi
tournez, les uns d'un coſté, & les autres de l'autre,
cela eſt cauſe qu'ils le font tourner, il admet auſſi de
pareils pores dans le fer, & l'acier, où il ſuppoſe, qu'il
y a des pointes qui repouſſent ces parties canelées,
quand elles veulent y entrer à contre-ſens; & M. Rohault

qui suit son opinion , & qui iure sur ses paroles , les
croyant comme des Oracles , encherit sur sa pensée , &
adjoûte qu'il y a de petits poils , dans les pores du fer ,
qui se herissent , & boûchent le passage , à ces petites
matieres subtiles , quand elles veulent entrer dans les
pores , qui ne sont point faits , pour les recevoir ; &
pour appuyer leur opinion , ils disent qu'il n'y a point
de pores semblables dans l'or , l'argent , & autres metaux , & établissent ainsi tout le mystere de l'Aimant ,
& du fer , ou acier , qui n'est qu'un fer epuré , & de
la vertu magnetique , sur un fondement chymerique
d'une doctrine torte , & contournée , ou plûtost con-
trouvée , & faite à plaisir.

Et d'effet n'est-ce pas là une pure réverie, & une vraye
chymere, s'il en fût iamais de veritable , & les Cartes ,
ny ceux de sa suite , quoy qu'ils broüillent les cartes ,
tant qu'ils voudront , ne pouront iamais accorder leur
opinion , avec les effets des aiguilles & de l'Aimant , &
principalement à cette experience , dont nous venons
de parler , qui est tres-certaine , car non seulement ,
ils changent leurs poles , & se tournent d'une autre façon, en passant la Ligne æquinoxiale, mais même y estant,
ils sont dans l'incertitude , de quel costé ils doivent se
tourner , & ne font que vaciller , comme ceux qui y
ont esté sous cette ligne , l'ont observé , & voyent bien
quand ils en approchent , leurs aiguilles , ou boussoles,
estant alors folles , comme ils le disent , se tournant à
l'adventure , & ne font que badiner.

Et pour forcer cette experience, il faudroit retordre ,
& retourner leurs parties canelées , & en faire comme
fait un Potier , de la matiere de ses pots.

A dire le vray , cette doctrine ainsi torte & retorte ,
ne peut entrer en ma pensée , à cause peut-estre , que ses
avenües en sont droites, & non obliques, & contournées.

M. Gaſſand ayant obſervé, que la variation de l'Ai-mant augmente, & diminüe de temps en temps, de-meure d'accord, qu'il y a quelque choſe dans ce myſtere, qui ne luy eſtoit pas conneu, & qu'il ne pouvoit pas expliquer.

Je ne puis paſſer ſous ſilence, que deux Autheurs, qui ont traité de cette matiere, rapportent vingt para-doxes, ou environ, des effets de l'Aimant d'une mé-me maniere, les ayant décrites en de ſemblables termes, ce que ie crois qu'ils ont fait ainſi, à cauſe qu'eſtant d'une meſme Societé, ou Compagnie, tout leur doit eſtre commun, de ſorte qu'il leur eſt permis de ſe ſervir des paroles, & meſme des penſées, les uns des autres, bien que cela ſoit deffendu à d'autres, ſous peine de paſſer pour plagiaires, qui eſt un crime aux Ecrivains.

De ſorte que voyant que cette matiere de l'Aimant, eſtoit encor auſſi obſcure, qu'elle eſt admirable, i'ay fait deſſein de l'éclarcir, ainſi que pluſieurs autres choſes, qui n'eſtoient pas conneües, & ie ſeray ravi, ſi ie puis apporter quelque lumiere, à de ſi grandes tenebres.

Et pour garder quelque ordre, en une matiere ſi confuſe, ie commenceray par ſa naiſſance, & la ſui-vray iuſques à ſa fin, en faiſant obſerver l'Aimant & ſa vertu dans ſa naiſſance, ſa vie, ſon mouvement, ſon repos, ſes maladies, ſa mort, & ſa reſurrection, afin que par tous ſes differens effets, nous en puiſſions connoiſtre la nature

ARTICLE II.

De la Naiſſance de l'Aimant.

TOus nos Autheurs diſent, que l'Aimant naiſt, & eſt formé dans les mines de fer, le meilleur dans les plus pures, & le moindre, dans celles qui ne ſont pas si bonnes ; à la reserve de Campanella, qui dit, qu'il est fait entre le marbre, & le fer, ce qu'il devine, aussi bien que ce qu'il avoit dit de l'Aimant, avant que d'avoir veu les experiences faites par Gillbert, comme il en demeure d'accord, ayant dit qu'il se tournoit vers l'étoille Polaire, & que sa variation procedoit d'une Jsle, qu'il disoit estre vers l'Orient, qui avoit une grande Vertu Magnetique, & bien qu'il ait changé de sentiment, pour se rendre aux experiences de ce mésme Gilbert, il ne retracte pourtant point son opinion, qu'il avoit établie de la nativité de l'Aimant, & ne change point son berceau, pour ainsi dire, qu'il luy avoit fait de marbre, d'un costé, & de fer, de l'autre, n'en parlant plus ny en bien, ny en mal.

La cause efficiente de l'Aimant est Mars, ainsi que du fer, la materielle est la terre, & la finale est sa vertu directive, qui le tourne vers les Poles du monde ; & pour faire mieux comprendre ces causes, il les faut examiner les unes aprés les autres.

Je dis donc, que Mars forme le fer, & l'Aimant dans le sein de la terre, par ses Jnfluences generales, (ie dis ses Jnfluences, sans déroger à ce que i'ay dit plusieurs fois, que le Soleil, est le principe des influences des Astres, & que les Etoilles les reçoivent, & les renvoient vers ce Globe terrestre, & leur communiquent leur vertu, mais pour éviter ce grand détour, ie parle icy, & pouray parler ailleurs, comme si les Planetes, & autres Astres avoient des influences d'eux mesmes) lesquelles estant receües, & renvoyées par les Poles des Cieux, comme par de grands miroirs ardens concaves, vers la terre, elles s'insinüent dedans, & mesme passent au travers par les veines, que Dieu y a fait, lors de sa formation, & y produisent les mines de fer, & font dans quelques unes des Pierres d'Aimant.

Mais pour mieux faire comprendre ces veritez, il
les faut examiner & prouver feparément, & pour cét
effet, ie dis, que Mars produit le fer, & l'Aimant,
& afin de le prouver, s'il eſtoit neceſſaire, ie dis que
tous les Philoſophes demeurent d'accord, que Mars produit le fer par ſes influences generales, ou vertus ſecre-
tes, & occultes, & les Chymiſtes appellent le fer, de
ſon nom, & comme l'Aimant eſt engendré dans les
mines de fer, & que l'un & l'autre, ont les mémes
qualitez, ou proprietez, ſçavoir de ſe tourner vers
les Poles du monde, & s'entr'attirer, & ſe communiquer, & accroiſtre naturellement leurs forces, il eſt
ayſé de voir, qu'ils ſont produits d'une méme cauſe,
& qu'ils ſont freres, & amis.

Et non ſeulement Mars, par ſes influences engendre
le fer, & l'Aimant en la terre, mais auſſi le Soleil y
produit l'or; Saturne, le plomb; Jupiter l'eſtain; Venus, le cuivre; Mercure le vif-argent; & la Lune,
l'argent, au ſentiment unanime des Philoſophes, &
les Chimiſtes appellent ces metaux, du nom des Planetes qui les forment.

Or que Mars produiſe le fer, & l'Aimant, par ſes influences, que les Poles des Cieux renvoyent, & refle-
chiſſent vers, & dans la terre, cela ſe peut preſumer,
& prouver par les effets du fer, & de l'Aimant, qui ſe
plaiſent à ſe tourner vers les Poles de la terre, pour
en recevoir les influences qui leur ſont propres, &
utiles, & qui leur ſont naturelles, ayant eſté produits
par de ſemblables influences; quelque choſe qu'on
face, ou qu'on puiſſe faire, pour changer la nature,
& alterer l'eſſence des choſes, elle tâche neantmoins
toûiours de revenir à ſon premier principe, comme à
ſon centre; par exemple, bien qu'on face boüillir, ou

glacer l'eau, elle s'efforce de revenir, & revient effectivement à sa premiere nature ; & il y a des plantes,
& des arbres qui s'allient à d'autres, toûjours d'une
mesme façon, en telle sorte que si on les detourne, &
qu'on les mette dans une situation contraire, elles y
reviennent aussi-tost, qu'elles auront recouvert leur liberté naturelle, comme il se voit dans les féves, qu'on
appelle des haricots, & dans le chevrefain ; & même
les autres arbres, ont une inclination, qui est née
avec elles, d'estre replantées dans le mesme estat, où
elles ont creu, & si on fait autrement, elles ne viennent
pas pas si bien, & ne font pas si bonne fin, que si
on les replantoit dans la mesme situation, où
elles estoient, avant que d'estre arrachées ; sçavoir, que
la partie, qui estoit exposée à midy, fût aussi remise à
midy, & ainsi des autres, ce qui est aisé de voir par
experience, & à quoy on devroit bien plus prendre garde,
qu'on ne fait ; & la raison est, que les arbres ont leurs
costez disposez, à recevoir les influences du Soleil,
& des Cieux, les uns d'une façon, & les autres de
l'autre, comme nous dirons cy-apres de l'Aimant, &
d'effet la partie des arbres qui est née, & qui a creu
devers le Midy, est plus dilatée, & a les pores plus ouverts, à cause de la chaleur du Soleil, que celle qui
regardoit le Septentrion, la quelle est plus serrée, &
plus dense, à cause du froid, qui vient de ce costé-là,
comme on peut voir, si on couppe une ieune arbre, car
la partie qui est vers le midy, est plus étendüe depuis sa moüelle, que celle qui est opposée, ainsi re-
plantant quelque arbre d'une façon contraire à celle,
qui luy estoit naturelle, elle est contrainte & gesnée,
& mesme que si sa partie, qui est plus dilatée, & vers
le midy, est mise d'un sens contraire, il arrive que le
froid, qui vient du Septentrion, qui luy est nuisible,

y entre davantage, qu'il n'eût fait, & l'incommode,
& luy fait de la peine.

Il en est donc de mesme de l'Aimant, qui se tournant naturellement vers les Poles du monde, fait presumer, que les influences de Mars, qui l'ont produit
viennent de ce costé-là, & qu'il tend naturellement vers
les Poles, pour les recevoir, comme estant bonnes, &
salutaires, & propres pour sa conservation, toutes choses aimant naturellement, ce qui leur est propre, &
haïssant ce qui leur est nuisible, ce qui a fait dire, que
chaque estre se porte, où son inclination le traisne, &
le conduit.

Trahit sua quemque voluptas.

Que les influences de Mars soient renvoyées par les
Poles des Cieux, comme par des miroirs ardents concaves, vers la terre, pour former en son sein, le fer
& l'Aimant; cela se doit presumer, de ce que le fer
estant le plus froid de tous les metaux, au sentiment de
tous les Philosophes, mesme de M. des Cartes, il doit
estre formé, par les influences les plus froides; &
comme celles, qui viennent des Poles, sont plus froides,
que celles qui viennent d'un autre endroit du Ciel, à
cause que le Soleil n'y a pas tant de chaleur, ny de
vertu, il est à croire que le fer, & l'Aimant sont
produits des influences qui en viennent, estant constant
qu'il y a bien plus de mines de fer, dans les pays qui
sont vers les Poles, que dans ceux qui sont dans, ou
proche de la Zone Torride, & où il se trouve bien plus
de mines d'or & d'argent, qu'ailleurs.

Que l'Aimant soit produit dans les veines de la terre,
qui marquent l'elevation du Pole, qui se remarquent
dans les carieres, qui sont coupées, ou escarpées vers
l'Orient ou l'Occident, comme nous avons dit, cela doit
aussi se presumer, de ce qu'il y a ordinairement deux

poles

poles dans l'Aimant, l'un desquels se tourne vers un des Poles du monde, & l'autre vers l'autre, pour en recevoir les mêmes influences, dont il a esté formé.

Ie dis ordinairement, car il y a des Pierres d'Aimant, qui ont trois, & d'autres, qui ont quatre poles, à cause peut-estre que ces veines estoient fourchées, ou bien assemblées dans le lieu, où ont esté produits ces sortes d'Aimants.

Non seulement l'Aimant, & les aiguilles, qui en sont touchées, ont une inclination de se tourner vers les Poles du monde, mais il me semble, qu'ils en ont aussi une particuliere de s'incliner d'un bout vers la terre, comme à leur centre, & s'élever perpendiculairement sur elle, comme nous dirons cy-aprés, en parlant du repos de l'Aimant.

Et d'effet, la terre estant la cause materielle de l'Aimant, qui le forme, lors que la matiere y est disposée, & le couve en son sein, comme une bonne mere, contribuë beaucoup à sa formation, & on peut dire, que si Mars est le pere de l'Aimant, par sa vertu feconde, la terre est sa mere, par sa substance vivifiante; si Mars le produit, la terre le noûrit, & l'entretient; & nous voyons une si grande amitié, tendresse, & alliance, entre la terre, & l'Aimant, son fils bien-aymé, qu'elle ne l'enfante qu'avec peine, & avec douleur, & qu'elle le rappelle vers elle, & se plaist à le baiser; & cet enfant bien né se plaist aussi de retourner à sa bonne mere, où il reprend de nouvelles forces, comme faisoit autre-fois ce fameux Antée, qui estoit un de ses freres, & fils de la terre, en combattant contre Hercules, car il se fortifioit par sa cheute, lors qu'il touchoit sa mere, & iamais ce grand Vainqueur de monstres, n'en fût venu à bout, s'il ne l'avoit élevé en l'air, & arraché de la terre pour l'étouffer.

Et deffet il est de l'Aimant, & de la terre, comme des meres, & de leurs petits enfans, car il se voit ordinairement,
que les meres ont plus d'amitié envers leurs enfans, &
cette affection est reciproque, que les peres, & ces
mesmes enfans, n'en ont, les uns pour les autres, l'amour
se payant par amour ; & la raison qu'on en rapporte,
est que les meres sçavent bien asseurément, que leurs
enfans sont effectivement les leurs, & les peres en dou-
tent, & ne le sçavent que par conjecture, il en peut
estre de mesme à l'égard de la terre, & de l'Aimant,
car elle est bien asseurée qu'elle l'a produit, & engendré
dans son sein, & il le sçait bien aussi, mais Mars en peut
douter, & n'en sçait peut-estre rien ; méme comme le
voisinage fait souvent naistre, & entretient l'amitié, &
l'amour, la terre & l'Aimant, estans plus proches l'un
de l'autre, que Mars & l'Aimant, il se peut faire qu'en
cette consideration, ils ont plus d'amitié l'un pour l'autre, & se communiquent mieux, & reçoivent plus aisement leurs influences, que ne font pas Mars, & ce
méme Aimant ; ainsi l'Aimant aime mieux les influences,
qui viennent du sein de sa mere la terre, que celles qui
viennent directement de Mars son pere, & peut-
estre que s'il en estoit plus prés que de la terre, il s'y
attacheroit mieux, qu'à elle, ie dis peut-estre, car ie n'en
sçais rien, si quelqu'un vouloit luy en porter une
Pierre, il pouroit à son retour, nous en dire des nouvelles certaines.

Mais sans aller si loin, il est constant, que plus une
Pierre d'Aimant est élevée sur la terre, & plus sa vertu
diminuë, comme nous dirons cy-aprés, mais cela
n'empesche pas que Mars ne forme l'Aimant, par ses
influences, ainsi que le fer, leur ame, pour ainsi dire,
estant rouge, & sanglante, comme nous le dirons aussi,
Mars produisant toutes les couleurs rouges, ainsi que

nous l'avons defia dit cy-devant.

Mais qu'eft la caufe finale de l'Aimant, & à quelle fin Dieu l'a-t'il produit au monde ? Je réponds, que c'eft pour nous montrer le Pole, comme fa plus eminente qualité nous le fait prefumer, pour en tirer mille & mille belles utilitez, tant par luy directement, que par les aiguilles aimantées, qu'on appelle ordinairement des bouffoles, qui fe tournent auffi vers les Poles, comme il fe peut voir dans du Barras, dont i'ay raporté les vers dans le Traité du Bafton Vniverfel, qui prefere l'ufage de ces aiguilles, au bled, & au vin.

On pouroit encor adjoûter d'autres utilitez, & fpecialement celles des Cadrans portatifs, qu'on fait par le moyen de ces aiguilles, & que nous pouvons encor en recevoir la connoiffance des quatre principales parties du monde, l'Aimant, & les aiguilles nous montrant, non feulement les deux Poles, par leurs bouts, ou leurs poles, mais auffi l'Orient, & l'Occident, & tous les 32. rombs de vents ; & autres chofes, qui peuvent fervir à la Philofophie, & à la Medecine, nos Medecins en faifant de bons remedes, pour guerir plufieurs fortes de maladies.

Du Barras dit que Flave Melphitain a inventé les aiguilles Aimantées, mais ie ne fçais point le nom de celuy, qui a trouvé le premier, l'Aimant ; on dit que ç'a efté un Berger, lequel voulant ietter à fes brebis une Pierre d'Aimant, qui fe rencontra par hazard, avec fa houlette, qui eftoit de fer, elle y demeura attachée, & voyant cette nouveauté, il l'apporta en fon hameau, & la fit voir à fon Maitre, & à fes voifins, qui en admirerent l'effet, & les uns & les autres rechercherent d'autres femblables pierres, & ainfi peu à peu, on a découvert les differentes proprietez de l'Aimant, par les experiences, qui en ont efté faites, plûtoft que par raifon.

personne ne pouvant iuger , qu'une Pierre semblable,
peût produire des effets si merveilleux, qu'elle fait, si
on ne l'avoit veu par experience.

ARTICLE III.

De la Vie de l'Aimant.

LA vie estant, au sentiment des Philosophes , le
principe du mouvement , & du repos , de l'estre
où elle est , par soy-méme , & non par aucun accident , ou cause étrangere , on peut dire avec verité ,
que l'Aimant a une vie , puis qu'on y voit un principe,
ou cause interieure de mouvement, qui le porte, & le
fait se mouvoir vers les Poles de la terre , & du repos
qui l'y fait demeurer , quand il les a trouvez , s'il n'en
est retiré, & diverti par quelqu' autre cause.

l'Aimant a encore la vertu d'attirer le fer , & le retenir , & luy communiquer la puissance de se tourner
vers les Poles , & par un effet contraire , il en reçoit
de nouvelles forces , & les augmente.

Afin de prouver ces choses, ou plûtost , estant con-
stantes par experience , qui est la mere de la verité ,
pour en donner les raisons, il me semble estre necessaire
de les reprendre , & les examiner de plus loin , & dire
que plusieurs Philosophes estiment que tous les estres
ont de la vie , & entr'autres Campanella , qui en a
fait un Livre , *De sensu rerum* , & Cardan donne la
vie à tous les metaux , & le P. Kircher passe plus outre , & admet une vertu magnetique en toutes sortes
d'estres, à cause qu'il y a dans chaque chose une vertu
occulte & cachée , qui ressemble à celle de l'Aimant,
comme il l'observe dans un grand Livre qu'il a fait
du Magnestisme.

Je ne ferois pourtant pas de fon fentiment, & ne voudrois pas donner indifferemment cette vertu magnetique, à toutes fortes d'eftres, mais feulement à ceux, qui fe tournent vers les poles, & qui attirent le fer, qui eft feulement l'Aimant par eminence, & le fer ou acier (qui eft la même chofe, comme nous avons dit, l'acier n'eftant qu'un fer épuré, & preparé, ainfi quand ie parleray du fer en ce Chapitre, on doit auffi entendre l'acier, fans le repeter toûjours) auquel l'Aimant communique fa puiffance, & augmente fon inclination naturelle de fe tourner auffi vers les Poles, comme il fe voit dans les aiguilles aimantées, & d'attirer d'autre fer, ainfi qu'il fe voit dans un couteau, qui attire & foûtient une aiguille, ou épingle, ou quelque petit morceau de fer, quand il a efté touché d'une bonne pierre d'Aimant.

La terre a auffi cette vertu magnetique, comme il a efté obfervé en ce fiecle, par plufieurs experiences par ce même Gilbert, dont nous auons cy-devant parlé, ce qui luy donne occafion & à plufieurs autres apres luy, de dire, que c'eft un grand Aimant, & un corps magnetique, & que l'Aimant eft une petite terre, comme nous avons dit, fe voyant que l'Aimant, & les aiguilles fe tournent & s'inclinent, vers les Poles de la terre, & que l'Aimant, & le fer en reçoivent de nouvelles forces, & fpecialement le fer, car fi on forge quelque petite lame de fer, qui foit plus longue que large, & qu'on la face refroidir, l'ayant expofée fuivant fa longueur, un bout vers un des Poles du monde, & l'autre vers l'autre, elle acquiert la vertu de fe tourner vers les Poles, de la mefme façon qu'elle a efté mife d'abord ; on voit auffi que les pincettes, qui nous fervent à accommoder le feu, reçoivent de la terre, la vertu de fe tourner vers les Poles, le bout eftant vers la terre, recevant icy la puif-

fance de fe tourner vers le Nord, comme quelques-uns
de nos Autheurs l'ont décrit, & qu'on en peut faire
l'experience.

On peut auffi dire, que les Cieux ont une vertu magnetique, tant à caufe qu'ils produifent l'Aimant, & le
fer, par leurs influences, un eftre ne pouvant pas donner,
ce qu'il n'a pas, que par ce qu'ils fe dirigent, & tendent vers les Poles, comme on peut reconnoiftre, fi on
fait reflection, que les Cieux ne font pas en un mefme
eftat, qu'ils eftoient aux fiecles paffez, & fpecialement
au temps de Ptolomée, l'étoille Polaire eftant en ce
temps-là, bien plus eloignée du Pole arctique, quelle n'eft
pas aprefent, n'en eftant au iourd'huy diftante, que
d'environ deux degrez.

Cela ainfi établi, examinons plus exactement la vie
de l'Aimant, en attendant que nous parlions de fon
mouvement, & de fon repos, & pour cét effet ie dis,
que l'Aimant a de la vie ; & pour le prouver, ie peux
dire, que Dieu eft admirable dans fes œuvres, ayant
donné differentes fortes de puiffances, & de vertus aux
creatures, par des effets fubordonnez de fa divine providence, ayant monté de degré, en degré & d'ouvrage en
ouvrage, iufqu'a ce qu'il ait fait l'homme, le plus beau
chef-d'œuvre de fes mains, ayant donné la vie, comme nous avons dit, fuivant le fentiment de quelques
Philofophes, aux metaux, qui font produits dans le
fein de la terre, où ils s'augmentent, & fe perfection-
nent, & le mouvement à l'Aimant, quoy que ce ne foit
qu'une Pierre brute, mal polie, & fans aucun éclat;
l'accroiffement aux plantes & aux arbres ; & mefme il a
donné le fentiment à quelques unes, fçavoir à cette plante
qu'on appelle la fenfitive, qui fuit, & fe retire, quand
on la veut prendre, ou la toucher ; & au Borametz,
qui eft une plante, qui croift aux Indes, laquelle porte

un fruit au haut de sa tige, qui ressemble à un agneau, ayant quatre pieds, une teste, de la laine, & autres choses semblables à un mouton, & ce qui est admirable, il se repaist, pour ainsi dire, & se noûrit de l'herbe voisine, car si on la coupe, il flétrit, & meurt,

. . . . . . Et meurt le mesme iour,

Qu'on a coupé le foin, qui croisoit à lentour. *du Bartas.*

Il a donné une ame sensitive, en outre la vegetative, aux animaux, qu'on appelle irraisonnables, quoy que la plus part me semblent avoir de la raison, comme plusieurs Philosophes, qui sont de cette opinion-là, le soûtiennent, & en apportent plusieurs experiences, & observations qu'ils en ont faites, ayant observé, qu'ils ont de mesmes puissances, que les hommes, sçavoir un iugement ou raisonnement, une volonté, & une memoire, dont ils se servent naturellement, ou par artifice, estant capables d'apprendre, ce qu'on leur veut enseigner, & specialement les chiens, les chevaux, les ours, les lions, les elephans, & les singes, lesquels singes approchent bien de la figure des hommes, ne leur manquant presque que la parole.

Et enfin il a donné à l'homme une ame vegetative, sensitive, & raisonnable par excellence, & laquelle est encor plus belle, & plus forte dans les masles, que dans les femmes, & lesquels sont plus éclairez & mieux instruits en Europe, & pecialement en France, qu'ailleurs, en sorte que si les hommes se peuvent réjoüir, de ce que Dieu ne les ait pas fait des pierres, & autres estres insensibles, des arbres, & des brutes, ou animaux irraisonnables, mais bien des hommes intelligens, & capables de raisonner, nous devons le remercier, de ne nous avoir pas fait, des sauvages, des Barbares, des Antopophages, des Pignées, des Mores, ou autres sortes de gens, qui n'ont presque pas le sens commun;

& les mâles doivent le benir, de n'estre pas des femelles, la condition des uns, estant bien plus âvanta-
geuse, que celle des autres, *Gaudeant bene nati de
suâ bona fortunâ*, & principalement quand ils ont une
parfaite santé, & une bonne conformité de leurs membres, de mesme qu'un des Peres de l'Eglise loüoit Dieu,
de l'avoir fait un homme, & non une beste brute, un
masle, & non une femme, & un Chrestien, & non
pas un Payen.

Mais retournons à nôtre Aimant, pour dire qu'il vit
effectivement, & que ses mets sont les influences qu'il
reçoit, de diverses choses, & entr'autres celles qui
viennent de la terre, & specialement de ses Poles, de
la mesme façon que nous l'expliquerons cy-aprés; &
du fer, son frere & son intime amy.

On a observé aussi que l'écarlate, & le poivre, augmentent la force de l'Aimant, comme fait le fer, mais
personne n'en a donné la raison, quoy qu'on ait ac-
coutumé d'y mettre des pierres d'Aimant, ainsi que
dans de la limaille de fer, pour en augmenter la vertu,
& mesme pour la luy redonnner, s'il l'avoit perduë,
de quelque façon que ce puisse estre, à moins que ce
n'ait esté par le feu, car pour lors, il n'y a point de
remede.

Le P. Kircher dit que l'Aimant ayme l'écarlate, à
cause qu'estant le Roy des pierres, il se plaist d'estre
vestu d'un habit Royal, qui est une agreable pensée,
mais ce n'est pas une raison solide.

C'est pourquoy ie dis que l'Aimant ayme le fer, l'é-
carlate, & le poivre, & generalement toutes les fleurs
& fruits rouges, & rougeâtres, à cause qu'ils sont,
comme luy, produits par les influences de Mars, qui
les domine, & les produit, ainsi que nous avons dit, en
parlant de sa domination, tirant d'eux une substance, qui
luy est

luy est propre , & d'effet i'ay observé que l'Aimant ayme
aussi la graine de sufain & d'épinevinette , & les boutons
des églantiers , qui sont rouges , le sang , & le Cinabre,
ou Vermillon ; cette couleur rouge ayant quelque chose
de martial, sanguinaire , & cruel , d'où vient qu'elle
fait peur aux brutes , *Color rubeus pecus exasperat.* Et les
fleurs & fruits rouges , ont ordinairement les mesmes
qualitez , les uns que les autres , & entrent dans des
remedes , pour guérir les mesmes maladies ; par
exemple , le poivre , & la graine de sufain , sont bons
pour faire mourir les poux , le poivre & les boutons
d'églantiers sont bons contre le flux de sang , & ainsi
des autres : & si on dit , que le poivre n'est pas rouge ,
i'en conviens , mais aussi on demeure d'accord , qu'il
est rougeastre , & d'une couleur semblable au fer , &
à l'Aimant.

Il est vray de dire , que l'ame de l'aimant , & du fer,
est rouge , l'un & l'autre iettant une roüille de cette
couleur , & si on n'a soin de l'oster , l'un & l'autre
perd ses forces , & meurt pour ainsi dire.

Purpuream vomit ille animam , & cum sanguine mixtam

Et on peut dire que cette humeur rouge, est leur veritable sang , leur substance , & leur humide radical , qui
les fait vivre & se mouvoir, & quand ils l'ont perdüe ,
ils perissent , & n'ont plus de force , ny de pouvoir,
& ne sont que des masses , ou môles d'une matiere
corrompuë.

Le mesme P. Caussin dont nous avons cy-devant
parlé , rapporte au mesme lieu & entre les effets , dont
il croit qu'on doit toûjours ignorer la cause , une chose
qui confirme encore la verité de la proposition, que
i'ay avancée , sçavoir , ainsi qu'il dit , qu'il y a une fontaine dans l'Espagne , dont les eaux paroissent quelques-fois rouges , ou rougeastres , qui est alors un signe

de guerre en ce pays-là, si cela est veritable, ie crois
qu'il arrive, de ce que Mars, qui invite, & excite la
guerre par ses influences, comme nous avons dit, dominant alors en ce pays-là plus qu'à son ordinaire,
donne cette couleur rouge à cette eau, à cause que peut
estre elle passe par quelque mine de cynabre ou vermillon, ou de fer, dont en ce temps-là il augmente
l'éclat & la couleur, & comme cét Astre âgit puissamment en ces contrées, il excite les habitans à attaquer, ou se deffendre de leurs ennemis, ou à faire quelque sedition populaire, & quelque guerre civile.

On me peut objecter que si l'Aimant vit, il vit de
l'air, ce qu'il ne peut faire, l'air n'estant pas un aliment
propre pour entretenir sa vie, & augmenter ses forces.

Premierement, ie réponds, que les élemens,
sont ainsi appellez, comme si on disoit alimens, estant
constant que l'air est tellement necessaire aux animaux,
& l'eau aux poissons, qu'ils ne peuvent vivre, ny respirer sans eux, comme nous l'avons fait observer par
experience, dans la cause des Cometes, & quoy qu'il
reste encor de l'air & de l'eau, supposez en une bouteille ou ils sont enfermez, neantmoins leur plus nou-
rissante partie, estant consommée, le reste n'est plus
propre pour les faire vivre, comme il est aisé de voir
par experience, & specialement par celle qu'on y fait
d'une chandelle allumée, qui consomme cét air bien
plus viste, que ne font pas les animaux.

Et comme l'air est plein de vapeurs, & exhalaisons,
qui viennent de l'eau & de la terre, & d'un sel volatif,
il peut estre propre pour faire vivre une pierre, telle que
l'Aimant, s'insinüant dans les pores, de cette Pierre, lesquels estant tres petits, & presque insensibles, il faut
une matiere bien subtile, & pour ainsi dire, des meta
bien delicats pour y entrer,

Et non seulement l'air est propre , & necessaire pour faire vivre les animaux terrestres , de mesme que l'eau est propre aux poissons , mais aussi il est necessaire aux plantes & aux arbres , entrant dans leurs pores, qui sont comme autant de petites bouches qui le respirent , & le succent.

En second lieu , s'il y a des animaux , comme on dit , qui sont ou ressemblent à des hommes , qui n'ont point de bouches , & qui ne vivent que d'air , & d'odeurs , & que le Cameleon ne vit que d'air , & enfin si la ioubarbe , bien qu'arrachée & suspendüe en une chambre , vit neantmoins , & iette des tiges & des fueilles , comme si elle estoit plantée en terre ; on ne doit pas trouver étrange , si l'Aimant qui n'est qu'une pierre , se contente de l'air , pour sa nouriture.

On poura encor objecter , que si l'Aimant vivoit , & qu'il se nourît d'air , il prendroit , & rendroit cette nouriture , par deux endroits , & deux bouches contraires ; à quoy ie réponds premierement , qu'il n'y a aucun inconvenient , qui puisse l'empescher de le faire , plusieurs Plantes & arbres faisant la mesme chose , par exemple , si on met le haut d'une ronce dans l'eau , ou en terre , elle y prend racine , & mesme si on plante une branche d'une arbre , telle qu'elle puisse estre par les deux bouts , elle viendra mieux , & prendra racine davantage , que si on n'en picquoit qu'un en terre , qui est un bon secret , & que i'ay observé par experience.

En second lieu , nos bouches ne nous servent-elles pas à plusieurs usages , sçavoir à respirer & expirer , boire & manger , & vomir , & un Enfant estant dans le ventre de la mere , qu'on appelle Embrion , se nourit par le nombril , & respire par le nez & la bouche ; & nous prenons aussi quelques-fois des lavements nutritifs , ainsi en est-il de l'Aimant , qui mange , pour ainsi

dire, par ses poles, & rejette ses excremens aussi par
les mesmes poles, sçavoir par le pole qui regarde le
Nord, il prendra les influences qui en viennent qui sont
froides, & par l'autre pole qui regarde le Sud, il prendra celles qui viennent de ce costé-là, qui sont chaudes,
afin de conseruer par ce moyen, sa chaleur naturelle,
& son humide radical.

Que si on dit qu'il souffle donc ainsi le chaud & le
froid, par une mesme bouche, ie répondray qu'il ne le
fait pas, mais bien que la bouche qui souffle le chaud,
respire, & attire le froid, & que celle qui souffle le froid,
prend le chaud, ou pour mieux dire encore, ie dis que
l'Aimant a des poles ou mesme de petites veines, qui reçoivent les influences qui viennent du Pole arctique, qui
sont froides, & qui les rendent de l'autre bout, telles
qu'il les avoit prises, & qu'il y en a d'autres qui reçoivent les influences qui viennent du costé du Zud, qui
sont chaudes & les rendent aussi par l'autre pole, de
la mesme qualité, & telles qu'elles estoient.

Et comme cette opinion est nouvelle & qu'il n'y a
encor personne qui l'ait remarquée, & établie, il est
necessaire de la faire observer par experience & par
raison ; & pour cét effet, considerons une pierre d'Aimant, & ses poles, l'un qui se tourne vers le Nord, &
l'autre qui regarde le Sud, mettant un ces poles dans
de la limaille de fer, on verra qu'elle se tient, & pend
à l'Aimant, comme de la barbe, en sorte qu'elle s'en-
tre-tient, & s'attache toûjours de la méme façon à quelques endroits de l'Aimant & laisse des espaces vuides,
entre ces filets, ou poils de limaille,

Ce qui me fait dire que le pole qui regarde le Nord
tirant a soy par de certains pores qu'il a, les influences
qui viennent de ce costé-là, comme luy estant propres, & necessaires, comme nous avons dit, & trou-

vant en chemin & aupres de luy , cette limaille de fer,
où il y a de semblables qualitez, il l'attire , & la retient, ou bien elle s'y rend naturellement , & de l'autre
costé y ayant une action , ou amour reciproque entre
l'Aimant & le fer , trouvant aussi de la limaille de fer ,
il se fait une pareille action , & l'Aimant l'attire aussi ,
ou bien elle se rend pareillement auprés de luy ; &
comme l'Aimant tire du costé du Zud , des influences
chaudes , il se sert des pores , ou veines designées , &
propres pour cét effet , & d'autant que ces influences
ne sont point propres au fer , cette limaille ne s'y attache
point , soit en entrant ou en sortant , & laissent ainsi à
ces sortes d'influences , une entrée , & une sortie libre ,
& ouverte.

Il y a encore d'autres observations à faire sur cette
limaille de fer , mais d'autant qu'elles consernent le
mouvement , & le repos de l'Aimant , son attraction
& repulsion , & sa direction vers la terre , & ses poles ,
ie la remets aux articles suivants , où ie parleray de
ces matieres.

A l'égard de la raison pourquoy cela se fait ainsi, ie
dis qu'il est necessaire de considerer l'Aimant en son
principe , ou sa formation dans le sein de la terre , &
qu'il y est produit de deux sortes d'influences , qui viennent de deux differents endroits , les uns passant au
travers de la terre , par ces veines qui marquent l'élevation du pole dont nous avons parlé , & ce sont celles qui
luy sont les plus propres, & meilleures, & les autres viennent de l'air voisin, & entrant en la terre par ces mesmes
veines , ou autres semblables, qui ont une autre qualité
que les premieres , contribüent neantmoins à sa formation, par une vertu agissante , estant constant, comme
disent les Philosophes , que les actions estant iointes
aux passions , c'est à dire , les agens aux patiens , il se

forme de diverſes ſortes d'eſtres.

Ainſi les differentes qualitez, ou vertus occultes, ou influences ayant formé l'Aimant en terre, il les reçoit encor lors qu'il en eſt tiré, de la meſme maniere, & par les meſmes pores ou bouches qu'il avoit accoûtumé de les prendre, & ſe tourne vers elles pour cét effet, attendu que les unes ſont propres pour entretenir ſa froideur, & ſon humidité radicale, & temperer ſon ardeur, & les autres pour conſeruer ſa chaleur natu-relle, afin de cuire, & digerer, & meſme échauffer ces froides influences, qui le pouroient glacer, & refroidir tellement, qu'il ſeroit comme engourdi, & perclus.

Quoy qu'il en ſoit, il eſt conſtant que l'Aimant ſe tourne d'un de ſes bouts vers le Nord, & de l'autre vers le Sud, & ſi on le met, & retient long-temps d'une façon contraire, il perd ſa force, & meurt pour ainſi dire, comme nous dirons cy-aprés, & ſe voyant par cette limaille de fer, qu'il y a des intervales, où il ne l'attire point, ſoit d'un bout, ou de l'autre, & qu'un de ſes poles eſt plus fort pour attirer le fer, & l'autre, pour luy communiquer ſa vertu, on peut con-clure qu'il reçoit d'un bout, les influences qui viennent d'un des poles, & que de l'autre, il reçoit celles qui viennent d'un autre coſté, ſuivant la forme, ou la fi-gure qu'on luy donne, car comme ſa vertu conſiſte toute dans toute ſa maſſe, en ſorte qu'eſtant taillé en globe de telle groſſeur, qu'on luy aura voulu donner, ſuppoſez gros comme un œuf de poule, il forme, ou établit ſa vertu dans toute cette étenduë, qu'on luy aura donnée, & élevera ou attirera de la limaille de fer par ſes poles, en pluſieurs ronds ou cercles, les uns petits, proche du point de ſes poles qui ont plus de force, & les autres qui en ſont plus éloignez, en ont moins, & ſi on le coupe en deux par la moitié, le long de la ligne qui eſt au milieu, & qui marque ſes poles, il change ſes axes, poles, lignes, ou points de ſes premiers poles, & en établit d'autres, qui ont de pareilles qualitez, & qui produiſent de meſmes ou ſemblables effets, & attirent encor cette limaille de fer, & la retiennent en rond, en façon de petits cercles, par une puiſſance interieure, qui luy eſt propre, & naturelle, ce qui eſt admirable, changeant ſes effets, ſi on change ſa figure, ce qu'aucun eſtre, que ie ſçache ne fait pas ainſi, car ſi on coupoit un homme, ou un autre animal vivant par la moitié, en deux parties égales, chaque partie ne fairoit pas les meſmes effets, que le tout faiſoit, quand il eſtoit entier, au contraire, l'une & l'autre moitié mouroient bien-toſt.

Ainſi l'Aimant aime le fer, & toutes les choſes, qui ont une pareille qualité, & le fer, & les autres choſes rouges aiment l'Aimant, & s'entr'aiment auſſi mutuellement, à cauſe qu'ils trouvent dans eux reſpectivement, une certaine influence, & vertu occulte, qui leur eſt propre pour conſerver, & augmenter leurs vies, & leurs forces, ce qui ſe voit en l'Aimant, car eſtant armé, c'eſt à dire ayant deux petits morceaux d'acier, contre l'un, & l'autre de ſes poles, il a bien plus de force & peut attirer davantage de fer, que quand il ne l'eſt pas, & qu'il eſt tout nud, mais ſi on luy baille un ou deux trop grands morceaux d'acier, ou de fer, il ne peut plus élever de fer, ny luy communiquer aucune vertu, & eſt comme s'Il n'avoit aucune force, ou puiſſance.

D'où viennent ces étranges effets, qui ſemblent directement contredire la raiſon? car ſi un peu d'acier donne beaucoup de force à l'Aimant, ſoit pour élever du fer, ou le faire s'incliner, & ſe tourner vers les poles de la terre, il ſemble que luy donnant un plus

grand armement , c'eſt à dire , luy appliquant deux
plus grands morceaux d'acier , à ſes deux poles , ils
devroient augmenter ſa vertu , neantmoins cela fait un
effet contraire , diminüant ſa puiſſance , & la ruinant
preſque entierement , mais comme cela ſe voit par
experience , il en faut trouver la raiſon , telle quelle
puiſſe eſtre.

Et pour cét effet , ie dis qu'ayant fait obſerver cy-
devant que l'Aimant a une vie , il en faut raiſon-
ner , comme d'un animal vivant , ſuppoſons un homme,
qui n'a point ou fort peu d'appetit , & qui n'a aucune
envie de boire , n'y de manger , ſi on luy donne quelque peu de bon vin , ou de metz bien exquis , alors ſon
envie d'en prendre davantage , s'accroiſt , & ſon appetit s'augmente , en telle ſorte qu'il a une paſſion ex-
traordinaire de manger davantage , & de ſe ſaouler,
& de boire à longs traits , ce qui a donné lieu à ſes
anciens proverbes , que plus on boit , plus on veut boire,
& que l'appetit vient en mangeant.

Quò plus ſunt potæ , plus ſitiuntur aquæ.

Et ſi on a bien beu & mangé, quãd on verroit de meilleurs
metz, on n'auroit point envie d'en prendre davantage, &
ſi on le faiſoit , il faudroit y eſtre obligé par importunité,
& par la conſideration de quelque amy ; ce qui n'a
aucun effet ſur les autres animaux qu'on appelle irrai-
ſonnables , qui me ſemblent pourtant avoir raiſon en
ce point , de ne vouloir ny boire ny manger , quand
ils n'en ont pas beſoin, car pourquoy le faire ſans neceſſité , & pour en eſtre incommodez, & meſme malades , & en mourir , comme il arrive à des yvrongnes,
des pochards , & gourmans , qui ſe crevent à force de
boire , & de manger ; d'où vient ce qu'on dit ordinairement , qu'on ne peut faire boire un aſne , s'il n'a ſoif,
& ſi on met un peu d'eau , dans un grand feu , il s'augmente,

mente , & s'enflame davantage , mais si on y en met beaucoup , on l'éteind tout a fait.

L'Aimant fait la mesme chose , car si on met deux petites lames d'acier , a ses deux poles , cela ne le contente & ne le rassasie pas , au contraire on ne fait qu'irriter , pour ainsi dire , & augmenter son appetit , & accroistre son envie d'en prendre davantage, mais si on met deux gros morceaux de fer, contre ses poles , ou les bouts de son armeure , il est content , & ne souhaite plus rien.

Pour confirmer encor cette verité , il est constant par experience , qu'un Aimant armé , ne communique pas si bien au fer , la vertu de se tourner vers les poles de la terre , que quand il ne l'est pas , & la raison est que l'acier qui l'environne , & le touche , prend pour soy une bonne partie de la vertu de l'Aimant , & n'en laisse aller que bien peu , à l'autre fer ou acier , qu'il touche , & qu'il éleve , ou tâche d'élever.

Il est constant aussi , qu'une Pierre d'Aimant d'une vertu mediocre , retient à soy un fer , qu'il aura élevé , & ne le cedera pas toûjours à un autre Aimant, bien que plus fort , & mesme plus grand , au contraire , si ce fer est joint , au plus fort Aimant , & qu'on en aproche un plus foible , il l'arrachera de luy , & le retiendra pour soy , & la raison est , que le plus foible Aimant a plus besoin de nourriture , pour reparer , & augmenter ses forces , que le plus fort , qui est , pour ainsi dire , saoul , & content , faisant en ce rencontre comme un pauvre , ou un homme affamé , lequel estant en la compagnie d'un homme riche , s'ils trouvent un morceau de pain par le chemin où ils vont , le pauvre le prendra , & l'autre luy cedera librement sa part , & dédaignera mesme de se baisser pour le relever , n'en ayant pas besoin , & sçachant bien qu'il y en a d'autre chez luy , & de meilleurs mets , qui l'attendent ; ainsi on est-il d'un pauvre , miserable ,

& foible Aimant, lequel voulant reparer, & mesme augmenter ses forces, trouvant un morceau de fer, & dans iceluy, une nouriture qui luy est propre, il le prend, & le retient fortement, par un instinct naturel, comme s'agissant de sa vie, & de reparer ses forces, & dont le plus fort, ne se met pas en peine, & l'abandonne librement, comme nous avons dit.

Et non seulement l'Aimant a un instinct naturel de prendre ce qui luy est propre pour sa nouriture, sa conservation & augmenter ses forces, mais aussi toutes sortes d'estres, en ont un semblable, comme nous dirons cy-apres en parlant de l'inclination des arbres vers les metaux, & les eaux sousterreines, où nous fairons aussi observer par experience, que ces mesmes arbres & plusieurs autres choses, & quand ie dirois toutes, ie ne dirois que la verité, recherchent ce qui leur est propre, & haïssent, & évitent naturellement ce qui leur est contraire, & nuisible; quand apresent ie laisseray cette matiere, afin de poursuivre cette aimable icy, & en dire encor deux choses considerables.

La premiere est, que non seulement les estres materiels ont un instinct naturel, qui les porte à rechercher ce qui leur est propre, & éviter ce qui leur est nuisible, mais mesme on peut les obliger, du moins les metaux, à faire ce qu'on veut, & à quoy on les a preparez, comme ceux qui sçavent faire des Talismans, ou leurs proprietez, en ont une parfaite connoissance; les metaux estant forcez, pour ainsi dire, par artifice, pour faire des effets surprenants, & qui semblent mesme estre contraires à leur inclination naturelle, & au dessus de leur portée; par exemple un morceau d'un ou plusieurs metaux meslez & assemblez, ayant esté preparé, suivant les regles de cét Art Talismanique, sous telles ou telles constellations, & mis dans les fondemens,

ou sur la porte, ou en quelque autre endroit d'un bâtiment, empeschera les rats & les souris, ou les aragnées
d'y demeurer: un Talisman ietté dans un marais, ou dans
les douves de quelque Chasteau, empéchera les gre-
noüilles d'y crier, d'autres empécheront ou gueriront
le venin, & les playes que les couleuvres, ou autres
serpents auront fait, ou feront d'autres effets, qu'il
seroit trop long de deduire ; & la raison naturelle qu'on
en rapporte, est, que ces figures ainsi preparées, respirent pour ainsi dire, ou attirent à elles, ce qui leur est
propre pour l'effet, à quoy elles ont esté fabriquées,
comme on peut voir plus amplement dans les traitez
qui ont esté faits de cette matiere.

Et bien que ie n'aye pas leu, ny ouy parler, qu'on
ait fait aucun Talisman de l'Aimant, & qu'on l'ait
fait servir à d'autres usages, que ceux ausquels son
inclination naturelle le porte, neantmoins à l'exemple
des Talismans, ie puis dire & cela est sans contredit, &
se voit par experience, que l'Aimant tire du fer, de la
cochenille, ou écarlatte, & des autres choses rouges ou
rougeâtres, comme nous avons dit, une influence ou
vertu occulte, qui luy est propre, non seulement pour
sa conservation, mais aussi pour augmenter ses forces,
se voyant qu'elles croissent quand on l'en approche, &
qu'on l'y laisse quelque temps.

La seconde est, qu'il y a de certains Aimants, à ce
qu'on dit, qui attirent le fer d'un costé, & le repoussent de l'autre, que si cela est veritable, n'en ayant pas
veu de semblables, (quoy que toutes les pierres d'Aimant, que i'ay veuës, repoussent d'un de leurs poles,
un des poles d'un autre Aimant, ou d'une aiguille aimantée, d'une mesme qualité ou denomination, & en
attirent l'autre qui est d'une vertu contraire, sçavoir
le pole de l'Aimant qui regarde le Nord, repousséra le
pole, ou le bout d'une aiguille qui se tourne vers le Nord,

& attire celuy qui regarde le Sud) il est croiable qu'ils
ont esté formez en la terre , dans quelqu'une de ces
veines , dont nous avons cy-devant parlé , qui estoit
fermée ou bouchée vers l'un des poles , & dont
partant elle ne recevoit , ny attiroit aucune influence ,
ainsi n'estant faite que pour porter ces influences , d'un
costé, elle n'a donné cette vertu aux Aimants, qui y ont
esté produits , que de la mesme façon qu'elle les recevoit ; ainsi ces sortes d'Aimants, lorsqu'ils sont arrachez
de la terre , font le mesme effet qu'ils y faisoient ,
quand ils y estoient , de sorte qu'ils continuent seulement à prendre d'un de leurs costez ou poles , les influences qu'ils trouuent soit dans l'air , ou dans le fer , &
les rendent de l'autre , ainsi ces Aimants attirent le fer
d'un costé , & le repoussent de l'autre ; ou bien le fer
s'incline vers un de leurs costez , sçavoir vers celuy ,
d'où il sort des influences qui luy sont propres , & se
retire de l'autre , ou il ne trouve rien qui luy soit salutaire , ou bien cela se fait par une mutuelle , & reciproque inclination , qui se trouve entre le fer & l'Aimant , pour les raisons que nous avons dit.

Et pour ne passer pas pour dire ces choses sans aucun
fondement de vraye-semblance , ie considere la terre
comme un grand animal, supposons un homme , & que
dans cette terre , il y a plusieurs veines ou conduits faits,
& destinez per la nature , pour porter en toutes ses
parties , & mesme au travers des pierres , les influences
des Cieux , & des Astres qui viennent specialement de
l'un & de l'autre pole , pour y produire divers effets,
de mesme que dans un homme les arteres portent le
sang , du cœur , vers les extremitez des membres, dans
lesquelles arteres il y a de petites portes , ou valvules,
qui s'ouvrant, l'aissent passer le sang , & se fermant l'em-
peschent de revenir sur ces pas , & contre ou proche

de ces arteres , il y a des veines, qui ont aussi de semblables valvules , & font un effet contraire, rapportant
des extremitez , le sang , vers le cœur , d'où il retourne
par une circulation continuelle dans ces arteres,comme
M. Pecquet l'a découvert , & en a fait la demonstration
depuis environ trente ans , ayant trouvé & fait voir
par experience , que le chile n'est pas porté au foye
comme on disoit , mais bien au cœur, ou il est reduit en
sang. Il y a aussi dans l'homme des veines qu'on appelle
mesaraïques , qui portent le chile des boyaux , dans un
lieu qu'on appelle le receptacle de Pecquet , a cause
qu'il là découvert , & qui rapportent , a ce qu'on dit
du sang du cœur vers & aux boyaux , lesquelles neantmoins sont a mon avis doubles ou separées en deux,
les unes ou bien une moitié , servant à porter le chile ,
& les autres, ou leur autre moitié sert à porter le sang.

Ie crois aussi qu'il y a dans les arbres , supposons
dans une coudre , de pareilles veines , ou conduits qui
portent la seve de la racine vers la tige , & d'autres
qui la rapportent pendant l'hyver , de la tige vers le
pied , & les racines.

Ces choses ainsi supposées & établies , s'il se for-
moit quelque calus dans un des bras d'un homme, ou
dans une des branches d'une coudre , en deux de ces
differentes veines , il boucheroit peu à peu le passage au
sang (ou à la seve) & l'empêcheroit d'aller aussi librement qu'il faisoit auparavant , & ce calus se formeroit
de telle sorte neantmoins , que le sang passeroit d'un
costé vers l'autre par un endroit , & par un autre endroit trouvant un chemin contraire , il passeroit aussi
d'un sens contraire au premier , & si ce calus estoit formé seulement dans une veine , ou une artere , il ne donneroit le passage au sang que d'un seul costé.

Deplus il se voit par experience , que si on coupe le

bras ou la iambe d'un homme vivant (c'est la mesme chose d'un autre grand animal) le sang s'écoule par les arteres qui viennent du costé du cœur, & n'en sort point par les veines, & de l'autre bout de ce membre, le sang sort par les veines, & n'en sort point par les arteres, ainsi si on coupoit, en un mesme temps, un membre par deux endroits, un peu éloignez les uns des autres, comme d'un demy pied ou environ, le sang sortiroit d'un bout par les arteres, & de l'autre il sortiroit par les veines.

Et si on coupoit par deux endroits une des veines mesaraïques, lors qu'elles sont pleines de sang, & de chile, le sang sortiroit par un bout, & le chile par l'autre, ce qui pouroit faire croire, que cette petite veine à cause qu'elle est double, ou bien qu'elle est composée de deux petites veines, qui sont iointes ensemble, rendroit du sang, & du chile dans un mesme temps par deux differents endroits, & que le sang ne se mesleroit pas avec le chile.

Pour confirmer encore cecy plus amplement, ie rapporteray, ce que dit M. Rohault en sa Physique, des vessies, où l'urine s'assemble, & entre par des fibres & petites veines, qui sont presque imperceptibles, car si on emplit d'eau une vessie par son col, dans le mesme estat, qu'elle estoit dans le ventre de l'animal, il n'en sort pas une goute, iusques à ce qu'elle soit pourie, mais si on la tourne à l'envers, & qu'on l'emplisse d'eau, elle sortira bien-tost peu à peu, c'est la mesme chose si on l'emplit d'air, & qu'on la presse, ainsi on peut dire, qu'il y a de petites portes, ou valvules qui s'ouvrent, pour laisser entrer l'urine dans cette vessie, estant dans le ventre de l'animal, & qui se ferment, quand elle y est entrée, pour l'empescher de sortir.

Pour appliquer cecy à nôtre matiere, nous devons

estimer que l'Aimant qui attire le fer avec ses deux
bouts, ou poles, a esté formé en terre dans une veine,
qui portoit de l'un & l'autre costé, ou endroit, les influences des Cieux qui viennent de l'un & de l'autre
pole, & que celuy qui attire le fer d'un bout, & le
repousse de l'autre, a esté formé dans une de ces veines,
qui n'estoit destinée ou preparée par la nature, soit
qu'elle fût bouchée par un bout ou autrement, qu'à
porter & recevoir ces influences, dont nous avons parlé,
que d'un des costez des poles.

Enfin pour conclure ce Chapitre, ie dis qu'il ne faut
pas s'étonner, si l'Aimant, vit & se repaist, pour ainsi
dire du fer, & des autres choses que nous avons dit,
où il trouve de pareilles qualitez, & une substance semblable, & qui luy est propre, puisque les Autruches & les
canards vivent bien aussi de fer, & le digerent, de
mesme que les hommes digerent l'or, & l'argent, quand
ils l'avalent plusieurs fois, se voyant par experience,
que le poids en diminuë, quand ils le rendent. Et
cette vie de l'Aimant me semble plus noble que celle
des plantes, ou des arbres, & qu'elle approche de l'ame
sensitive, & mesme de la raisonnable, en ce qu'elle est
toute dans une pierre d'Aimant, & quelle est aussi
toute dans châque de ses parties, car quand cette pierre
est divisée chacune des parties fait les mesmes effets,
que cette pierre toute entiere faisoit, soit par son mouvement vers les Poles, ou vers la terre, ou par l'attraction du fer, comme on poura voir cy-apres.

ARTICLE IV.

Du Mouvement de l'Aimant.

NOus voyons par experience que l'Aimant a plusieurs sortes de mouvemens, l'un qui le fait se
tourner vers les poles du monde, comme il se voit dans

une pierre d'Aimant qui flotte en liberté sur l'eau, ou quelque autre liqueur, s'arrestant tousiours de la mesme façon, l'autre qui le fait s'aprocher du fer, ainsi qu'il se voit aussi dans l'Aimant qui nage sur l'eau, quand on en aproche du fer, qui sont les deux mouvements qu'on avoit observé aux siecles passez, mais ce mesme Gilbert dont nous avons parlé plusieurs fois, a remarqué en ce siecle, qu'il se tourne aussi vers les poles de la terre, & vers elle mesme, comme nous avons dit, & dont nous en allons plus amplement donner les raisons en ce present Article.

Et pour cét effet, il faut considerer que la terre est un grand Aimant ou corps magnetique, comme le mesme Gilbert & tous nos Autheurs, qui ont traité aprés luy, de cette matiere, en demeurent d'accord, & le prouvent par plusieurs experiences, dont nous en avons desia rapporté quelques unes.

Estant donc constant que la terre est un grand Aimant, & qu'elle a une vertu magnetique, il est aisé d'expliquer les differens mouvemens de l'Aimant, par lesquels il se tourne & s'incline ves les Poles de la terre, & vers elle mesme, & au fer.

Et afin d'y mieux reüssir, prenons une petite partie d'un grand Aimant, & nous verrons qu'elle fait le mesme effet, auprés de la plus grande, que l'Aimant fait auprés, ou au tour de la terre, comme nos Auteurs qui en parlent l'ont observé, & dont aucun n'en a donné la raison, à la reserve de M. des Cartes, & ceux de sa suite, qui raisonnent sur ce sujet, à leur mode, & par leurs parties canelées, quoyque, à mon âvis, ils n'y reüssissent pas bien, au contraire cette experience devroit faire voir la supposition de leur matiere subtile, & torte, ou contournée, puis qu'elle est mesme contraire à leurs principes, & les detruit entierement, à

moins

moins qu'ils ne la tournent, & retournent de plusieurs
façons, pour l'accommoder aux differentes experiences, qu'on fait sur ce sujet, comme nous en parlerons
cy-aprés.

Et afin de faire mieux connoistre cette experience,
& les raisonnemens que nous en tirerons, prenons une
pierre d'Aimant a, & la divisons en deux parties a. d.
égales, ou inegales il n'importe, le long de la ligne
de ses poles, l'un b. b. qui regarde le Nord, & c. c.
qui regarde le Sud, & ayant suspendu la partie d. par
un fillet, l'approchant de l'autre partie a, qui est
immobile à cause de sa pesanteur, & qu'elle ne flotte
point sur quelque liqueur, on verra premierement qu'elle
se tournera bout pour bout, & d'un sens contraire à
celuy qu'elle avoit lors qu'elle estoit attachée à l'autre
partie a; & qu'elle prend quand elle est éloignée, le
bout qui regardoit le Nord se tournant vers le Sud, &
l'autre par consequent fait le contraire, & en second
lieu, ce bout qui regardoit le Sud, lors qu'elle étoit
attachée à l'autre partie a, & qu'elle ne composoit
qu'une seule pierre, s'inclinera vers le bout b. de cette
partie a, & au contraire approchant l'autre bout de
cette partie d, du bout c. de la pierre a, elle s'y pen-
chera aussi, & tournant cette partie d. autour d'a,
elle changera ses situations, comme fait aussi une aiguille Aimantée l'approchant, & la tournant au tour
d'un Aimant; On trouvera cette figure & quelques
autres à la fin de ce Chapitre.

Et la raison est, que cette pierre estant divisée le long
de ses poles, & la partie d, estant suspenduë & sou-
tenuë en liberté au dessus, ou proche de la partie a,
qui ne peut pas estre aisement remuée ny attirée, elle
se tourne, afin de pouvoir prendre les influences, ou
la vertu magnetique qui sort de la pierre a, & luy

communique aussi sa vertu qui sort d'elle, par les poles qui sont contraires, c'est à dire, afin que cette partie d, puisse recevoir par le pole qui regardoit le
Sud, les influences qui sortent de la pierre a, par le pole
qui se tourne au Nord, & au contraire si on approche
cette partie d, du pole qui regarde le Sud de la pierre
a, son pole qui regardoit le Nord s'en approche,
& s'y panche afin d'en recevoir aussi les influences qui
en sortent, comme luy estant propres, & elle n'est point
plainement satisfaite, qu'elle ne soit exposée en droite
ligne de cette pierre a, auquel temps, les poles d'une
vertu contraire s'approchent, & s'unissent comme il se
voit, si on la met au point e, afin qu'ils s'entredon-
nent, & reçoivent mutuellement les influences qu'ils
rendent par leurs poles.

Il en est de mesme de l'Aimant, qu'on a arraché de
la terre, lequel estant encor uni avec elle, estoit tourné, & avoit ses poles repondant à ceux de la terre, &
d'un sens contraire, à celuy qu'il prend quand il est
dehors, ensorte que le bout qui estoit exposé & tourné vers le Nord, regarde & se retourne vers le Sud,
& l'autre partant fait le contraire, & si cét Aimant est
suspendu en equilibre, il se panche, & s'incline du
bout qui regarde le Nord, vers la terre, ensorte que
plus on s'approche du Pole arctique, il s'incline davantage, & plus on s'en recule, il s'incline moins,
comme on observe par experience dans les aiguilles
aimantées, ou boussoles; & pour empecher cette inclination, ceux qui font de grands voyages sur mer,
font obligez pour les tenir en equilibre, d'y mettre de
la cire, ou quelque autre matiere, sur un des bouts,
autrement ces aiguilles s'inclineroient tellement, qu'elles ne se pouroient pas librement mouvoir.

Des Cartes qui ne peut adjuster cette experience

avec son opinion , la nie (ou du moins en doute &
dit , que si cela arrive proche de la mine , laquelle il
dit estre un Aimant , qui cause cét effet , lequel n'a-
riveroit pas , si on faisoit cette experience hors de ce
lieu là) prenant occasion d'alleguer que Gilbert dit le
contraire , peut estre à cause qu'il n'en avoit pas fait une
experience bien iuste , & qu'il ne le disoit que par coniec-
ieaure , pour appuyer son sentiment , que la terre estoit
un corps magnetique , & que l'Aimant , & les aiguilles
ne s'inclinoient pas aux poles des Cieux , mais bien
à ceux de la terre ; mais comme des Cartes est inte-
ressé , pour soûtenir son opinion , & ses parties canelées qu'il veut établir , il n'est pas croyable en sa propre
cause au preiudice de l'experience , que les autres Autheurs non interessez en ont fait , & qu'ils rapportent en
leurs livres.

Le P. Grand-amy parle aussi de cette observation ,
de la mesme façon que Gilbert , mais il ne le fait pas
comme une verité constante , au contraire il est d'avis
qu'on en face une exacte experience.

Enfin il en fait croire ceux qui en parlent sans interest , comme le P. Fournier , & plusieurs autres , qui
ne sont point forcez de parler contre les experiences ,
pour les accommoder à leurs sentimens , ou opinions
particulieres , n'en ayant aucunes , & ne faisant que
rapporter les divers effects de l'Aimant , dont ils ne
sont que de fidelles referendaires.

Mais quand il y auroit quelque difficulté sur le fait
des changemens des poles de l'Aimant, & de la situation
qu'ils avoient estant encor en terre , on doit croire ,
que cela est veritable, par l'observation d'un Aimant proche d'un autre , d'ont nous avons fait la demonstration
cy-devant , un Aimant faisant la mesme chose sur terre ,
que fait un Aimant dessus & proche d'un autre Aimant;

car bien que la vertu magnetique ne soit pas si sensible
en la terre, que dans l'Aimant, neantmoins à cause de
la grandeur de la terre, elle y est tres forte, & il y
a bien plus d'apparence qu'elle oblige, & force l'Aimant à se tourner vers elle, que non pas l'Aimant de
la tirer vers luy, & il est à croire que si on remüoit la
terre, & qu'on éloignât l'un ou l'autre pole, du lieu
où ils sont, elle y reviendroit neantmoins par un mouvement naturel, de mesme que fait l'Aimant, quand
il est suspendu, ou qu'il flotte en liberté sur de l'eau, ou
quelque liqueur, ce qui me fait croire qu'Archimede
presumoit trop des forces mouvantes, quand il disoit
que s'il avoit trouvé un point fixe hors le centre de la
gravité de la terre, pour y mettre ses machines, il la
pourroit transporter en un autre endroit, que celuy où
elle est, comme dit du Bartas,

    Et on ne doute point, que si le Geometre
    Pouvoit trouver un lieu, pour commodément mettre
    Ses pieds & ses engins, que comme un demy Dieu,
    Il ne peut transporter la terre en autre lieu.

Car Archimede ne sçavoit pas, que la terre fût un
grand Aimant, & qu'elle eut une vertu magnetique, &
ne sçavoit pas aussi que l'air pesât, & qu'il eut une
force élastique, qui pese sur la terre, & la presse de
tous costez, pour la contretenir, & la rendre immobile, ces connoissances sur lesquelles on demonstre le
vuide, n'ayant esté decouvertes que dans ce siecle, qu'on
peut dire estre celuy de la verité, & des belles inven-
tions, ces deux sciences, sans parler des autres, ayant
fait éclore de belles lumieres tant de la nature, & des
effets de l'Aimant, que du vuide, qui passoit dans les
siecles precedens, pour estre impossible, & dont la nature avoit tant d'horreur, qu'elle ne le pouvoit souffrir,
& n'estre qu'une pure chymere, & un effet de nôtre

imagination ; ce qu'on appelle un estre de raison.

On peut connoistre la pesanteur de l'air, & sa force elastique, par les nouvelles experiences du vuide, se voyant qu'elle fait monter, & soûtenir l'eau dans un tuyau de la grosseur d'un doigt ou environ, iusques à trente & deux pieds de haut, & le vif argent à vingt & sept pouces, & les autres liqueurs à proportion de leur poids, & bien que nous ne ressentions pas sensiblement cette pesanteur, & force de l'air, à cause que nous y sommes habituez, mesme que les antiens Philosophes nous avoient fait croire, qu'il estoit leger, & qu'il tendoit en haut, comme à son centre, ainsi que le feu, de mesme que la terre & l'eau tendent en bas, neantmoins il pese extraordinairement sur nostre corps, & le presse de toutes parts, ce qui se peut reconnoistre par les ventouses qu'on y applique, car une partie de l'air qui est dans les ventouses estant consommé par le feu, comme nous l'avons prouvé, en traitant de cette matiere, dans la cause des Comettes, la peau, mesme la chair y entre bien avant, & specialement si on les applique, sur le ventre, les cuisses ou autres parties charnües : & il est à croire que si tout l'air qui nous environne, estoit osté ou consommé, nos corps s'enfleroient beaucoup, comme fait de la laine pressée, quand on la laisse retourner en liberté.

Ie crois aussi que l'air pesant ainsi sur la terre, & la pressant de toutes parts, & estant plus pesant contre elle, que quand il en est éloigné (comme il se voit par ces mesmes experiences du vuide, ayant esté observé que le vif argent monte & se tient plus haut dans un tuyau, au pied d'une montagne ou d'une tour, qu'au haut) il tient la terre fixe dans le centre du monde, & l'oblige, ainsi que les autres choses plus pesantes que luy de descendre en bas, & de s'éloigner du

Ciel ; que si le Ciel tomboit ou bien qu'on aprochât
la terre par les forces mouvantes , & par des machines
semblables à celles , qu'Archimedes avoit peu mediter,
le Ciel , & la terre ne domeureroient pas long-temps
en cette violente situation, car l'air qui seroit proche de
la terre , estant plus pesant que celuy qui en est éloigné , à cause des vapeurs qui en sortent, & dont l'air
en estant plus pressé d'un costé que des autres , en
fairoit éloigner le Ciel , ou repousseroit la terre en bas,
iusqu'à ce qu'elle fut revenüe dans le milieu, & dans son
centre, auquel endroit estant également pressée & poussée
par l'air de toutes parts, elle demeure fixe & immobile.

Ce seroit une belle experience à faire , si on mettoit
plusieurs montagnes les unes sur les autres , & qu'on
entassât *ossa* sur *pelion* , comme la fable dit , que les
Geants firent, pour escalader les Cieux , & les prendre
d'assaut , pour voir si on ne fairoit pas descendre la
terre ; mais ie laisse cette experience à faire , ainsi que
celle d'Archimede , à ceux qui les voudront entreprendre, pour dire que si cela arrivoit, & que le poids qu'on
mettroit sur une des parties de la terre , fût plus grand
que le contrepoids de l'air, on verroit un plus grand
horison, & une plus grande partie du Ciel , du costé
où seroit ce poids , que de l'autre , & au deux costez
le Soleil ne seroit pas directement à midy , au milieu
de leurs horisons, à moins que ce poids , ne fût mis
à l'un ou à l'autre Pole.

Mais laissons ces propositions extravagantes , & qui
n'auront iamais d'effet , que dans l'imagination , à ce
que ie pense, pour faire reflection, si ce que disent
ceux qui traitent du vuide , est veritable , sçavoir que
l'air est plus pesant proche de la terre , que celuy qui
en est plus élevé, à cause des vapeurs qui sortent de
la terre ; il me semble , que ces vapeurs qui tendent

en haut devroient repouſſer l'air, ou bien luy meſme,
il devroit s'en éloigner, comme il fait quand il ſe trouve
enfermé dans l'eau, ce qui me fait croire, que cela peut
proceder, de l'inclination naturelle, qui eſt entre la
terre & l'air, ſe pouvant faire, que la terre & tous
les eſtres, qui y ſont, attirent l'air comme leur eſtant
propre, pour leur conſervation, & augmentation, & que
l'air s'en aproche auſſi, pour ſe reparer, & rafraichir,
par les vapeurs qu'il y reçoit, & par un ſel volatif qu'il
y trouve, & que cela eſt cauſe qu'il y eſt plus épais,
& plus condenſé, que dans ſa moyenne & dans ſa plus
haute region; ie ne deſeſpere pas de confirmer cette
nouvelle penſée, par une experience que j'ay medité de
faire, & ſi elle reüſſit ie la donneray en quelque autre
endroit, où ie prendray occaſion d'en parler, l'impreſ-
ſion de la ſuite de ce traité qui me preſſe, (car ie ne
compoſe qu'à proportion qu'on imprime) ne me donnant pas le temps de faire cette experience, que ie ne puis
commodement faire au lieu, où ie faits imprimer.

Nous avons deſia parlé pluſieurs fois des poles de
l'Aimant, ſans dire poſitivement ce que c'eſt, ny les
expliquer, c'eſt pourquoy ie crois qu'il eſt à propos
d'en parler preſentement, & dire qu'il y a ordinairement deux poles dans chaque pierre d'Aimant, (ie dis
ordinairement, car il s'y en trouve quelques unes, où
il y en a trois, meſme quatre poles, comme nous avons
dit cy-devant, lors que nous avons rapporté la raiſon
de cét effet irregulier) où toute la vertu de l'Aimant
ſe raſſemble comme à ſon centre, l'un d'un coſté &
l'autre de l'autre, quoy que ces points ne ſoient pas
toûjours directement au milieu de l'Aimant, ce qui
peut arriver, a cauſe qu'une des parties, ou coſtez eſt d'une
meilleure matiere, & plus pure que l'autre, & un Aimant eſtant diviſé en deux parties le long des poles,

ces deux parties, changent les points de leurs poles
qu'ils avoient, & en établissent d'autres vers le milieu
de chaque bout, chaque partie devenant une pierre
d'Aimant, qui a les mesmes qualitez que lors qu'elles
estoient unies, leur ame n'estant point morte, pour
ainsi dire, par la division, & comme chaque partie
change aussi de lieu, les poles par lesquels la premiere
pierre recevoit & attiroit les influences de la terre, ou du
fer, & les rendoit, comme nous avons dit cy-devant,
cela fait voir, que l'Aimant a un mouvement, & une
forme & ame interieure, qui est toute dans toute cette
pierre, & toute dans chaque de ses parties, ainsi qu'on
dit de l'ame raisonnable, chacune des parties de l'Aimant (pourveu qu'il ne soit pas reduit en poudre)
faisant les mesmes effets, quoy que plus foiblement,
que l'Aimant faisoit quand il estoit entier.

Pour trouver ces poles on prend une épingle, ou
autre petit morceau de fer, & en ayant mis un bout
contre l'Aimant, on fait aller cette épingle iusqu'à ce
qu'elle soit soûtenuë toute droite & perpendiculairement, ce qui n'arrive que dans les points des poles,
& les ayant marquez, on observe lequel se tourne vers
le Nord, & lequel se tourne vers le Sud, soit en le faisant flotter sur l'eau, ou en touchant une aiguille, ou
boussole, car le pole de l'Aimant, qui regarde le Nord
estant apposé sur le bout d'une aiguille ou lame d'acier,
& continué iusques à l'autre bout, il luy donne la vertu,
ou proprieté de se tourner par le bout touché le dernier, vers le Sud, & la mesme chose estant faite par
l'autre pole de l'Aimant, l'aiguille fait un effet contraire;
ce qui a donné lieu à quelques uns de nos Autheurs
& entr'autres à M. des Cartes de nommer le pole
de l'Aimant, Austral, qui regarde icy le Septentrion
& Boreal, ou du Nort, celuy qui se tourne vers le
pole

pole Antartique du monde ; en quoy ie n'eſtime pas
qu'ils aient raiſon, ou autrement il faudroit changer
les noms des poles de la terre, qu'ils qualifient du nom
d'Aimant, ou corps magnetique, puis qu'elle produit
dans le fer les meſmes effets, que l'Aimant, comme
nous avons dit, & qu'il ſe voit par experience, qui
ſeroit une grande abſurdité, & qui cauſeroit une grande
confuſion dans le commun uſage de parler ; & d'effet
ſi nous nommions le Septentrion, le pole boreal ou antartique de la terre, & le pole antartique, le pole du
Nord, ou art que, il ſembleroit que nous tournerions
la terre bout pour boût, & il vaut mieux laiſſer le monde comme il eſt, que de le bouleverſer, en parlant de
l'Aimant & de la vertu magnetique ; & la terre n'a
deſia eſté que trop remiiée, & agitée dans l'Aſtrologie,
par Copernic & ceux de ſa ſuite, & dans la Philoſophie,
par Gallilée, & M. Gaſſand & meſme par M. D'ar-
ſons pour en tirer ſur differens principes, la cauſe du
flux & reflux de la mer, & du mouvement des Comettes, comme nous avons fait obſerver, pour les refuter
en parlant de ces matieres.

D'ailleurs comme l'Aimant, eſtant tiré de la terre,
change la ſituation de ſes poles, qu'il y avoit, ainſi que
nous venons de dire, il faudroit auſſi changer la denomination des poles de l'Aimant, quand on en parle-
roit eſtant en terre, ou hors d'icelle, ce qui ſeroit incommode, pourquoy i'aime mieux tenir de l'uſage,
veu qu'il eſt authoriſé de l'experience, & nommer le
pole du Nord de l'Aimant, celuy qui ſe tourne vers luy,
& nous le monſtre, & appeller le pole du Zud, celuy
qui le regarde en ces pays Septentrionnaux icy,
car il eſt conſtant, comme nous avons dit, dans le commencement de ce traité, que le pole de l'Aimant, &
le bout des aiguilles qui en ſont touchées, lors qu'on

a passé la Ligne, change sa situation, quoy qu'en puisse dire ce mesme des Cartes, lequel fixe, pour ainsi dire, l'Aimant, établissant pour la premiere des proprietez qu'il en rapporte, au nombre de 34. qu'il y a deux poles en chaque Aimant, l'un desquels, en quelque lieu de la terre, que ce soit, tend toûjours à estre tourné vers le Septétrion, & l'autre vers le Sud, ce qu'il fait ainsi pour établir sa matiere canelée, aux dépens de la verité, fondée sur l'experience, ainsi que nous l'avons fait voir.

Si deux pierres d'Aimant flottantes en liberté sur l'eau, s'approchent l'une de l'autre, & s'ioignent enfin par les poles contraires l'un à l'autre, sçavoir un des poles d'une pierre qui regarde le Sud, se ioint à celuy de l'autre, qui monstre le Nord, afin de prendre, & se donner respectivement les influences qu'ils attirent, & renvoyent, & lesquelles passent de l'un dans l'autre, par des lignes droites, & quand elles sortent ou entrent dans l'un, & dans l'autre des poles, elles le font aussi par des lignes droites vers leur milieu, qu'on appelle le point de leur axe, ou pole, & celles qui en sortent, ou y entrent ves les extremitez, vont en contour, ou circuit, & s'éloignant un peu de l'un, & l'autre pole, elles reviennent vers le pole opposé, comme s'il n'y avoit qu'un seul Aimant, ce qui se remarque dans de la limaille de fer, quand on la met proche d'un ou deux Aimants ioints ensemble, on le poura mieux connoistre par une des figures qui seront mises à la fin de ce Chapitre.

Ce qui se fait ainsi, à cause que ces influences, qui sortent de l'extremité d'un des bouts de l'Aimant, peuvent estre plus aisement r'attirées par l'autre bout, que celles qui sortent par le milieu.

Que si on met un troisiéme Aimant entre ces deux ainsi approchez, ou unis par leurs poles opposez, il les

separe , & les écarte , iusqu'à ce qu'ils se placent tous
trois , les uns aux bouts des autres , selon leurs poles
d'une vertu , ou denomination contraire , afin de recevoir , & s'entre-communiquer leurs influences , & leur
vertu ou puissance magnetique , de la façon dont nous
avons parlé , l'Aimant estant armé , c'est à dire ayant deux
petits morceaux d'acier , appliquez contre ses poles ,
eleve beaucoup plus de fer , que lors qu'il ne l'est point,
dont nous avons rapporté la raison , & si on met
du fer contre les deux bouts de ces petits morceaux
d'acier , il en eleve , & soûtient bien plus , que lors
qu'on en met seulement contre un de ses poles ; & la raison est , que cette armeure , & les poles de l'Aimant
s'entr'-aident , car ces influences qui sortent par un
des bouts de l'Aimant , & qui rentrent dans l'autre , se
continüent le long de ce fer , qui les reçoit , & les soûtient , comme il se remarque aussi dans une longue lame , ou dans des anneaux de fer , qui sont acrochez les
uns aux autres , & que l'Aimant tient suspendus , qui
reçoivent , & portent plus loing cette vertu magnetique,
que la sphere de son activité , si elle n'estoit pas ainsi
augmentée , & aydée.

Le Pole de l'Aimant qui regarde icy le Septentrion,
a plus de force pour attirer le fer , que celuy qui se tourne vers le Midy , lequel à son tour communique mieux
sa vertu au fer & à l'acier , de se tourner vers les poles , & d'élever d'autre fer , que l'autre pole , comme
nous avons dit , & la raison est , que le pole qui regarde le Nord , ayant esté formé dans la mine pour recevoir les influences de la terre continuë , aprés qu'il a esté
arraché , à faire la mesme chose , pourquoy il se tourne,
& s'incline vers cette mesme terre , & specialement
ment vers le pole le plus proche , afin d'en recevoir
encor ces mesmes influences , comme luy estant propres

pour vivre, & se conserver, & trouvant dans le fer de
pareilles influences & des vertus semblables, il les attire
à soy, pour les tirer, & les boire à longs traits, & ayant
fait passer au trauers de luy ces mesmes influences, ou
substances, il les rend par l'autre pole plus épurées, plus
fortes & plus digerées, pour ainsi dire, qu'elles n'estoient
quand il les a prises, luy ayant encor communiqué sa
vertu ou qualité, ce qui fait qu'elles communiquent
mieux au fer par cét autre bout, leur vertu magnetique,
que par le pole qui regarde le Sud, par lequel il reçoit
les influences qui viennent du costé du Midy, lesquelles ne sont pas si froides, ny si propres au fer, qui est
tres froid, que celles qui viennent de la terre du costé
du Nord.

Afin de prouver mieux cette raison, ie rapporteray
deux choses, la premiere est, que ie considere l'Aimant, comme un miroir ardent de verre, lequel estant
exposé aux rayons du Soleil, les reçoit, & les ras-
semblant de l'autre costé, les renvoye en cone, ou piramide, en telle sorte qu'il leur communique tant de
force & de chaleur, qu'ils peuvent enflamer un objet
combustible, qui se trouvera exposé dans la pointe de
cette piramide, & si ce verre est teint de rouge ou de
bleu, ou de quelque autre couleur, ces rayons ainsi
rassemblez, seront aussi teints d'une couleur semblable,
ainsi en est-il de l'Aimant qui prend, attire, & rassemble les influences qui sortent de la terre, par le mesme
bout ou pole, qu'il les recevoit estant encor dans la
mine, & les ayant dans son sein, il les épure, &
augmente, en sorte que lors qu'il les rend par l'autre
bout, elles sont plus fortes, & ont plus de vertu qu'elles n'avoient, quand elles y avoient entré.

Et la seconde est, que ie considere l'Aimant comme
un arbre ou une autre plante, laquelle estant en terre

ça tire sa nouriture par les racines , & ne respire que
de l'air par sa tige & ses branches , car l'Aimant fait
la mesme chose , tirant d'un de ses bouts, les influences ,
ou sa nouriture de la terre , & de l'autre il tire de l'air ,
quelque autre chose qui luy est propre , supposez une
chaleur naturelle & vitale , qui échauffe les froides influences qu'il prend par un de ses bouts , comme par
une bouche , dont il se sert pour cét effet.

Et bien que l'Aimant communique au fer , sa vertu
magnetique au mesme instant qu'il le touche , ou qu'il
en approche , neantmoins plus le fer demeure de temps
proche ou contre luy , cette vertu s'augmente ; dont la
raison est si palpable , & si évidente , qu'il seroit presque inutile de la rapporter , cela estant si naturel qu'il
n'y a pas lieu de douter , que cela se fait par une augmentation de ces mesmes influences , ou vertu occulte
qu'il communique au fer successivement , de mesme
qu'un objet s'échauffe d'avantage , estant plus long-
temps proche du feu , soit que cette vertu occulte soit
pleine de petits atomes ou corpuscules, qui volent en l'air
ou que ce ne soit que l'air imbeu de cette vertu magnetique , & qui en retient la qualité qu'il communique au fer.

Et supposé que cette vertu magnetique fût composée, & pleine de petits athomes ou corpuscules qui sortent du fer & de l'Aimant , cela ne les diminuë pourtant pas , puis qu'ils sont reparez , par de semblables atômes qui volent en l'air , & qui sortent de la
terre , comme d'un grand Aimant , & quoy qu'il en
sorte beaucoup de la terre , elle ne diminuë point ,
comme nous dirons cy-apres en parlant de l'inclination des arbres vers les eaux , en établissant la
cause qui repare l'air , que le feu , & les animaux
consomment.

M. des Cartes, & ceux de sa suite disent, que le
fer, ou l'acier reçoit, & prend la vertu magnetique,
& les parties canelées d'un de leurs elements, à cause
qu'il a des pores faits en façon de vis, qui sont propres pour les recevoir, & les laisser entrer, qui ne
sont point semblables dans l'or, l'argent, & autres
metaux ; & adjoûtent qu'il y a aussi dans le fer, &
l'acier, de petits poils ou des pointes qui se herissent,
& se rebroussent, quand ces parties canelées y veulent entrer, d'un sens contraire aux pores du fer, ce qui
me semble une pure, & extravagante supposition, &
qui n'a aucun fondement que dans leur imagination ;
car qui leur a dit, qu'il y a une matiere subtile, qu'elle
est canelée, & que les pores du fer sont de mesme figure, & qu'il y a des pointes, & des poils dans le
fer, & qu'ils se herissent & se rebroussent pour bou-
cher, & empescher l'entrée à cette matiere subtile ;
& comment se pouroit-il faire, que l'Aimant communiquât en un moment comme il fait, à une aiguille, ou lame de fer, ou d'acier, la vertu de se tourner vers un des poles, en la touchant seulement, & la
luy ostât en la touchant d'un sens contraire, & enfin
luy communiquât la vertu de se tourner vers l'autre
pole, en la touchant encor seulement une fois ? Et pourquoy il n'y a point de semblables pores, poils, & pointes
dans l'or, l'argent & autres metaux ? Et enfin pourquoy
ces poils ou pointes, ne sont-ils point bruslez, & con-
sommez par le feu, quand il fait fondre le fer & l'acier ?
Ie ne vois point qu'ils puissent resoudre ces objections,
& ils n'ont pas fait iusques à present, de si bons mi-
crocopes, qui nous puissent faire voir ces poils, & ces
pointes, ce qui me fait croire que toute leur doctrine
sur l'Aimant, n'est qu'une pure supposition.

C'est pourquoy ie dis, que l'Aimant (& mesme

la terre) communique au fer, cette vertu magnetique
par son attouchement, à cause qu'il a une puissance
naturelle de la recevoir, comme luy estant propre &
salutaire, afin de se conserver, & augmenter ses forces, pour les raisons que nous avons dit cy-devant,
de mesme que le boramets reçoit, & prend ses influences, que l'herbe qui en est proche exhale, & répand ; que le gyrosole se tourne, & suit le cours du
Soleil, pour en recevoir les influences ; que l'ambre,
& la cire d'Espagne, attirent la paille, pour nourir &
entretenir le feu caché, que ces deux choses ont en
elles, l'ambre estant une gomme, & la cire estant composée de gomme laque, qui sont combustibles ; que
les arbres s'inclinent vers l'eau soûterraine, pour en
recevoir les vapeurs qu'elle iette, & envoye en l'air ;
& que plusieurs autres choses font de semblables effets,
pour de pareilles raisons.

Et si on fait repasser une pierre d'Aimant sur une
aiguille, d'un sens contraire à la premiere fois, qui
luy avoit donné la vertu de se tourner, vers un des
poles, par le bout qui avoit esté touché le dernier,
elle luy oste cette vertu-là, & la rend indifferente, &
sans aucun mouvement, à cause que luy voulant communiquer une vertu contraire à celle, qu'elle luy a-
voit donnée, elles se detruisent ainsi naturellement
l'une l'autre, defaisant ce qu'elle avoit fait la premiere fois, par cette seconde fois qu'elle la touche
d'une façon contraire ; n'y ayant rien de si naturel,
comme dit une loy, pour défaire ce qui avoit esté fait,
en faisant la mesme chose d'une façon contraire à celle
qui l'avoit faite. Et d'effet on desnoüroit un neud, &
fût-il gordien, si on defaisoit ce qu'on auroit fait pour
le faire ; & il n'y a pas lieu de s'étonner, si la troisiéme fois que l'Aimant touche cette aiguille, d'un sens

pareil au second , elle luy donne la vertu de se tourner vers un autre pole qu'elle faisoit , quand elle avoit esté touchée la premiere fois , puisque lors du troisiéme attouchement elle estoit autant indifferente , & n'avoit non plus de pouvoir de se tourner, vers l'un ou l'autre pole , que si elle n'avoit iamais esté touchée.

On voit de semblables effets dans des épingles, & dans de la limaille de fer , ou d'acier , estant sur un papier, si on passe par dessous un Aimant , car ces épingles , & cette limaille se dressent lors qu'il passe , & se couchent d'un sens tirant un peu vers un des poles, & repassant , cét Aimant , elles se redressent , & recouchent d'un autre sens , pour les mesmes raisons que nous avons dit , l'Aimant leur communiquant ainsi en passant & repassant , la vertu de se tourner vers un des poles.

Si on fait tourner une piroüette de fer , ou d'acier sur une table , de quelque sens que ce puisse estre , soit à droit , ou à gauche , & qu'on l'éleve par un Aimant, elle tournera bien plus long-temps , qu'elle ne faroit , si on l'avoit laissée finir ses tours sur la table ; M. des Cartes dit entr'autres choses que l'Aimant la tenant ainsi suspenduë , luy oste la pesanteur , qu'elle auroit sur la table ; ce qui me pouroit sembler une bonne raison , si ie n'estois persuadé , que l'Aimant attirant & retenant à soy bien plus pesant de fer , que cette piroüette, qu'on a de la peine à luy arracher , & qu'ainsi il devroit plustost retenir cette piroüette , & l'empescher de tourner , que de luy augmenter son mouvement ; c'est pourquoy i'ayme mieux dire , que ce plus long mouvement de la piroüette arrive , à cause que l'Aimant envoye au tour de luy , les influences qui en sortent , comme il se voit par la limaille de fer , quand on la met proche de luy , lesquelles trouvant cette piroüette qui

tourne

ourne en leur chemin , fuivant fon mouvement , qui
les entraine , les uns d'un cofté , & les autres de l'autre ; de mefme que les ailles d'une roüe , femblables
à celles qu'on fait horifontalement , pour tirer de l'eau
d'un puits , par le moyen defquelles (fuppofez qu'elles
fuffent toutes droites attachées au milieu de la roüe)
le vent naturel touchant ces ailles d'un cofté , & un
vent artificiel , comme celuy-d'un fouflet , touchant
les mefmes ailles d'un autre cofté oppofé , cela fairoit
mieux tourner la roüe , que fi elle ne recevoit qu'un de
ces fortes de vents , ainfi en eft-il , de cette piroüette ,
qui reçoit les influences de l'Aimant , qui viennent de
deux endroits oppofez , & qu'elle determine d'aller les
unes d'un cofté , & les autres de l'autre , felon le mouvement qui luy a efté donné.

On fait plufieurs gentilleffes avec l'Aimant , & qui
foàt fi furprenantes , que ceux qui les voyent , & en
ignorent la caufe , croyent que cela fe fait par enchan-
tement , ou forcelerie ; par exemple , un homme a
au haut , & contre le lambris de fon cabinet, une montre , où les 12. heures font marquées , fans qu'il y ait
aucune aiguille , & une table contenant les 31. noms
des vents , & a auffi de pareilles figures , au tour
de deux vaiffeaux pleins d'eau ; & prenant un oyfeau
mort , ou une peau d'un oyfeau remplie de foin , qui
aura un petit morceau de fer dans le bec , qu'on ne
verra point, & le iettant en haut, luy difant qu'il montre
quelle heure il eft , ou de quel cofté le vent vente ,
il s'en ira directement marquer l'heure qu'il fera , ou
de quel cofté le vent fouflera , au moyen qu'il y aura
une pierre d'Aimant derriere cette montre , qu'une horloge faira tourner , & une autre Aimant derriere cette
table des vents , qu'une giroüette , coq , ou venvole
qui fera fur le haut du cabinet par dehors , faira auffi

tourner, & la mesme chose se faira par ce mesm
moyen dans ces vaisseaux pleins d'eau, y mettant a
tour de chaque, un Aimant ainsi remué & tourné par
vne horloge, ou giroüette, & iettant sur l'eau une gre-
noüille morte, qui aura un petit morceau de fer dans
la gueulle, elle ira trouver la pierre d'Aimant, bien
qu'elle soit cachée, & marquera ainsi l'heure, ou le vent.

I'ay ouy dire aussi, qu'un autre faisoit voir l'heure,
& de quel costé estoit le vent, par des morceaux de
papier blanc, qu'il iettoit en haut, & qui s'alloient
attacher contre une montre, ou une table, semblables
à celles dont nous venons de parler, ce qui se faisoit
ainsi, à cause que ce papier estoit plein de limaille
de fer, ou d'acier.

I'ay ouy pareillement dire, qu'un homme ouvroir
des serrures, des portes, coffres, & autres choses bien
fermées, par le moyen d'un Aimant qu'il avoit, ce
que i'ay de la peine à croire ; un Aimant, pour fort
qu'il peût estre, n'ayant, ce me semble, pas assez de
force, pour faire de semblables effets, à moins qu'il
ne touchât le verroüil de la serrure, & qu'il n'y eut
point de ressort, qui le tint fermé ; ie crois qu'il pouvoit se servir, d'une herbe qu'on appelle Lunaire, qui
a tant de force à ce qu'on dit, qu'elle arrache les fers
des pieds des chevaux, comme entr'autres, du Bartas
le décrit, & ensuite luy en demande la raison.

.....Lunaire, où cachez-vous
La mareschale main, qui arrache les clous ?

Ie m'en rapporte à ce qui en peut estre, neantmoins
pour empescher les desordres, qu'une telle invention,
si elle estoit veritable, pouroit causer, on pouroit faire
les verroux des serrures, d'un autre metail, que de fer.

On dit que le sepulchre ou cercüeil de Mahomet, est
élevé au haut d'un Temple dans la ville de la Mecque

(quelques uns difent que c'eft dans une autre ville)
fans qu'il foit fouftenu, & qu'il touche à aucune chofe;
à caufe qu'il y a plufieurs pierres d'Aimant dans la voute
de cette Eglife, qui attirent ce cercüeil (qui eft de fer)
également de tous coftez, & qu'ainfi elles le retiennent directement au milieu, comme cét Afne de la fable qui mourut de faim, entre deux mefures d'avoine
également diftantes, ne fçachant à laquelle il devoit
aller, & de peur que fe déterminant d'aller vers l'une,
il ne perdit l'autre ; pour moy ie ne puis croire, que
ce cercueil de Mahomet foit foûtenu, ainfi qu'on dit,
fans qu'il foit fufpendu par quelque chofe, l'Aimant
ne pouvant faire de tels effets, & mefme s'il les faifoit, ils ne dureroient pas long-temps, à caufe que la
roüille gafte le fer, & l'Aimant, & en ruine les forces,
comme on verra cy-aprés en fon lieu, & ainfi ce pauvre
cercueil feroit tombé il y a long-temps, & tombant
fe feroit rompu, & auroit peut eftre rompu le col, à
ce faux Dieu, que les peuples Jdolâtres qui l'adorent,
n'ont peu élever aprés fa mort, que iufques au haut
d'un de leurs Temples (fuppofez que cela foit vray,)
par quelque machine qui nous eft inconnuë, mais le
Dieu des Chreftiens, que nous adorons, & qui eft le
veritable Dieu, a bien plus de force, que ce cadavre
enfermé dans une cage de fer, comme une befte feroce,
puis qu'il s'eft refufcité luy-mefme, apres fa mort, &
eft defcendu aux Enfers, qui font les plus profonds a-
byfmes de la terre, & eft monté iufques au plus haut
des Cieux, où il eft affis à la droite de Dieu fon Pere,
& d'où il defcendra en terre au terrible, & épouven-
table iour du Iugement, pour iuger les vivans & les
morts, ce qui eft vray, & nous fommes obligez de le
croire, comme des articles de noftre Foy, & non pas
que ce cercueil de Mahomet foit fufpendu & élevé en

l'air, sans estre soustenu d'aucune chose.

Aussi cela n'est pas veritable, ainsi que plusieurs voyageurs qui ont esté en cette Ville-là, l'ont asseuré à leur retour, pour moy si i'y allois, mais à dire vray, ie ne suis pas parti, & n'en ay pas mesme encor fait le dessein, ie voudrois premierement sçavoir ce qui en est, & aprés tâcher d'en découvrir, & reconnoistre la cause, & ensuite en dire mon sentiment, se pouvant faire, que ce cercüeil est attaché, & retenu en l'air vers le haut de ce Temple, par quelques chaisnes, ou autres choses diaphanes, & transparantes, qu'on ne voit pas, estant sur le pavé ; ou bien par quelque petit fil imperceptible de loin, qui est également fort par tout, & lequel partant ne peut estre rompu par la pesanteur de ce cercüeil, n'y ayant point de raison, pourquoy il se rompit plûtost par un endroit, que par l'autre, estant également fort en toutes, & par toutes ses parties : tous les Philosophes convenant, ou du moins la plus part, qu'un fil également fort en toute son étenduë, ne peut estre rompu, car si en le tirant, on le rompoit, supposez, par, ou vers le milieu, il ne seroit pas si fort par cét endroit-là, que par les autres, ce qui seroit contraire à la supposition, qu'il fût également fort.

Neantmoins cette supposition est bien difficile, ce me semble, ne s'estant point veu iusques apresent, de fil d'une semblable nature, quoy que nous voyons quelque chose qui en approche, sçavoir dans les œufs de poule (ie crois que c'est la mesme chose de ceux des autres grands oyseaux) que la nature leur fait faire si forts, qu'un homme ne les peut rompre, les pressant entre ses mains par les deux bouts, quoy qu'ils soient tres-fragiles, & aysés à rompre, en les pressant par d'autres endroits.

Mais sortons de ce sepulchre, pour rentrer en nostre

aimable Aimant, afin d'y confiderer une grande merveille qui s'y paffe, & qui n'a efté découverte qu'en ces
dernieres années, par Pierre Peregrin, à ce que dit
l'Autheur du Theatre ou des Eftats & Empires du monde, que nous avons dêja rapportée, dans le Traité du
Bafton Vniverfel ; fçavoir qu'une pierre d'Aimant taillée en globe, & foûtenuë fur fes poles repondant à
ceux du monde, fous le meridien du lieu où il eft,
tourne un tour en 24. heures ; où nous avons pris occafion de dire, que fi cela eftoit veritable, on en
pouroit faire une horloge qui feroit perpetuelle (puifque le principe de fon mouvement feroit de mefme)
en faifant ce que nous y avons dit.

l'ay pourtant toûjours douté de cette experience, ne
l'ayant iamais veuë, comme i'ay dit au mefme lieu,
& depuis le temps que i'en parlois, i'ay voulu la faire
faire, mais cela n'a point reüffi, quoy que ma pierre
d'Aimant fût tres-bonne, peut-eftre à caufe que la
machine n'a pas efté bien faite, & il fe poura faire
que ie rencontreray mieux une autre fois, ayant ouy
dire à quelque Curieux de mes amis qu'il l'avoit encore
veuë decrite dans un autre livre, & mefme qu'il avoit
veu une pierre d'Aimant qui faifoit cét effet-là ; & il
n'eft pas croyable qu'un fi fçavant, & celebre Autheur,
comme eft celuy de ce livre des Eftats & Empires du
monde, eût voulu rapporter une experience qui ne fût
pas veritable, & fur laquelle il fonde le doute de la
mobilité de la terre, dont il eftoit perfuadé du contraire, par les raifons qu'il en rapporte ; quoy que à
mon âvis, quand cette experience feroit conftante, &
veritable, on n'en pouroit pas tirer aucune confequen-
ce, que la terre tournât, non plus que du girofole,
qui tourne fa tige, & fuit le mouvement du
Soleil ; mefme que cét Autheur ne dit point dequel

cofté , cét Aimant ainfi preparé fe tourne , fçavoir s'il va comme fait le Soleil , ou d'un fens , ou mouvement contraire.

M. des Cartes ny fes feétateurs , ne parlent point de cette experience , & ils auroient bien de la peine à la prouver par leur matiere canelée.

I'ay defia dit , que fi cette experience eft veritable , l'Aimant eft vray femblablement attiré , ou fuit le cours de Mars ; & ce que i'ay fait obferver cy-deffus de la produétion du fer , & de l'Aimant me fait perfifter à mon opinion ; que fi Mars attire l'Aimant , ou l'Aimant fuit fon cours , c'eft afin que l'Aimant reçoive les influences de cette Planete , de mefme que le gyrofole fuit le cours du Soleil , pour le mefme effet : car bien que ie n'aye pas ouy dire , de quel cofté l'Aimant ainfi preparé fe tourne , ie me perfuade pourtant qu'il doit fuivre le mouvement des Cieux , foit que Mars l'attire , ainfi que le Soleil fait un œuf plein de rofée dans le mois de May , le mettant au matin au pied d'une gaule un peu penchée , comme on le voit décrit en plufieurs livres ; ou que l'Aimant fe tourne de luy mefme , pour fuivre le cours , & le mouvement de Mars fon pere , comme il fait vers la terre fa mere , s'inclinant , & fe penchant vers elle , & n'eft point pleinement fatisfait qu'il n'y foit direétement tourné ; auquel temps il goufte une grande fatisfaétion , & ioüit comme elle , d'un plein repos , & fans aucune variation , ny mouvement , ainfi que nous dirons dans l'Article fuivant.

I'ay raifonné depuis que i'ay leu cette experience du mouvement iournalier de l'Aimant , dans ce livre des Eftats & Empires du monde , un peu avant que de faire imprimer le Traité du Bafton Vniverfel , qu'un globe concave , ou une boule folide d'acier , touchée

d'un bon Aimant, devroit faire le mesme effet, fondé
sur ce que les aiguilles, ou boussoles d'acier, estant
touchées de l'Aimant, se tournent comme luy, vers les
Poles de la terre, & vers elle-mesme ; & pour voir si
l'experience respondroit à la raison, i'en ay fait faire
deux l'une d'une façon, & l'autre de l'autre, neantmoins
cela n'a pas reüssi, peut-estre à cause qu'ils n'estoient
pas bien faites, & qu'elles estoient trop pesantes, &
il se poura faire, que quelques Ouvriers plus experts,
que celuy dont ie me suis servy, pouront venir à bout
de ce dessein, soit par l'Aimant, ou l'acier, & en faire
le plus beau chef d'œuvre, à mon âvis, qu'on puisse
faire sur cette matiere ; car cette petite machine serviroit d'horloge, qui seroit perpetuelle, pourveu qu'elle
demeurât roûjours dans un lieu fixe, comme dans une
chambre ou cabinet, ainsi que nous avons dit, dans
ce mesme Traité du Baston universel ; & mesme qu'on
la pouroit porter sur soy, comme on fait une monstre,
en la mettant dans le centre de sa pesanteur, en trois
petits cercles, respondant, & tournant les uns dans
les autres, chacun sur ses poles differemment placez,
en telle sorte que de quelque costé qu'on remuât ce
globe, il demeureroit toûjours dans le centre de sa
pesanteur, ou gravité, & ses poles se tiendroient tournez vers ceux de la terre ; ce qui seroit une belle invention, & bien plus commode que nos monstres, car
il ne faudroit point avoir le soin de les monter, &
accommoder, & il ne seroit point necessaire d'y faire
aucuns frais, ny dépense, comme on fait aux monstres
qu'il faut monter de temps en temps, & y racommo-
der souvent des cordes, des ressorts, des roües, &
d'autres pieces, qui coustent beaucoup ; & mesme
qu'elles sont rarement bien iustes, avançant ou retar-
dant bien souvent, & si une fois elles sont tombées, &

que leur mouvement soit fini, on ne sçait plus où l'on en est, & faut avoir recours à une autre montre, horloge, ou cadran pour les remonter.

ARTICLE V.

Du Repos de l'Aimant.

L'Aimant a deux sortes de repos, l'un qui a esté trouvé le premier (& qui se rencontre aussi dans les aiguilles aimantées) lors qu'il s'arreste & se tient fixe, vers les Poles du monde, que les anciens Philosophes estimoient estre les poles du Ciel, plusieurs d'iceux disant qu'il tendoit, & se tournoit vers l'étoille polaire ; neantmoins ce mesme Gilbert, dont nous avons parlé plusieurs fois, a observé qu'il se tournoit ainsi que les aiguilles, vers les poles de la terre ; comme il se voit dans un Aimant qui flotte sur l'eau, ayant ses poles parallelles à l'horison, & en une aiguille touchée d'un Aimant, & soûtenuë en equilibre sur un pivot, car cét Aimant apres quelques tours & detours, & cette aiguille aprés quelques mouvemens s'arrestent toûjours d'une mesme façon, tenant un de leurs bouts, ou poles vers un des poles de la terre, & l'autre vers l'autre.

L'Aimant a un autre repos, que le mesme Gilbert a observé, qui est quand on met une pierre d'Aimant taillée en globe, sur son pole qui regarde icy le Nord (car passé la Ligne, ce mesme pole regarde le pole Antartique, comme nous avons dir) à flotter sur l'eau, cét Aimant aprés plusieurs mouvemens de costé & d'autre, s'arreste toûjours (apres avoir esté remué) d'une mesme situation, ensorte que toutes ses parties se retrouvent de la mesme façon, & répondent aux mesmes

parties

parties du Ciel, sçavoir, celle qui estoit exposée la premiere fois, vers le Nord, s'y retrouve encor la seconde, & troisiéme fois, & les autres parties par consequent se trouvent aux mesmes lieux, où elles estoient la premiere fois.

Nous en avons desia touché les raisons cy-devant, il ne sera pourtant pas hors de propos de les reprendre, & les rapporter en ce lieu, comme estant leur veritable, & l'autre n'estant qu'estranger, sçavoir que l'Aimant ainsi placé vers la terre sur son pole, qui se tourne vers le Nord, quand on met son axe ou aissieu parallelle à l'horison, prend sa naturelle situation, & dans laquelle il a esté formé dans la mine, & dans le sein de la terre, afin de recevoir les influences qui sortent de la terre, comme il faisoit, quand il estoit encor dans ses entrailles, de mesme que les arbres, ainsi que nous avons dit, se plaisent, & font meilleure fin, d'estre replantées dans la mesme situation, où elles ont creu, & que le chevrefain, & les tiges des féves, dont nous avons aussi parlé, reviennent à leur situation naturelle, quand on les avoit déliées par force & violence, & qu'on les laisse en liberté.

On dit que l'Aimant ainsi placé sur ce pole, ne varie point, c'est à dire, ne se detourne point du Pole de la terre, le monstrant toûjours, & en tous lieux directement (si on en excepte la ligne, car il est à croire, que son repos n'y est pas plus certain, que le mouvement qu'il y a, ou que les aiguilles aimantées y ont, comme nous avons dit) en telle sorte que le point ou la partie de l'Aimant, qui s'est arrestée vers le Nord la premiere fois, s'arreste toûjours de mesme, les autres fois, en quelque lieu que ce soit, ce qu'il ne fait pas quand on met ses poles parallelles à l'horison, car il s'écarte du pole (ainsi que les bons-

foles) dans quelques endroits, sçavoir en quelques
unes de cinq, dans d'autres de dix, quinze, & mefme vingt degrez ; & dans de mesmes lieux, en differents temps, cette variation n'est pas semblable, se voyant qu'elle augmente, ou diminuë en quelques années,
par exemple, cette variation sera en un tel lieu de dix
degrez, tendant vers l'Orient, & vingt ans aprés, elle
ne sera que de cinq degrez, si elle diminuë, ou de
12. ou quinze si elle augmente, mesme que lors qu'elle
diminuë, elle passe à succession de temps, d'un des
costez vers l'autre, vers l'Orient ou l'Occident.

Nos Autheurs qui en ont traité, disent (& ie crois
que cela est veritable) que cette variation procede de
quelques mines de fer, qui sont proches, qui attirent l'Aimant, ou qui s'incline vers elles, lesquelles
mines se meurissant, ou estant en leur maturité, pour
ainsi dire, ont plus de force, que lors qu'elles se passent, & diminüent, soit naturellement, ou par l'en-
levement qu'on en fait, pour en faire du fer.

Quelques uns ont cherché les longitudes par le moyen
de l'Aimant, & comme cecy est de grande consequen-
ce, les longitudes estant un des plus beaux secrets, &
des plus utiles qu'on puisse s'imaginer, & pour lequel
on a proposé de grands prix, & recompenses dans plusieurs Etats, à ceux qui le pouroient trouver, il est à
propos de reprendre cette affaire de plus loin, & examiner ce que c'est que longitude, & ce qu'on cherche
quand on veut trouver ce secret-là.

On appelle longitude, la distance d'un lieu, à un
autre, suposez d'une ville à une autre ville, l'une du costé
de Soleil levant, & l'autre du costé de Soleil couchant,
& la latitude est la distance d'un lieu à un autre, situez
l'un vers le Midy, & l'autre vers un des Poles.

On commence à conter les degrez de longitude aux

Isles des Canaries, & on continuë vers l'Espagne, l'Italie & autres pays Orientaux, iusqu'à ce qu'on soit revenu par l'Amérique, à ces mesmes Isles, c'est à dire qu'on ait fait le tour du monde, ou trois cent soixante degrez, lesquels sont plus grands sous l'équateur, que sous les Tropiques ou autres climats; & on commence à conter les degrez de latitude, à la ligne équinoxiale, allant vers l'un ou l'autre pole, & iusques au 90. degré, qui est le point de châque pole, lesquels degrez sont egaux entr'eux.

On trouve fort aisément les latitudes, pour les instrumens Mathematiques, sçavoir l'astrolabe, quart de nonante, & autres, en considerant l'élevation du Soleil à midy, ou du pole dans le lieu, où l'on est, & voyant combien le Soleil, ou le pole est plus élevé de degrez en un lieu que dans l'autre, on reconnoist combien ces lieux-là, sont éloignez de degrez de latitude, les uns des autres, lesquels on reduit en lieües du pays où l'on est, ou dont on veut parler; lesquelles ne sont pas égales dans tous les pays du monde, mesme qu'elles sont quelquesfois differentes dans un mesme Royaume, comme en celuy de France, où les lieües que l'on conte auprès de Paris, sont bien plus petites, que celles de basse Normandie ou de Bretagne, ce qui cause une grande confusion, ainsi que la diversité des poids & des mesures, qui se trouvent differentes, non seulement en divers lieux, mais aussi dans une même ville.

La science des longitudes, est plus incertaine que des latitudes, & on a de la peine à la trouver iustement, ceux qui en ont parlé, & qui ont établi les longitudes de quelques pays, ou Villes, ne s'accordent pas ensemble, & mesme ils se trompent souvent dans leur calcul, comme on peut remarquer, dans quelques Villes, dont on connoist la distance.

On a cherché les longitudes par le moyen de la lune, & specialement par ses éclipses, en considerant le
temps qu'une éclypse commence, ou bien finit, en differens lieux, car se trouvant qu'elle commence à une
des villes à une certaine heure, supposons à minuit, &
à une heure apres minuit dans une autre ville, on iuge
que ces deux villes sont éloignées de quinze degrez
de longitude, l'une de l'autre; & si on remarque qu'elle
commence dans l'une & dans l'autre ville, en un mesme temps, elles sont dans le mesme degré de longitude, quoy qu'elles soient bien eloignées l'une de l'autre, car toutes les villes ou lieux qui sont sous un mesme meridien, ont un mesme degré de longitude.

Et bien que quelques-fois des villes ne soient éloignées les unes des autres, que d'un ou deux degrez de
latitude, elles le sont pourtant bien, supposez de plus
de vingt, trente, ou quarante degrez mesme davantage, de longitude, & ainsi si on sçavoit precisement,
soit par le mouvement de la lune, ou autrement les
longitudes, on connoistroit la distance des lieux; ce
qui seroit fort utile, & principalement sur mer, en ce
qu'on iroit directement où l'on voudroit.

Il me souvient d'avoir leu dans un livre (il me semble
que c'est celuy de Gilbert, n'en estant pas presentement saisi) qu'on peut connoistre les longitudes par la
variation de l'Aimant, & des aiguilles aimantées,
disant qu'estant sur mer, elles varient davantage proche
de la terre, que lors qu'on en est plus éloigné, à cause
que la terre & les mines de fer, les attirent, mais cela
n'est pas veritable, ny certain, y ayant des lieux sur
mer où l'Aimant & les aiguilles s'écartent du pole, davantage qu'en d'autres, soit vers l'Orient, ou l'Occident,
& dans quelques endroits elles ne s'en écartent point du
tout, ainsi qu'il arrive sur terre, comme nous avons dit.

Mais on doit demeurer d'accord, que si on pouvoit empescher cette variation de l'Aimant, ou des aiguilles aimantées, ensorte qu'il peut tousiours & en tous lieux monstrer directement le pole, on auroit trouvé la science des longitudes, tant & si long-temps desirée, & recherchée; car considerant les vents, par le moyen desquels on iroit sur la mer, & combien de degrez de latitude, on auroit fait depuis le lieu d'où l'on seroit party, on verroit de combien de lieuës les pays seroient distans l'un de l'autre, ce qui se connoistroit aisement par l'Aimant planté, & flottant sur son pole qui regarde icy le Nord, supposé qu'il ne varie point, comme on dit, & si ces globes d'acier dont nous avons parlé faisoient le mesme effet, on auroit cette belle connoissance des longitudes, sur la mer, où elle est bien plus utile, & plus difficile que sur la terre ; car sur terre, il ne faut que conter les lieuës, d'entre une ville & une autre, & voir de combien elles sont distantes l'une de l'autre, des degrez de longitude & latitude, & reduire ces degrez en lieuës. Je donnerois le moyen de faire cette reductió, si c'estoit icy le lieu de parler amplement de cette matiere, se poura estre une autre fois, que ie m'acquiteray des promesses que i'en ay faites ailleurs.

Ie suis apres un autre beau secret que i'ay medité, pour empescher la variation des boussoles, mais comme ie n'y ay pas encor mis la derniere main, ie ne puis m'en vanter, s'il reüssit ce sera pour une autre fois que i'en parleray.

Pour finir cét Article, ie refuteray l'opinion de M. des Cartes, lequel pour expliquer ce repos de l'Aimant ainsi placé, & flottant sur un de ses poles (sçavoir celuy qui regarde le Nord en ces pays Septentrionaux celuy-la estant plus propre, que l'autre pour cét effet) dit, que cela vient de ce qu'il sort de la terre des matie

res subtiles & canelées, qui montent en haut, & d'autres qui viennent de haut en bas ; mais quand cela
seroit veritable, comme il le suppose sans en dire aucune
raison, il ne devroit pas causer cét effet de l'Aimant,
ny l'obliger de se remettre toûjours dans une mesme situation, au contraire il seroit indifferent de se tourner
d'un sens, ou de l'autre ; ainsi il est vray de dire, que
cette matiere subtile canelée, est une pure & imaginaire
supposition, & qui n'a aucun fondement de raison, ny
mesme de vray-semblance.

Pour resoudre cette difficulté, & expliquer le repos
de l'Aimant, & qu'il se remet toûjours dans une mesme situation, M. des Cartes, (& ceux de sa suite)
devroit dire en outre ce qu'il a dit de sa matiere canelée, qui vient d'un sens, d'un des poles, & d'un
autre sens, de l'autre, ce qui est cause qu'elle tourne
l'Aimant vers les poles de la terre, & de celle qui monte,
& qui descend, qu'il y a de semblable matiere canelée, qui vient des quatre parties du monde d'une façon
contraire l'une à l'autre, ensorte que celle qui vient
de l'Orient, par exemple, ne seroit pas tournée de
mesme que celle de l'Occident, & que l'Aimant ayant
aussi differents pores pour les recevoir, cela seroit cause
qu'il s'arresteroit toûjours d'une mesme façon estant
ainsi placé sur un de ses poles ; qui seroit une explication de ce repos de l'Aimant semblable à celle qu'il
établit, pour expliquer son mouvement vers le pole, &
comme il n'a osé (ny ceux de sa suite) avancer cette
supposition de matiere canelée subtile de l'Orient & de
l'Occident, à ioindre à celle qu'il fait venir de haut en
bas, & des deux poles de la terre, nous devons croire
que le tout n'est pas veritable : & encor il devroit prouver
cette matiere canelée, par experience & par raison, se
voyant d'autres estres qui se tournent les uns vers les autres, sans se servir d'une semblable matiere.

ARTICLE VI.

Des Maladies de l'Aimant.

L'Aimant a ses maladies particulieres, ainsi que les animaux, les arbres, & les plantes, sçavoir une roüille, ou couleur rouge qu'il iette, qu'on pouroit dire estre semblable à la rougeule, qui vient aux hommes, & specialement aux enfans, ou à la petite verole, auquel cas il languit & ses forces diminuënt beaucoup, & si on n'y remedie, & qu'on n'ôte cette roüille, il déperit & n'a plus de force ny de vertu, de la mesme façon que le fer, se corrompt, & pourît par une roüille semblable ; & la raison est que la substance de l'Aimant est rouge, (ainsi que celle du fer) estant produite par Mars comme nous avons dit, ainsi iettant cette roüille, il pert son sang, sa substance, & son humeur radicale, & par ce moyen il pert ses forces, & ne devient qu'une pierre brute, sans sentiment & sans mouvement.

L'Aimant iette plûtost cette roüille, estant en un lieu humide ou dans l'eau, qu'estant exposé à l'air, dans un lieu temperé, à cause que cette humidité, où cét air humide, & plein de vapeurs, s'insinüant dans l'Aimant, augmente cette humeur radicale, que nous avons dit qu'il avoit, & luy debouche & ouvre les pores ou passages, pour la faire sortir de toutes parts, & cette roüille ainsi augmentée dans l'Aimant, & sortant dehors, & se tenant attachée contre les bords, elle mange & ronge les endroits, où elle est, & enfin reduit cette pierre, ainsi que le fer, en une espece de terre ou pouriture, comme il se voit dans un couteau ou morceau de fer, qui a esté long-temps exposé sur terre à la

pluye , & rofée , & autres iniures du temps , qui devient tellement roüillé , enforte que lors qu'on y touche
il s'en va en morceaux , & en poudre.

L'Aimant diminuë auffi beaucoup fes forces , fi on
l'expofe long-temps à l'air , & fpecialement d'un fens
contraire à la fituation qu'il prend naturellement , c'eft
à dire fi on expofe icy vers le pole antartique , fon pole
ou bout qu'il a de coûtume de tourner vers le Septentrion , & la raifon de la premiere chofe eft , qu'il ne
reçoit pas tant d'influences de la terre , qui luy font
propres pour fa nouriture & confervation , que quand
il luy touche , ou qu'il en eft proche.

Et la raifon de la feconde chofe eft , qu'eftant
expofé d'un fens contraire à fa fituation naturelle , il ne
peut prendre fa nouriture , fçavoir les influences qui
viennent du cofté du Nord , & celles qui viennent du
cofté du Sud , par les endroits qu'il avoit accoûtumé ,
ainfi il languit , & fes forces diminüent peu à peu , de
mefme que fi on replantoit des arbres , ou des plantes ,
(fuppofez des choux) les racines en haut , & la tefte
en bas , elles mouroient bien-toft.

L'eau fait auffi diminuer les forces de l'Aimant , luy
caufant de la roüille , ainfi qu'au fer , comme nous a-
vons dit ; i'adjoûteray qu'il y a d'autres chofes qui
rongent & corrompent le fer , par exemple , de certains
vents qui foufient dans les Ifles qu'on appelle les
Affores.

Ventus in Afforibus ferrata repagula rodit.

Le fidre auffi diminuë , & ronge le fer , ce qu'on
peut connoiftre par une clef à vin de fer , qu'on aura
laiffée cinq ou fix mois dans le fond d'un tonneau plein
de fidre , car le bout qui eft dans le tonneau , fera
mangé & diminué , & ie prefume que les mefmes
chofes qui rongent & font diminuer le fer , font le
mefme

mefme effet fur l'Aimant, puis qu'il a les mefmes quá-
litez que le fer, ainfi que nous avons dit plufieurs fois.

Mais pourquoy le vent dans les aſſores ronge-t'il &
confomme t'il le fer ? Pour bien refoudre cette queſtion,
il faudroit avoir veu les lieux, & obfervé quels vents
font cét effet-là, cependant comme nous avons dit cy-
devant, que l'Aimant eſtoit produit par les influences
de Mars qui font froides, eſtant renvoyées par les Poles
des Cieux vers la terre, & que nous avons dit auſſi en
fon lieu, que les vents eſtoient produits par les influences des Aſtres, il eſt à croire que le vent qui ronge
& confomme le fer en ces Iſles-là, vient d'un pays
chaud, ou eſt produit par un Aſtre dont les influences
font chaudes, lefquelles combattant ainfi contre le froid
qu'elles trouvent dans le fer, elles l'ufent & confom-
ment, c'eſt la mefme chofe dans le fidre, qui eſt chaud,
comme il fe peut remarquer par l'eau de vie, & que
nous dirons dans ce Chapitre fuivant.

On pouroit auſſi dire que ces effets procederoient de
l'humidité ou vapeurs qui font dans ce vent, & de l'humidité du fidre, qui feroient roüiller le fer, & le con-
fommer ; & peut-eſtre que les autres liqueurs font le
mefme effet.

Que fi l'eau diminuë les forces de l'Aimant étouffant
fa chaleur naturelle, le feu n'en fait pas moins, car par
fa chaleur, il diſſipe l'humide radical, & cette humeur
vitale que nous avons dit eſtre dans l'Aimant, comme
il fait des autres pierres, & non pas de l'or & l'argent
& autres metaux, & il ne faut pas s'étonner fi l'eau
par fon humidité, & fon froid, & fi le feu par fon
activité & fa chaleur, font du mal à l'Aimant, quand
ces deux chofes agiſſent avec exceds, fur luy, eſtant
d'une humeur temperée, quoy qu'il participe plus du
froid que du chaud, faifant bien la mefme chofe dans

les animaux vivants , ainsi que dans les arbres & les plantes , car le grand froid , & le feu , ou la trop grande chaleur , non seulement leur font du mal , mais mesme les font mourir.

ARTICLE VII.
De la Mort de l'Aimant.

LEs mesmes choses que nous venons de dire , qui causent les maladies de l'Aimant , le font aussi mourir pour ainsi dire (pour les raisons que nous avons rapportées) luy arrachant l'ame du corps , & luy coupant les pieds , & les mains , ensorte qu'il ne se peut remüer ny tourner , & luy arrachant la langue , & les dents , & luy fermant la bouche , l'empeschant de boire & manger ; enfin elles le rendent perclus & paralitique de tous ses membres , & ne luy laissent ny force , ny vertu , ainsi de Roy des Pierres , comme l'appelle le P. Kircher , il devient la lie du monde , ou de la poussiere que le vent emporte , & un corps sans ame , & sans sentiment , une terre damnée , & une teste morte , ou plûtost une pierre brute , un tronc inutile , & un corps mort , *Requiescat in pace.*

ARTICLE VIII.
De la Resurrection de l'Aimant.

L'Aimant qui a perdu ses forces , les peut recouvrer , à moins qu'il n'ait esté bruslé , & consommé par le feu , car en ce cas il n'y a point de remede , & quelque chose qu'on y puisse faire , il ne peut reprendre sa premiere vertu ; mais s'il avoit perdu ses forces par la roüille , on les luy peut redonner , si aprés avoir osté la roüille qui est dessus (car on ne peut oster celle qui est dedans) & le tenant dans de la limaille d'acier , ou du poivre , ou cochenille , ou autres choses , dont nous avons parlé , il reprend peu à peu ses premieres forces , pour les raisons que nous en avons données.

Si l'Aimant a perdu ses forces ayant esté long-temps
exposé en l'air, dans un sens contraire à sa naturelle
situation, on les luy fait revenir en le remettant de l'autre sens qu'il estoit, & luy baillant, pour ainsi dire, à
boire & à manger, sçavoir de la limaille de fer, &
autres choses qui luy sont propres, & quand on ne luy
bailleroit rien, il reviendroit peu à peu, en le mettant
contre, ou proche de la terre.

Et ie crois mesme que si cét Aimant demeuroit long-
temps exposé de cette mesme façon, & dans la mesme
situation, où il auroit perdu ses forces, il les pouroit rétablir, comme fairoit une branche de quelque arbre,
qu'on auroit picquée en terre, par le bout de haut, qui
reprendroit, & ietteroit d'autres branches & des racines, mais comme cela gist en fait, il en faudroit
faire l'experience, avant que d'en asseurer, & en parler
de certain.

Non seulement l'Aimant a cette vertu de se ressusci-
ter soy-mesme, & principalement quand il est un peu
aidé, mais plusieurs choses font le mesme effet, &
entr'autres le Phœnix, ainsi qu'on dit, lequel s'estant
brûlé luy-mesme à un petit bucher de bois aromatique,
qu'il assemble, il sort de ses cendres un autre luy-
mesme, qui est unique en son espece, & laquelle il
conserve par ce moyen; les vers à soye sont aussi admirables dans leurs differentes mutations & changemens,
car apres avoir filé leur soye, ils se reduisent en forme
d'une féve, comme dans un tombeau, où ils sont enfermez environ quinze iours, & apres ils en sortent en
papillons blancs; & nos corps, bien qu'ils soient pouris
ou bruslez, ressusciteront un iour, & seront reünis à
nos ames pendant l'Eternité, Dieu vueille qu'elle soit
bien-heureuse, & qu'il nous face la grace de nous
donner sa gloire. Amen.

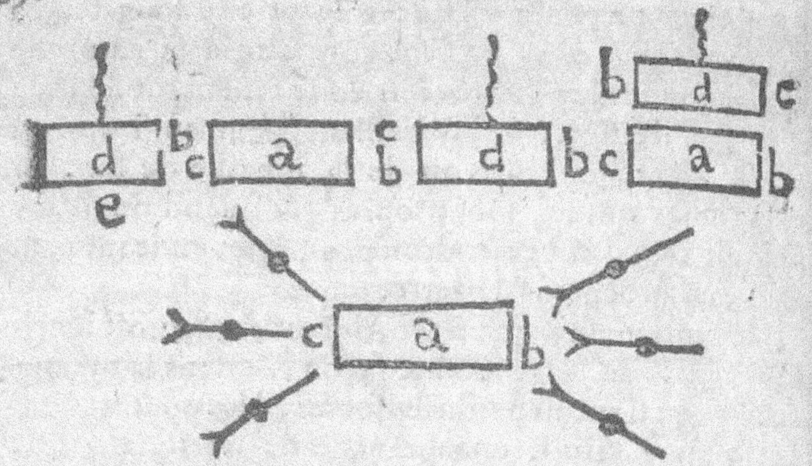

Ces Figures cy-dessus sont expliquées pages 261. & 261.

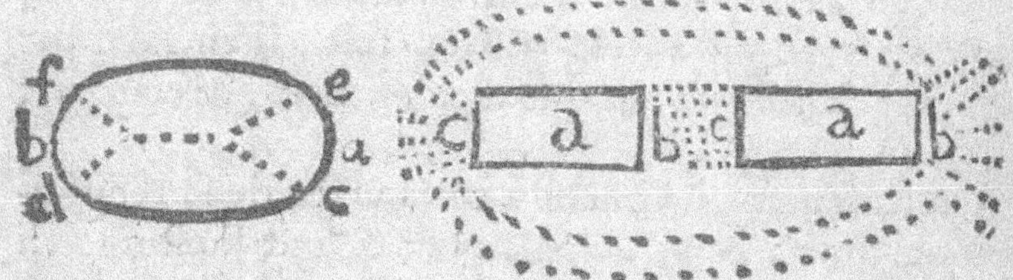

Vn Aimant taillé en ovale, ayant ses poles a, b, estant coupé en deux ovales, une des parties a ses poles en c d, & l'autre en e f.	La Figure cy-dessus est expliquée dans la page 270.

Faisant passer une Pierre d'Aimant par dessous du papier, elle éleve & fait coucher de la limaille de fer d'un sens, & la faisant revenir sur ses pas, elle la replace d'un sens contraire au premier.

Vne aiguille ou lame d'acier soûtenuë sur deux pivots, estant touchée de l'Aimant, incline & panche un de ses bouts vers la terre.

CHAPITRE II.
DE L'INCLINATION DES ARBRES
vers les Metaux, les Mineraux & les Eaux.

ARTICLE I.
PRINCIPES GENERAVX
pour l'établissement de cette Matiere.

VANT que de parler à fond de l'inclination des arbres, & d'en faire voir les raisons par des experiences qui sont admirables, & tres-utiles, ie suivray les traces de plusieurs Autheurs, qui donnent de certains principes, sur lesquels ils appuyent leurs raisonnements, & fondent leurs demonstrations.

Je poseray donc pour premier principe, que i'ay desia cy-devant étably, que toutes choses par un instinc naturel aiment ce qui leur est propre, & haissent ce qui leur est contraire & nuisible, & tend à les blesser, ou détruire.

Je pourois prouver par induction ce principe, que ie viens détablir, s'il souffroit quelque difficulté, & si ie n'avançois pas la preuve des autres dont ie parleray cy-aprés.

Le second principe est, que la plus part des estres aiment ou haissent, non seulement les choses qui leur sont propres, ou nuisibles, mais mesme elles recherchent, s'inclinent 3 se?panchent & s'approchent des unes, & fuyent, évitent, & se retirent des autres.

Troisiéme Principe, toutes choses sont chaudes, ou froides, ou temperées, c'est à dire participantes du chaud & du froid, soit en effet ou par puissance, ce principe ne doit pas souffrir de difficulté, neantmoins comme il y a de certains Philosophes (si ie les dois ainsi appeller, n'en ayant que le masque, & les habits) qui revoquent toutes sortes de choses en doute, & mettent tout en probléme, ie le prouveray cy-aprés par raison, & par experience.

4. les Estres qui sont effectivement, ou virtuellement chauds, ayment les choses qui ont une mesme qualité, les froids aiment le froid, & les tiedes ou temperez s'accordent mutüellement, & reciproquement ensemble, avec les chauds, & les froids.

5. Les choses sympatiques, s'entr'aiment, & se recherchent, & les antipatiques s'entre-haïssent & se retirent les unes des autres.

6. Principe, les Astres & specialement les sept Planettes ont de la sympatie, & antipatie des amitiez & inimitiez les unes avec les autres, qui font produire de semblables effects aux estres terrestres.

7. Principe, les arbres, les metaux & les eaux s'entrecherchent & s'inclinent les uns aux autres.

ARTICLE II.

Preuve des deux premiers Principes.

QVe toutes choses aiment & recherchent ce qui leur est propre, & qui leur fait du bien, & évitent & fuyent ce qui leur est contraire, & leur fait du mal, cela est si naturel qu'il est presque & moralement parlant, impossible d'aimer le mal, & haïr le bien, & si on aimoit le mal, il faut croire qu'on le considere comme un bien, & d'effet le bien de l'estre est si grand, & la vie sensitive, si delicieuse & si charmante, & la santé si precieuse, qu'on fait naturellement tout ce qu'on peut pour les conserver, & empescher leur destruction, & si on voit des hommes se causer la mort, c'est par folie, ou par des coups de desespoir, & qu'ils croient soulager & mettre fin à leurs maux, & à leurs peines ; on ne voit point d'autres animaux, qui façent des actions si barbares, & contraires à la nature, ils se servent de trop de ruses & artifices, & aiment trop leur vie, pour rechercher, & se procurer la mort : Et on peut iuger la mesme chose par les effects, qu'on voit produire par les Arbres, les Plantes, les Pierres, les Metaux, & autres estres insensibles.

Et pour en prendre quelques uns, en outre ce que nous avons dit cy-devant, de l'Aimant, & du fer, de l'ambre & de la cire, & autres choses dont nous avons parlé, nous voyons que le herisson cache & ramasse en son sein, ses pieds & sa teste, & se reduit en forme de boule, quand il est poursuivi par des chiens, ou des hommes, la nature luy ayant apris que cette figure ronde, où il ne monstre par tout que des pointes aigües, est la plus propre de toutes, pour se conserver des maux qu'on luy veut faire, & quelque chose qu'on luy puisse faire, qu'on le batte, qu'on le iette, & qu'on saute dessus avec les pieds, il ne changera point cette posture, en sorte qu'on poura croire qu'il est mort, & l'abandonner comme tel, sur la place ; mais si on le iette dans de l'eau, alors il retire sa teste & ses pieds, de son sein, où il les avoit cachez, afin de se retirer de l'eau & se sauver à la nage, reconnoissant pour lors qu'il est en danger de sa vie, & qu'il a besoin de ses pieds comme d'avirons pour gagner le rivage.

Les loups aiment ſur toutes choſes les brebis, leſquelles les haïſſent naturellement, s'enfuient devant
eux, quand elles ne les auroient point veus d'autres
fois, & cette inimitié & antipatie eſt ſi grande, comme
nous avons dit dans la cauſe du flux, & reflux de la
mer, qu'elle dure meſme apres leur mort, comme il
ſe voit dans des cordes qu'on fait de leurs boyaux, car
ſi on met dans un meſme inſtrument de muſique, ſuppoſez un lut, ou un violon, des cordes, qui ſoient faites
de boyaux d'un loup, & d'autres d'un mouton, les
unes ou les autres ſe rompent bien-toſt, ne pouvant
s'entr'endurer ; nous avons auſſi dit que le ſang ſort
du cadavre d'un homme homicidé en la preſence de
l'aſſaſſin ; & qu'il y a une inimitié naturelle & irreconci-
liable entre les chevaux & les gryphons, & entre les
vignes, & les choux ; c'eſt pourquoy nous n'en parlerons pas icy davantage.

Les petits oyſeaux & les poulets, ont naturellement peur des éperviers, & des buſes, & écouſſles,
s'enfuyant & ſe cachant quand ils les voyent, ou les
entendent voler, le ſeul bruit de leurs ailles leur faiſant
peur. Pluſieurs autres choſes font auſſi de ſemblables
effets qu'il ſeroit trop long de rapporter.

Le palmier, & la palme s'entr'aiment, & ſe pan-
chent l'un vers l'autre, & iamais la palme ne rapporte
mieux, que quand elle le baiſe, ou le touche par ſes
branches.

ARTICLE III.

Preuve des 3. & 4. Principes.

I'Ay obſervé par pluſieurs experiences que i'ay faites,
que toutes choſes ſont effectivement ou virtuellement chaudes, ou froides, ou temperées, par exemple,
le feu

le feu est chaud , comme il se voit par experience , en
ce qu'il échauffe & qu'il brusle les objets combustibles ,
qu'on en approche , & si on disoit le contraire , &
qu'on le voulût revoquer en doute , on en pouroit estre
bien-tost convaincu par experience , & par raison ; ainsi
que de l'eau ou de l'huile bouïllante ; mais sçavoir si
le feu, l'eau, & l'huille sont essentiellement chauds, ie réponds que ie ne le crois pas, le feu n'estant, comme nous
avons dit, & prouvé dans la cause des Comeres, qu'un
air eslamé & échauffé, & lequel ayant ou aprés cette
inflammation , & lors qu'il est dans son estat naturel ,
est temperé , & capable de recevoir le chaud & le froid ,
ainsi que l'eau & l'huille , car l'air peut devenir tres-
froid , & l'eau & l'huille peuvent se glacer , comme
il se voit par experience.

Le vin est chaud , du moins virtuellement , comme
il se voit par ses effets , & si on en tire l'essence , ou
l'esprit ; ainsi que de plusieurs autres choses , qui sont
chaudes , & dont l'esprit ou essence , en estant tirée ,
brusle & s'enflame, de mesme que les autres estres combustibles ; nous avons dit cy-devant nostre âvis, touchant
la qualité du Soleil & des autres Planetes , c'est pourquoy nous n'en parlerons pas davantage ; la vigne , le
laurier , & les artichaux , & plusieurs autres choses sont
chaudes en puissance.

Le sidre est temperé ainsi que les pommes , le laict
& les choses qui en sont faites , sçavoir le bœure , & le
fromage , neantmoins le sidre a plus de chaleur que de
froid , & le laict a plus de froid que de chaleur , comme il se voit par leurs effets , & par leur essence quand
elle est tirée.

Il me semble aussi que l'eau est naturellement un
peu froide , ce qui se reconnoist quand elle a esté exposée sur le feu, & qu'elle a esté échauffée, car quand

on la laiſſe revenir en ſon premier eſtat , elle devient froide.

Les metaux ſont un peu froids naturellement , car ſi on les échauffe , & qu'on les face fondre , & que par ce moyen on les rende liquides , ils reprennent par aprés leur premiere forme , quand la chaleur eſt paſſée , auquel temps ils ſont apparemment froids , ce qu'on reconnoiſt quand on les touche.

Le marbre & les autres pierres ſont froides ; ainſi que la ſigüe , & autres herbes veneneuſes : le venin eſtant ordinairement froid , quoy qu'il ait encor d'autres qualités malfaiſantes , & nuiſibles.

La plus part des arbres , & des herbes ſont temperées , & participent du chaud & du froid , bien que quelques unes ayent une de ces qualitez , plus éminemment que l'autre , ce que ie laiſſe aux Medecins , Apoticaires , & Droguiſtes , & autres Arboriſtes à decider par experience , & par les effects ; ie diray ſeulement pour m'en ſervir cy-aprés , que le chou eſt plus froid que chaud,

ARTICLE IV.

Preuve du cinquiéme Principe.

AFIN de prouver que les choſes ſympatiques s'entr'ayment & ſe recherchent , & que les antiqatiques font un effet contraire ; c'eſt à dire qu'elles s'entre-hayſſent , & ſe retirent les unes des autres, il ne faut qu'obſerver , & faire reflection ſur les raiſons, dont les Autheurs de la poudre de ſympatie, ſe ſervent, pour demonſtrer qu'elle ſe fait naturellement ; & aprés tirer une induction contraire , afin de prouver cette antipatie naturelle, qu'on voit en pluſieurs eſtres.

Entr'autres Autheurs , qui ont traité de cette admi-

rable Poudre de sympatie, qui est une invention, ou
production de ce siecle, nous avons M. Digbi Chancelier de la Reine d'Angleterre, & M. Papin Docteur
en Medecine à Blois, qui l'ont amplement d'écrite, &
prouvée par plusieurs raisons, & belles experiences.

Le premier ne se servoit que du vitriol commun,
(quoy qu'il ne desaprouvât pas le Romain) sans aucune
prepatation ny observation des Astres, le reduisant en
poudre, & l'appliquant pour guerir des playes, sur du
linge (ou autres choses) où il y avoit du sang sorty de
la playe, qu'il vouloit guerir, y iettant du vitriol, si
ce sang estoit encor frais & recent, ou autrement s'il
estoit sec, il faisoit tremper ce linge, & ce sang dans
de l'eau, où il mettoit aussi du vitriol, & ainsi il gue-
rissoit en peu de temps toutes sortes de playes, pourveu
qu'elles ne fussent pas mortelles.

L'autre veut que ce soit du vitriol Romain, dissous
en eau, philtré, evaporé au feu, purgé de ses feces, broyé
& exposé au Soleil pendant quinze iours, lors qu'il est
dans le signe du Lyon ; l'un & l'autre disent qu'on y
peut adioûter quelques gommes dont ils parlent.

Le premier établit plusieurs principes, & diverses experiences d'autres choses qui font de pareils effets, qu'il
seroit trop long de rapporter toutes, & mesme qu'on
les poura voir dans le livre qu'il en a fait imprimer.

Je diray seulement que ces Autheurs rapportent, afin
de prouver la possibilité de la Poudre sympatie, & expliquer la maniere d'en guerir les playes, que le vitriol
est un bon medicament, tres-propre pour appaiser les
inflammations, étancher le sang, & incarner les playes,
une partie du quel est un sel fixe & acre, & l'autre est
un sel volatille, douce, anodine balsamique & astrin-
gente, & que son huile est le meilleur de tous les bau-
mes, qui guerit toutes sortes de playes, pourveu qu'elles

ne soient pas mortelles, consolide les veines de la poitrine, & mesme les ulceres des poulmons.

Que le Soleil attire du vitriol l'esprit volatile qui se
répand en l'air, & qui porte ou entraine avec soy, les
atômes, corpuscules, ou esprits qui sortent du sang,
où il est appliqué, & principalement lors que le sang
est encor chaud, ou qu'il est échauffé & lesquels va-
guant en l'air sont attirez, ou se rendent à la playe,
d'où ils ont parti, comme à leur centre, & premier
principe, & leur lict naturel, où ils font le mesme effet,
qu'ils fairoient, si on y avoit apliqué du vitriol.

Que la playe exhale de pareils atômes, lesquels
estant répandus par l'air, qui attire, & se communique à l'air voisin, & y trouvant des atômes du sang
qui a sorti de la playe, ils s'y rendent aussi, & se fait
ainsi un contour, ou circuit de ses petits atômes, de la
playe au sang qui en est sorti, & de ce sang à la playe.

Qu'il y a plusieurs autres choses, qui font de semblables effets, l'huile de tartre faite quand les roses sont
en fleur, en a l'odeur plusieurs années aprés, quand les
roses fleurissent ; on sent l'odeur de Romarin qui est
dans les costes d'Espagne, en passant par la mer, qui en
est proche de trente ou quarante lieües : les vins qu'on
porte en Angleterre des Canaries, d'Espagne & de Guy-
enne, estant mis en un mesme endroit, se broüillent, fer-
mentent, & fleurissent en des temps differents, & suivent regulierement le temps que les vignes sont en fleur,
en chacun de ces païs-là ; si on fait évaporer par le feu
le laict d'une femme, pour en faire l'épreuve, cela luy
fait mal aux mamelles ; si on fait boüillir le laict d'une
vache, & qu'il tombe sur des charbons, on y met du
sel, en Angleterre, autrement cette vache aura mal au
pis, & rendra du sang ; on y guerit le mal des pieds
des bœufs, en coupant de la terre où ils s'appuyent,

& l'exposant au vent de bise ; si on met un fer chaud
dans des excremens d'un homme, d'un chien, ou de quelques autres animaux , on échauffe & enflame leurs
entrailles ; les marques de cerises, que les personnes ont,
rougissent quand les cerises meurissent ; les vautours
sentent & viennent aux charognes, de plus de deux ou
trois cens lieües ; on tuë en Angleterre les chiens qui
ont mordu des personnes, de peur que s'ils enragoient,
ceux qui auroient esté mordus, ne fissent la mesme
chose ; un Scorpion ou une vipere , oste & attire le venin qu'une personne auroit ; un crapaut, une aragnée ,
ou de l'arsenic pendu au col , preserve de la peste ;
un crapaut pendu au col d'un cheval, guerit le farcin ;
le feu soulage & diminuë la douleur de la brusleure ;
un vaisseau plein d'eau estant dans une chambre , où il
y a de la fumée , attire les vapeurs , ensorte qu'elles
ne s'attachent point aux murailles ; si on touche un lut,
on fait raisonner un autre , monté sur les mesmes ac-
cords ; ayant un anneau d'or à un doigt d'une des
mains, il se blanchît, si on manie du vif argent avec
l'autre main ; & si on a une piece d'or en la bouche ,
elle blanchît aussi , en mettant un des doigts du pied
dans du vif argent, enfin toutes les choses sympatiques,
ou de mesme nature s'entr'ayment & recherchent, & les
antipatiques ou de qualité contraire s'entre-hayssent, &
se retirent les unes des autres , comme ces Autheurs le
font voir par experience , & par diverses raisons , &
sur les principes qu'ils établissent.

J'adjoûteray encor deux choses , la premiere est, qu'ils
disent que le nez , qu'on aura appliqué à un homme , de
la chair d'un autre , pourit , quand cét autre homme
meurt, quelque distance qu'il y ait entre l'un & l'autre ;
& la seconde est (au sentiment du mesme Papin) une
certaine substance ou matiere celeste , ou esprit uni-

versel, qui est autre que les quatre elements, & qui
a de la resemblance à l'element des étoilles, & rapporte l'authorité de Gallien, Aristote, & plusieurs graves Philosophes, ainsi que la pensée de Trimegiste
qui dit, que ce qui est en bas, est la mesme chose
que ce qui est en haut; & adjoûte que par le moyen
de cette matiere celeste les corps agissent, par sympatie
ou antipatie; qu'il y a un principe de concretion, appellé par differents Autheurs un suc petrifiant, & esprit
congelant, & que Platon appelle intelligence celeste,
& substance immaterielle, qu'il dit estre l'ame du monde; & enfin il dit qu'il y a un esprit celeste dans le vitriol preparé, qui est subtil & penetrant, qui a une mer-
veilleuse disposition à fortifier les membres, engendrer
la chair & cicatricer les playes. Il dit aussi suivant le
sentiment d'Hipocrate, que la nature guerît les maladies, & que la substance informe la semence, celle de
la teste fait la teste, & du cœur le cœur, & ainsi des
autres; & que trois choses constituent nostre nature,
sçavoir l'humide radical, l'esprit insite, & la chaleur
naturelle; & que plusieurs Philosophes Egyptiens, &
Arabes, & les Cabalistes ont recherché un remede
universel, il parle aussi de la pierre vivifiante de Seve-
rinus, & de Crollius; & des remedes particuliers car-
diaques, spleniques, & autres.

Voila un extrait sommaire des choses les plus considerables, qui sont dans les livres de ces deux Autheurs, si
on excepte quelques uns de leurs principes & des raisons
qu'ils en tirent, que ie n'ay pas rapporté, pour deux raisôs,
la premiere est que ie ne suis pas de leur sentiment en
plusieurs choses, estant contraires aux principes, que
i'ay desia étably en differentes rencontres, & que cela
m'auroit engagé à les refuter, & me tirer hors de la
matiere que ie poursuis, par exemple le sieur Digby dit

pour un de ses principes, que la lumiere est un corps ; & que le vent est produit par des vapeurs ; ce qui est contre mon sentiment, ayant dit ailleurs, que la lumiere n'est autre chose qu'un air éclairé, & le vent un air agité par les influences des Astres, soit qu'il y ait des vapeurs, ou non ; & la seconde est, que quelque soit le sentiment de ces Autheurs, cela ne fait rien à la chose, les experiences n'estant pas moins veritables, quoy qu'elles soient expliquées d'une façon, ou d'une autre.

Bien qu'on puisse aisement connoistre par les experiences, que nous venons de décrire, que les choses d'une mesme qualité, & d'une mesme nature s'entr'ayment, & se recherchent reciproquement, & que celles qui sont d'une nature contraire se fuyent, & se retirent les unes des autres ; neantmoins pour y mettre la derniere main, & lever tout le doute qu'on en pouroit avoir, ie rapporteray encor deux belles experiences, que le mesme sieur Digby a décrites dans son Traité de la poudre de sympatie.

La premiere est, que si on met dans une phiole, de l'esprit de vin teint en rouge, de l'esprit de terebentine teint en bleu, de l'eau commune teinte en vert, & de l'email, ou de la limaille de fer ou d'autre metail ; ces quatre choses conservent leurs couleurs, & prennent quatre differentes situations, qui representent les quatre élemens, l'email & la limaille demeurent en bas, ce qui represente la terre, l'eau se place au dessus qui represente l'eau, l'esprit de terebentine se met au dessus de l'eau, qui represente l'air, & enfin l'esprit de vin occupe le plus haut lieu, & represente le feu ; ces choses estant broüillées par le mouvement de cette phiole, elles sont confuses, & les laissant reposer, chacune de ces humeurs reprennent leur premiere place, & leur precedente couleur.

Cét Autheur dit que cela se fait par le poids de ces quatre differentes choses, en quoy il a raison, estant constant que les humeurs les plus legeres s'élevent, & se tiennent sur les plus pesantes, mais cela n'explique pas, pourquoy ces teintures retournent aux humeurs, ou elles estoient avant que d'estre mises dans la phiole, ce qui me fait dire, que cela arrive à cause que ces differentes couleurs, s'estant meslées & imbües, chacune avec l'humeur où elle avoit esté mise, par exemple, la teinture rouge avec l'essence de vin, l'une & l'autre ont pris, & se sont respectivement donné quelque chose de leur nature, & qualitez, & bien que toutes ces humeurs & teintures ayent esté broüillées, & confonduës, neantmoins châque retient plus de qualité de celle, où elle estoit iointe du precedent, que d'aucune des autres, c'est pourquoy estant en repos, & chacune des humeurs ayant repris sa place suivant son poids, elles rappellent leurs premieres teintures, & ces teintures aussi vont reciproquement reprendre leurs premieres places.

La seconde experience qu'il prend de M. Gassand, se fait ainsi, prenez du sel commun, & le iettez dans de l'eau, il se dissoudra iusques a une certeine quantité, aprés laquelle le reste demeure au fond tout entier, que si on y met encor du sel nitre, il s'en dissoudra une partie, & si on y met du sel armoniac, il s'en dissoudra encor quelque peu. M. Pecquet traitant des veines lactées, qu'il a découvertes, rapporte aussi cette experience, & les uns & les autres disent, qu'il y a des pores dans l'eau de differentes figures, & qu'il y a aussi dans les sels des copuscules de diverses façons, qui sont propres de remplir ces pores, ce qui est cause, qu'une partie du sel commun estant dissous, & ne s'y trouvant plus de semblables atomes, ou petits corps, propres

pour

pour les remplir, il ne s'en dissoud point davantage,
& que se trouvant d'autres atômes dans le sel nitre, ou
dans l'armoniac, qui sont propres de remplir, ce qui
reste de pores dans l'eau, il s'en dissoud une partie,
pour cét effet; & Pecquet dit, qu'il n'en sçait point
d'autre raison, & si quelqu'un la sçait, il luy faira plaisir
de luy apprendre.

Pour moy ie ne gouste point ces raisons-là, c'est pourquoy ie dis ce que i'en pense, qui est, que l'eau ayant
besoin de sel pour sa conservation, & pour augmenter
ses forces, prend & dissoud du sel commun, autant qu'il
luy en faut, & pas davantage, & que trouvant encor
dans le sel nitre, quelque qualité qui luy est propre,
elle en dissoud encor quelque peu, & neglige de dis-
soudre, & faire fondre le reste, & enfin trouvant aussi
dans le sel armoniac, quelqu'autre qualité ou substance
qui luy est necessaire, elle en dissoud quelque partie,
& autant qu'il luy en est necessaire.

Et pour preuve de mon sentiment, ie dis que l'eau
par un instinct naturel, fait de mesme qu'un homme,
lors qu'il boit ou mange, car s'il a bien beu, & mangé de quelques sortes de mets, il n'en veut pas prendre davantage, mais si on luy en presente d'autres plus
exquis & plus delicieux, supposez quelques fruits, ou
quelques confitures, ou d'autres sortes de vins, que
ceux qu'il a pris, il en prendra encor quelque peu,
soit par inclination, ou par complaisance.

Je pourois encore rapporter d'autres effets, afin de
confirmer la possibilité de la sympatie, & antipatie des
choses que nous voyons, mais comme ceux que nous
avons rapportez sont presque suffisans pour cét effet,
ie me contenteray, pour finir cét Article, de faire observer, qu'il se rencontre aussi dans les hommes des effets
sympatiques, & antipatiques; par exemple, si quel-

qu'un voit ioüer à la paume deux personnes, qu'il n'a
point veu du precedent, il a de l'inclination pour l'un,
& de l'âversion pour l'autre, & il sera bien aise que
celuy-là gaigne, & que l'autre perde, & s'il arrive du
contraire, il en aura du déplaisir, pour les raisons que
nous en donnerons dans l'Article suivant.

ARTICLE V.

Preuve du sixiéme Principe.

QVe les Astres, & specialement les sept Planettes
ayent de la sympatie & antipatie, de l'amitié,
& inimitié ensemble, & reciproquement, qui causent
de pareils effets dans les estres terrestres, cela se prouve
& s'induit de ce que nous avons dit cy-devant, des
influences des Cieux, & des Astres, & de leurs effets,
estant constant, & les Astrologues en conviennent, que
les Astres ont de differentes influences, & qualitez, par le
moyen desquelles elles produisent, & commandent
aux mixtes. Et comme il y a des Astres, qui sont bons,
& des autres qui sont mauvais, & qu'il y en a de chauds,
& d'autres qui sont froids, il ne faut pas s'étonner,
s'il y en a qui sont amis & d'autres ennemis, & de
sympatiques, & d'antipatiques ; car les bons & amis,
s'accordent ensemble, & non avec les méchants & ennemis, à la reserve de Mercure, lequel comme nous
avons dit, s'accorde avec les uns, & les autres, & en
augmente les forces, ainsi deux bons Astres (supposons
deux Planettes) ou deux méchants, estant conioints,
ou dans un bon aspect, ils ont plus de force, que s'ils
estoient separez, & en une mauvaise intelligence, car
en ce cas, ils se détruisent, & ruinent respectivement
leurs forces.

Je ne diray point icy, quels Astres, sont amis &
ennemis, tant à cause que ie ne conviens pas de tous
points sur ce sujet avec les Astrologues, que par ce
qu'on le poura colliger, de ce que nous avons dit cy-
devant, de leurs qualitez, & influences, estimant comme une maxime generale, que les Astres d'une mesme
nature & qualité, s'entr'aiment, & que ceux qui ont
des qualitez contraires s'entre-haïssent ; & comme ils
produisent icy, ou du moins gouvernent & commandent aux mixtes, cela est cause que ceux qui sont d'une
mesme nature, & qui ont des qualitez semblables, s'entr'aiment par sympatie, & que ceux qui ont des qualitez contraires, s'entre-haïssent par antipatie, & con-
trarieté d'humeur.

Et pour le faire mieux comprendre, ie dis, & cela est
sans contredit, que les Saturniens, ou Melancoliques
s'entr'aiment, & haïssent les ioviaux, & les Railleurs ;
les Martiaux & Genereux s'entre-recherchent, & ne se
plaisent point en la compagnie de ceux qui sont lâches
& timides, & ainsi des autres ; c'est pourquoy comme
il s'exhale des corps, quantité de petits atômes, qu'on
appelle des esprits, à cause qu'ils sont tres-petits & imperceptibles, qui se repandent en l'air, trouvant des
corps, qui ont de semblables qualitez, à ceux d'où
ils partent, ils y entrent, & s'ils en trouvent qui ayent
des qualitez contraires, ils ne s'y attachent pas, &
vont plus loin ; ce qui est cause aussi que les Melancoliques aiment les couleurs, & les sons tristes, & lugubres ; & les ioviaux ayment les couleurs gayes, &
les chants enioüez, & ioyeux ; & les Martiaux aiment les
couleurs rouges, & les chansons qui parlent de la
guerre, & des combats ; ce qui estoit cause qu'Alexandre, entendant sonner la charge, à quelques vio-
lons, ou autres instruments de musique, il se levoit de

table, & prenoit son épée, comme s'il avoit voulu donner un combat, & courir sur les ennemis.

Et c'est pour cette raison que voyant ioüer deux personnes, on a de l'inclination pour l'un, sçavoir pour celuy qui est d'une humeur semblable à la sienne, & de
l'âversion pour l'autre, qui est d'une humeur contraire,
& on est determiné à l'amour de l'un, & à la haine de
l'autre par ces petits corpuscules, qu'ils envoyent & qui
sont reçeus par les personnes qui les regardent ; & il
est à croire, que s'ils estoient tous deux d'une mesme
humeur, soit qu'elle fût semblable à celle de celuy qui
les verroit, ou qu'elle luy fût contraire, il n'auroit que
de l'indifference pour eux, & ne s'interesseroit pas pour
l'un, ou pour l'autre.

Il me semble que ces Autheurs, dont nous avons
parlé, ny les autres qui ont traité de la poudre, ou de
la sympatie, n'expliquent pas entierement, comme ces
effets sont faits, ou ces petits atômes portez par l'air,
c'est pourquoy il ne sera pas hors de propos de les examiner un peu particulierement;

Et pour cét effet, ie considere tout l'air, qui est au
monde, sous, & dans la concavité des Cieux, pour
estre un seul grand corps liquide, & fluide, & qui est
icy proche la terre dans une agitation continuelle, &
en un mouvement perpetuel, à cause des vents, qui
le poussent de divers costez, & lequel estant imbeu, &
affecté de quelque qualité, dans une de ses parties,
soit par les influences des Astres, ou de quelque autre
cause, qui produit en luy quelque effet sensible, il communique & porte ce mesme effet ou qualité, à une de
ses autres parties, où il se rencontre quelque estre sympatique, & capable de le reçevoir, de mesme qu'une
longue arbre, porte l'espece du son, pour petit qu'il
soit, qu'on fait à un de ses bouts, à l'autre bout, pas

exemple, si on laisse tomber une épingle, sur le bout
d'une poutre, on l'entendra de l'autre bout, si on en
approche l'oreille ; ainsi la vigne, par exemple, estant
en fleur dans les Isles des Canaries, elle y enbaume
l'air, par son odeur, & ces petits atômes qu'elle y répand ; & l'air ainsi enbaumé & imbeu de cette odeur,
la porte & la communique, à du vin qui a creu en ces
lieux-là, en quelque partie du monde, qu'il puisse estre,
supposons en Angleterre, qui la reçoit & la prend par
sympatie, d'où vient cette fermentation qu'il a, & dont
nous avons parlé cy-devant, lors que la vigne, d'où
il a parti est en fleur ; de mesme que si le pied d'une
personne, qui a une piece d'or en la bouche, touche
du mercure, ou vif argent avec un de ses pieds, il
communique des esprits, ou atômes de Mercure, à
la piece d'or qui est en sa bouche, qu'il blanchît par des
conduits & des voyes imperceptibles, ainsi est-il de l'air,
lequel estant imbeu de quelque qualité en une de ses
parties, par quelque estre, ou cause que ce puisse estre,
la communique, & porte ces petits atômes qui en sortent, à une autre de ses parties, où il y a quelqu'autre
estre ou corps sympatique, & de mesme nature que
le premier, & se fait ainsi un circuit ou contour reciproque de ces petits esprits, ou atômes, de l'un à l'autre estre, de mesme que la fumée d'une chandelle éteinte,
reprend la lumiere d'une autre chandelle, & la communique & rallume celle qui estoit éteinte : les Astres font
la mesme chose par leurs influences, car ayant imbeu,
& communiqué à l'air voisin leurs qualitez, il les ap-
porte, & communique en terre, aux objets qui s'y
rencontrent, & lesquels ont une disposition propre pour
les recevoir.

Il ne nous reste qu'à expliquer une experience, de laquelle nous avons cy-devant parlé, & dont les Autheurs

qui l'ont rapportée , n'en ont point donné la raison,
sçavoir d'un nez, qu'on a mis à un homme , de la
chair d'un autre homme vivant , qui pourit lors que
cét autre homme meurt, ce qui se fait ainsi à mon âvis,
quand l'Astre qui domine sur cét autre homme, agit si
puissamment sur luy , qu'il le fait mourir , auquel
temps ce nez de l'autre ressentant les mesmes méchants
effets de cét Astre , meurt aussi, comme faisant partie
de cét autre homme , & ayant esté produite, & estant
gouvernée par un mesme Astre , quoy que separée, &
éloignée de son tout ; ainsi pendant que l'Astre qui domine sur cét autre homme , est assez puissant pour luy
conserver la vie , & le maintenir en santé , il fait le
mesme effet , sur cette petite partie , qu'il fait sur le
tout , mais s'il vient en une méchante intelligence, avec
le tout , soit au moyen d'un Astre contraire & méchant,
ou autrement, en sorte qu'il n'ait pas assez de force, pour
luy conserver la vie , il ne peut plus aussi conserver la
santé ny la vie de cette petite partie , ce qui est cause
qu'elle meurt & pourit ; & qui n'arriveroit pas à cét
autre homme , si celuy à qui on a mis ce nez , mouroit,
auquel cas ce nez mouroit aussi avec luy , mais cét autre homme ne mouroit pas pour cela , & n'en seroit
pas , ou peu incommodé , l'endroit ou ce nez auroit
esté pris , estant guery , & n'ayant pas esté pris dans
une partie mortelle.

A R T I C L E VI,

Preuves du septiéme Principe.

QVe les Arbres, les Metaux , & les Eaux s'entre-
recherchent, & s'inclinent les vns aux autres , cela
se voit & se prouve par plusieurs raisons & observations.

Premierement on voit par experience, que les arbres attirent, & respirent l'air, & les vapeurs dont il est plein, par
leurs pores, qui sont comme autant de petites bouches,
dont elles se servent pour boire & manger, pour ainsi
dire, en sorte que si l'on enfermoit toute la teste d'une
arbre, dans un lieu où il n'entreroit point d'air, les
branches & les fueilles seroient languissantes, & enfin
elles pouroient mourir; on dit qu'il y a des arbres dans
les Isles appellées Canaries, qui attirent les vapeurs,
lesquelles se reduisent en eau, qui sert pour l'usage des
habitans, n'y en ayant point d'autre, qui soit potable.

On voit aussi que les forests & les bocages, attirent
les nuës, & les orages, & que les grands arbres (supposons un chesne, ou un fousteau) attirent & font tomber sur eux, le foudre & le tonnerre, & principalement
les arbres qui participent plus du froid que du chaud;
ce qui est cause, à mon avis, que le tonnerre ne tombe point sur le laurier, à cause qu'estant chaud il n'attire point la vapeur, dont le foudre est composé, ou
qui l'environne, & le suit.

Or que le laurier soit chaud cela se prouve par experience, (& nous le fairons voir cy-aprés par effet) en
ce que l'huille de laurier est chaude, estant propre pour
guerir les fluctions & douleurs froides.

On peut aussi dire que les arbres attirent l'eau & les
vapeurs, par leurs racines, comme leur estant propres
& necessaires pour vivre.

En second lieu on voit par experience, que les mines
attirent les vapeurs qui sortent de la terre, en ce que
les lieux, où il y a des mines, sont infertiles, & arides,
à cause que les mineraux retiennent les vapeurs qui
viennent de la terre, & attirent celles qui sont dans
l'air aux environs, en telle sorte que si on voit quelque portion de terre infertile, & que les lieux d'alen-

tour soient gras & bons , c'est une marque qu'il y a une mine , telle quelle puisse estre.

En troisiéme lieu , puisque les arbres , & les metaux attirent l'eau , nous pouvons dire , & cela est veritable , & nous le prouverons encor cy-aprés , que l'eau (ou les vapeurs estant essentiellement de l'eau) aime & recherche aussi les arbres , & les metaux.

ARTICLE VII.

Plusieurs Experiences particulieres , afin de prouver que les Arbres s'inclinent vers les Eaux.

LES principes , dons nous avons parlé , estant ainsi établis & prouvez , venons aux experiences particulieres , qui nous confirment encor que les arbres s'inclinent vers les Metaux les mineraux , & les Eaux, & specialement à celles qui coulent en terre.

Plusieurs Philosophes ont dit que la coudre s'inclinoit à l'or& à l'argent,& nous voyons dans un livre intitulé la Chaire des Pasteurs , que l'Autheur prend occasion de dire , que la Croix de JESVS-CHRIST , est une aimable coudriere , qui nous monstre les Thresors du Ciel , de mesme que la coudre , nous monstre ceux de la terre.

I'ay veu un petit livre , intitulé la Restitution de Pluton à son Eminence fait par un Alleman , que M. le Cardinal de Richelieu avoit fait venir en France, pour y trouver des mines , ou il parle de plusieurs qu'il y avoit trouvées en different endroits, par des baguettes, qu'il disoit avoir , & qui avoient esté faites sous diverses constellations (on les appelle des verges d'Aron , ou d'Araton) les unes pour decouvrir les mines d'or, les autres pour celles d'argent , & d'autres , pour d'autres mines , dont neantmoins il n'y décrit point le
moyen

de les faire , & afin de prouver que cela estoit naturel ,
contre un grand Provost , dont il se plaignoit , qui a-
voit pillé ses meubles , ses effets , & son cabinet, sous
pretexte qu'il devoit estre magicien , & qu'il estoit naturellement impossible de trouver des mines dans le sein
de la terre , sans avoir fait une paction avec le diable ,
il rapporte quelques raisons , & entr'autres , il dit que
la coudre coupée sous sa constellation , s'incline à l'eau
sousterraine , sans toutes-fois dire qu'elle estoit cette
pretenduë constellation ; & ayant ouy dire à un de mes
amis , qu'il avoit veu en Hollande , un homme , lequel portant sur sa main une baguette de coudre , qui
estoit fourchée , elle tournoit quand il passoit sur un
cours d'eau , qui estoit en terre , & voulant me servir
en 1661. de cette inclination de la coudre vers l'eau ,
afin de faire preuve du mouvement de l'Aimant
vers le pole , où ie travaillois pour lors , ie fis dessein
d'en faire l'experience , & comme ie ne sçavois pas
le temps, ou constellation sous laquelle on devoit couper
cette coudre , ie resolus d'en couper en divers temps ,
& dés la premiere fois cela reüssit , & ensuite ie mis
ce secret dans une plus grande perfection , & observé,
& fis voir par experience , que plusieurs personnes ,
qui cherchoient des tresors , avec des baguettes , faisoient becher sur des cours d'eau.

Pour trouver donc de l'eau en terre , il faut prendre
une branche fourchée , soit de coudre , d'aulne , de
chesne , de pommier , d'ormeau , de fouteau , ou
d'autres arbres , telles quelles soient , d'environ un pied
de longueur , & grosse comme un des doigts , afin que
le vent ne la face pas librement remüer , (quand elle
seroit plus courte , ou plus menuë , il n'importeroit pas ,
& elle ne fairoit pas moins son effet) & la mettre sur
une des mains en équilibre , & le plus en balance que

faire ſe poura , puis marcher doucement , & quand on
paſſera par deſſus un cours d'eau , elle ſe tournera , ce
qu'il faudra marquer ; cela fait il faut revenir ſur ſes
pas , proche du lieu , ou elle a tourné la premiere fois ,
& marquer encor l'endroit , où elle aura tourné , pour
voir de quel coſté vient , ou va ce cours d'eau , ce qu'on
ne peut obſerver par cette fourchette , mais on le peut
conjecturer par la ſituation des lieux , ou par la ſource ,
ſi ce cours ſortoit ſur terre ; voicy la figure de cette fourchette & comme il la faut porter , ſuppoſant que la
main ſoit couchée , & que la fourchette ſoit deſſus ,
parallelle à l'horiſon.

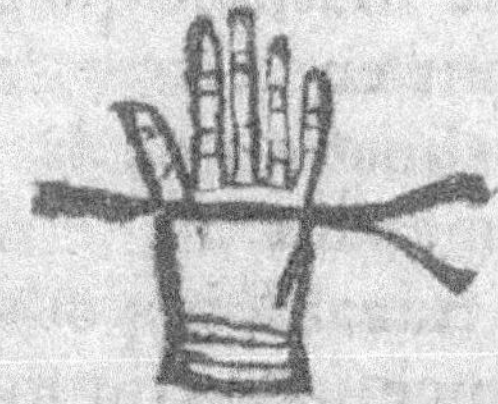

Il faut remarquer pluſieurs choſes qui reſultent de
cette experience, que i'ay éprouvées en pluſieurs rencontres.

Premierement que les cours d'eau ſont bien proches
les uns des autres , n'en eſtant éloignez que d'environ
douze ou traize pieds , leſquels en tant que ceux qui
viennent d'un meſme coſté , ſont preſque d'une é-
gale profondeur dans un meſme lieu , de ſorte que
ſi l'on a trouvé un cours d'eau , à deux ou trois pieds
de profondeur , il ne faut que becher à douze ou traize
pieds d'un coſté , ou de l'autre , & on y trouvera encor
un autre cours d'eau , & on peut ainſi trouver tant
d'eau qu'on en aura beſoin , ſuppoſez pour faire
moudre un moulin, meſme aſſez pour rendre un ruiſſeau
ou petite riviere navigable , en parcourant & béchant
en pluſieurs endroits ; car c'eſt une choſe prodigieuſe

que la quantité des eaux qu'il y a en terre , lesquelles
la rafraichiſſent , ſoit par elles meſmes , ou par les vapeurs qui en ſortent , afin de la rendre feconde.

En ſecond lieu , on peut au moyen de la connoiſſance de la profondeur, qu'on a des cours d'eau qui coulent en terre , en tirer non ſeulement tant qu'on voudra ,
& qu'on en aura beſoin , ſoit pour faire moudre des
moulins , ou pour rendre des ruiſſeaux navigables dés
leur ſource , comme il s'en voit quelques uns en divers
lieux , mais auſſi on s'en peut ſervir à bien d'autres
uſages tres-utiles , & entr'autres pour déſeicher des
terres marécageuſes , où il réſourd une ſi grande quantité d'eau , qu'elles ſont infertiles ; & pour arrouſer des
pleines élevées , ou une partie des montagnes , qui ſont
ingrates & ſteriles ; & pour faire des puits , afin d'avoir
de l'eau pour ſon uſage proche des maiſons où l'on demeure , ou dans des lieux élevez où l'on voudroit en
faire baſtir , tant pour ſa neceſſité , que pour ioüir d'un
bon air, & du plaiſir d'une belle veüe ; & pour ces effets,
il ne faut que voir de quel coſté viennent les eaux qui
naiſſent, ou veulent naiſtre dans ces lieux mareſcageux ,
& les couper & faire ſortir ſur terre , dans les lieux les
plus commodes qu'on poura , & les conduire dans des
endroits qui en auront beſoin , & ainſi on faira d'une
pierre deux coups ; que ſi on ne peut pas élever aſſez ces
eaux , pour les conduire dans des pleines , ou quelques
parties des montagnes qu'on voudra arrouſer , il en faudra chercher dans des lieux plus élevez , afin que les
faiſant librement ſortir ſur terre , on les y puiſſe mener ;
ie dis librement , c'eſt à dire qu'on ne les force pas , &
qu'on ne les face pas regorger , autrement il s'en perd ,
& s'en imbibe beaucoup en terre , pour peu qu'elles
ſoient forcées , arreſtées , & retenuës. Et pour faire
des puits preſque en quelques lieux que ce puiſſe eſtre ,

& y trouver de l'eau , du moins en bechant aussi bas ,
que ces lieux seront élevez au dessus des eaux , qui coulent soit en ruisseaux , ou rivieres au pied de ces montagnes, il ne faut que bécher sur un quarrefour de deux
cours d'eau, qu'on trouve par le moyen de cette fourchette, j'appelle un quarrefour , l'endroit où ces deux
cours se croisent , & passent l'un sur l'autre , afin de se
servir du premier qu'on trouvera , estant suffisant pour
faire un puits ; on poura se servir utilement d'un taraut
ou tarriere , pour percer la terre directement sur ces
quarrefours de cours d'eau, pourveu qu'il n'y ait pas de
roc , & l'ayant trouvé , y mettre des machines propres
pour l'élever , soit une vis d'Archimede (ayant fait le
trou en panchant) ou une pompe semblable à celles ,
dont on se sert dans les navires , ou autres semblables ,
ou bien celle que nous avons inventée pour l'élever d'elle
mesme , & dont nous avons cy-devant fait la demonstration ; que si l'eau estoit trop basse , ensorte que
ces tarrieres (supposez qu'ils eussent cinq ou six pieds
de longueur) n'y peussent pas arriver , il faudra y appliquer un , ou deux , ou plusieurs autres morceaux,
les uns apres les autres pour les alonger ; ainsi ayant des
machines propres pour élever l'eau , toutes prestes, on
poura en moins d'un jour, avoir une ou plusieurs belles
& bonnes fontaines, dans des lieux , où il ne paroissoit
point d'eau, pourveu qu'elle ne fût pas trop basse , &
qu'il n'y eût pas de roc , comme nous venons de dire.

3. Est aussi à observer, que les cours d'eau vont ordinairement tout droit en terre , en sorte que quand on
les veut suivre pour les couper, & les faire sortir sur
terre , supposons une fontaine , qui naist en un lieu
trop bas, & incommode , passé qu'on aura suivi ce
cours dix ou douze pas par dessus , & au travers de la
terre , il ne faut qu'observer les marques qu'on aura

faites, & regarder à droite ligne, supposez à cent ou deux cent pas, & y aller avec la baguette, & on le trouvera aussi iustement, que si on l'avoit suivi, & marqué de dix en dix pas.

4. Il faut observer que les bons cours d'eau, ne baissent que fort peu en bien du chemin, en ayant veu beaucoup, lesquels en 100. ou six vingt pieds, ne baissoient pas plus d'un pied, ou environ; & leurs canaux, ou conduits sont tellement faits par la nature, que l'eau qu'ils contiennent, & qu'ils rendent par un seul endroit quand ils sont bechez, & coupez, s'estend de tous les costez, mesme en haut, & specialement en hyver, ou quand les eaux sont abondantes, afin d'humecter la terre, davantage qu'ils ne fairoient, s'ils ne portoient l'eau, que par un seul endroit; ce qui est cause qu'on trouve l'eau qui vient de pic, ou de bas en haut, avāt qu'on soit au veritable cours; & dans l'abondance des eaux, ces canaux ou conduits sont tellement pleins qu'ils regorgent, & font sortir de l'eau sur la surface de la terre, laquelle seiche en esté, & quand les eaux diminüent; de sorte que quand on voit sortir de l'eau en hyver, en quelque endroit, c'est une marque que le cours d'eau, veritable & asseuré, n'est pas bien profond.

5. Vous observerez aussi, que bien qu'on ne puisse pas positivement connoistre la profondeur des eaux, qui coulent en terre, neantmoins on la peut conjecturer, par la situation des lieux, & des eaux des fontaines, & des puits qui sont dans le voisiné; & les eaux qu'on trouve aller du haut d'une montagne, vers la valée, ou au contraire, car comme nous avons dit, cette fourchette ne le monstre pas, sont ordinairement plus profonds, & plus basses, que celles qui vont d'un des costez de cette montagne vers l'autre; car elles passent par le bas de la montagne sans sortir sur terre; ce qui est re-

marquable , est que les cours d'eau ne sont pas bien
éloignez de la surface de la terre , au bas des montagnes opposées , soit qu'il y ait des ruisseaux , & rivieres,
ou non ; & si ces montagnes sont entrecoupées de petites
vallées , les cours d'eau qui viennent des deux costez,
n'y sont pas ordinairement bien profonds , & se ioignent souvent les uns aux autres , afin de s'entredonner
de l'eau , si les uns ou les autres en ont besoin , en quoy
l'œconomie de la nature est admirable, ainsi qu'en bien
d'autres occasions.

6. Vous observerez , que voyant une fontaine , ou
quelque puits ou cours d'eau dans une vallée , comme il
s'en voit dás quelques chemins qui sont un peu profonds,
vous n'aurez qu'à suivre ceux qui ne sortent pas , iusques au fond de cette vallée, & remarquer, & suivre ceux
que vous y trouverez , qui les croisent à angles droits,
aussi loin que sont les eaux qui paroissent de l'autre
costé , & vous iugerez presque avec certitude qu'elles y
sont aussi profondes , que celles qui paroissent , ainsi on
peut se servir des unes , ou des autres , & les faire
sortir sur terre fort aisement , à cause de la pante des
lieux.

7. Vous pourez aussi observer , en faisant une reflection serieuse , comme se font les cours d'eau dans la
terre, & pour cét effet, il faut remarquer premierement
que les eaux de la mer s'imbibent dans la terre par divers canaux , & conduits , où en passant, partie d'icelles deviennent douces & potables , laissant leur sel , &
acrimonie dans les divers sables, pierres , & differentes
terres, par où elles passent; & comme la terre est chaude,
soit par la chaleur du soleil , ou d'elle mesme , (comme on observe dans quelques mines de Hongrie , &
d'Allemagne , qui ont quatre ou cinq cent toises de
profondeur , qui sont si chaudes passé les deux cent pre-

mieres toiſes ou environ , qu'on n'y peut reſter plus de cinq ou ſix heures) elle échauffe cette eau , & en reduit une partie en vapeurs, qu'elle fait monter & évaporer , comme fait du feu , ſi on le met ſous un alambic plein d'eau ; & ces vapeurs approchant de la ſurface de la terre , & y trouvant du froid , ſoit à cauſe de l'air voiſin, ou des eaux qui coulent à l'entour , ſe condenſent, & ſe reduiſent en eau , & trouvant des pores ou fibres , elle coule par les lieux qui luy ſont preparez , & ouverts , & s'aſſemble peu à peu dans des conduits plus grands , & coule par aprés en gros , & en un cours d'eau : En ſecond lieu , il s'éleve en l'air une grande quantité de ces vapeurs, qui ſortent de la terre , & meſme des eaux qui ſont deſſus , ſoit de la mer , ou des rivieres, marais, & autres eaux , d'où elles retombent en roſée , pluye, neige & greſle , qui s'inſinüent en terre , par des fibres, & conduits , & s'aſſemblent dans ces meſmes canaux qui y ſont preparez.

Ces matieres ſont de trop grande conſequence , pour les laiſſer couler , ſans en dire quelque choſe davantage, & comme cela a deux principes , il faut les examiner, & prouver l'un apres l'autre.

Pour le premier , ie conſidere un alambic plein d'eau, lequel eſtant expoſé ſur du feu , partie de cette eau s'éleve , & s'evapore en fumée , & trouvant dans le haut de cét alambic, du rafraichiſſement , par le moyen de l'eau froide qui y eſt appoſée , cette vapeur ou cette fumée ſe reduit en eau , & coule par un tuyau dans le receptacle , & plus la chaleur eſt grande ſous l'alambic, plus il s'en éleve de vapeurs, & enfin de l'eau.

D'où vient qu'en Eſté cette fameuſe & admirable fontaine d'Elbe prés la Toſcane , dont parle le P. Jean François dans ſon Livre de la Science des Eaux , iette plus d'eau en Eſté , qu'en hyver , en ſorte que le Soleil

estant au Tropique du Cancre, elle peut faire tourner
la roüe d'un moulin, & quand il est au Capricorne, &
aux plus courts iours de l hyver, elle demeure presque
à sec, à cause que le soleil élevant en esté plus de vapeurs des eaux qui sont en la terre, qu'en un autre
temps, & ces vapeurs estant refroidies & retenuës proche de la surface de la terre, soit par une voute semblable à celle du chapiteau d'un alambic, ou à cause
de la fraicheur de la terre, causée par les eaux qui s'y
rencontrent, elles se condensent & se reduisent en eau,
qui coule par aprés, & fait, & entretient cette fontaine, & il devroit arriver la mesme chose aux autres
fontaines, qui sont entretenuës par ces vapeurs élevées
par le soleil des entrailles de la terre, s'il y avoit de
semblables voutes pour les retenir, & les empescher
d'aller plus haut; ce mesme Autheur dit aussi au même
lieu que le P. Cæsius parle d'une fontaine semblable,
qui est dans l'Isle de Sardaigne.

Le Nil fait presque la mesme chose par le déborde-
ment qu'il fait, un mois aprés le solstice d'Esté, dont
ie ne décriray pas icy la cause, attendu qu'elle avan-
ceroit la demonstration du Mouvement perpetuel que
i'ay trouvé, & appellé Royal, que i'espere donner en
bref, ainsi qu'un autre, sur un autre principe.

En second lieu il est constant par experience, que les
eaux qui tombent, soit en rosée, pluye, ou autres meteores, s'insinuënt en terre, & s'assemblent en des conduits, & canaux qui y sont, & coulent par aprés du
costé de la pante, qui leur a esté preparée par l'Autheur de
la nature; & cét écoulement ne se fait pas en un moment, mais peu à peu, & à succession de temps; & la
terre est tellement disposée pour les recevoir, que ces
eaux qui tombent sur sa surface, n'y coulent pas comme va la pante des montagnes, mais bien en fond, &

d'un

d'un sens contraire, ce qui se peut remarquer dans quelques chemins enfoncez le long de quelque montagne, le bord desquels, qui est vers la pante, rend plus d'eau dans les inondations, & grandes pluyes, que celuy qui est vers le haut de cette même montagne ; ce qui a esté ainsi sagement preparé par l'Autheur de la nature, afin que l'eau qui tombe du Ciel, s'insinuât doucement en la terre, pour l'arrouser & la rafraichir, & luy faire produire, & vegeter les arbres, & les herbes, comme elle fait, & ce qu'elle ne fairoit pas, avec une si grande abondance, si ces eaux couloient proche de sa surface par où la pante se donne ; car cette eau étant ainsi portée par de petites fibres ou conduits à contremont, pour ainsi dire, & estant receüe, dans des canaux plus grands, elle est portée de costé & au travers de ces montagnes, suivant que ces canaux sont disposez, d'où vient qu'estant tombé beaucoup d'eau sur une grande montagne, & que celle qui ne s'est point insinuée, & n'a point entré en terre, estant écoulée, le pied de la montagne, n'est gueres plus plein d'eau, que le haut, & les sources du bas ne sont pas plus avivées, que celles qui sont vers le milieu.

En verité, si on considere la conduite des eaux en terre, on n'y verra que des merveilles, & qui ressemblent fort au mouvement du sang dans nôtre corps, & celuy des autres grands animaux, car on y trouvera une semblable circulation, à celle qui a esté établie & prouvée par experience en ce siecle, on y verra des mers, & des receptacles, & assemblage d'eaux, des fibres & des veines, qui les portent, & rapportent de tous costez, & des transpirations presque insensibles, qui elevent ces eaux dans l'air, d'où retombant elles s'insinüent, & rentrent dans la terre.

De ces observations, il resulte plusieurs choses qui

sont d'importance, & qui meritent d'en traiter separément dans les articles suivans.

ARTICLE VIII.

Pourquoy les eaux des Puits, & Fontaines sont froides en Esté, & chaudes en Hyver.

IL est constant par experience, que les eaux des bonnes fontaines, & des puits, sont bien froides en esté, & principalement pendant les grandes chaleurs du iour, & sont chaudes, ou tiedes, & fument en hyver, & specialement quand il fait grand froid, & qu'il gele, auquel temps, elles ne se glacent pas; & au contraire les eaux des sources, qui ne sont pas bonnes, & qui sont fades, ainsi que celles des marais, & rivieres, sont un peu chaudes en esté, & froides en hyver, & se glacent à la moindre gelée; plusieurs voulant expliquer ces effets, en ont donné des causes differentes.

1. Quelques uns disent que les eaux sont plus froides en esté qu'en hyver & plus chaudes en hyver qu'en esté, à cause de l'antiperistase du froid & du chaud, qui combattent ensemble, l'un contre l'autre, & l'eau voulant se conserver de l'un & de l'autre, prend une qualité contraire pour y resister, c'est à dire que la chaleur de l'esté attaquant le froid, qui est dans l'eau, ce froid s'augmente, & rassemble ses forces pour y resister, ce qui fait que l'eau est plus froide en ce temps-là, qu'en un autre, & au contraire le froid attaquant pendant l'hyver la chaleur de l'eau, elle s'augmente, & rassemble ses forces pour le combatre, & le vaincre, c'est pourquoy l'eau est plus chaude pour lors, qu'en un autre temps.

2. D'autres disent qu'en esté, la chaleur attire les

exhalaisons chaudes, qui font dans l'eau, & ainfi elle n'y laiffe que le froid, & cette chaleur ne fe trouvant pas dans l'hyver, elle n'éleve pas ces exhalaisons chaudes, qui font dans l'eau, pourquoy elle demeure chaude, de mefme qu'en hyver, nos corps ont une plus grande chaleur interieure, (à caufe que le froid, bouche & referre les pores) qu'en efté, auquel temps ces pores font ouverts par la chaleur, ce qui eft caufe que la chaleur interieure s'exhale, & fe diffipe.

3. D'autres difent que la chaleur de l'efté, pouffe, preffe, & fait defcendre en bas en la terre, & vers fon centre, le froid que l'hyver y avoit fait entrer, enforte que ce froid eftant arrivé aux endroits, où font ces cours d'eau, elles les refroidiffent, & le froid de l'hyver faifant defcendre la chaleur, qui s'eftoit infinüée en terre, iufques aux lieux où coulent ces eaux, il les refroidit.

Cardan dit que les eaux des puits font également chaudes en hyver & en efté, & que fi elles nous femblent froides en efté, c'eft à caufe que nous fommes accoûtumez à la chaleur, & fi elles nous paroiffent chaudes en hyver, c'eft à caufe que nous fommes habituez au froid.

Pour refuter ces opinions, avant que d'établir la noftre, ie diray que cette antiperiftafe n'a aucun folide fondement de raifon, car fi l'eau eft froide naturellement, comme effectivement elle l'eft, fon froid devroit eftre augmenté par celuy de l'hyver, & fa chaleur par celle de l'efté, ainfi de quelque cofté qu'on la prenne, elle ne devroit faire qu'un de ces effets, & non pas deux effets contraires, & differens, autrement il faudroit dire, que fi le froid augmentoit la chaleur du feu, par antiperiftafe, la chaleur diminüeroit auffi fa chaleur, ce qui ne fe peut pas foûtenir, à moins que de parler contre l'experience.

D'ailleurs les mefmes chofes devroient arriver à toutes fortes d'eaux , fi elles eftoient produites par cette
antiperiftafe , ou par quelques unes des autres caules ,
que ces Autheurs rapportent , & neantmoins il fe voit
du contraire , mefme en des fontaines qui font bien
proches les unes des autres , les unes ayant des eaux
vives , & froides en efté , & chaudes , & fumantes en
hyver , & qui ne fe glacent iamais ; & les autres en
ont de chaudes , ou tiedes en efté , & tres-froides en
hyver , enforte qu'elles fe glaçent à la moindre gelée.

Ainfi ce que dit Cardan n'arrive pas , à caufe que
nous fommes habituez à la chaleur pendant l'efté , qui
nous perfuade que l'eau eft froide ; & que nous fommes accoûtumez au froid pendant l'hyver , qui nous
fait fembler l'eau eftre chaude , car cela ne fe fait pas
en toutes fortes d'eaux , comme nous venons de dire ,
les eaux des bonnes fontaines ne fe glaçant point en
hyver , comme font les autres eaux.

C'eft pourquoy ie dis , que l'eau des puits , & des bonnes
fontaines , eft froide pendant l'efté , & principalement
pendant les grandes chaleurs , à caufe que le Soleil éleve , & attire beaucoup de vapeurs des eaux qui coulent,
& qui font un peu profondes en terre, lefquelles vapeurs
font froides , & ainfi paffant par des lieux où il y a des
cours d'eau , qui font fi profondes que la chaleur du Soleil n'y arrive pas , elles refroidiffent l'eau , & au contraire , pendant l'hyver , le Soleil n'attire pas ces vapeurs fi abondamment qu'en efté , tant à caufe qu'il eft
éloigné de nous , que par ce que le froid referre , &
bouche les pores de la terre , & mefme que la terre eft
naturellement chaude , ce qui eft caufe qu'elle pouffe
des exhalaifons , lefquelles eftant chaudes , échauffent
l'eau pendant l'hyver.

Ce qui est tellement vray, que les caves sont, pour les mesmes raisons, froides & fraisches en esté, & chaudes en hyver ; & si on vouloit faire des canaux, qui partiroient des caves, & qui se rendroient en des chambres, elles seroient aussi chaudes en hyver, & froides en esté, que les caves, sans aucun autre artifice ; il arrive aussi les mesmes choses dens des chambres bien fermées, pour les mesmes raisons, ces vapeurs qui sortent des cours d'eau y entrant, ensorte qu'on les peut observer par le mouvement de ces fourchettes, de mesme qu'on fait sur terre, en les portant comme nous avons dit cy-devant.

J'ay observé que, plus la chaleur de l'esté est grande, plus les eaux des bonnes fontaines sont froides, en ayant veu, où à midy lors qu'il faisoit extrémement chaud, ie n'y pouvois pas endurer la main l'espace d'une minute, de soixante à l'heure, & deux ou trois iours aprés, lors qu'il pleuvoit, ou que le temps estoit couvert, ie l'y endurois bien, deux ou trois fois plus longtemps ;

J'ay aussi observé que cette eau des bonnes fontaines estoit plus froide pendant le iour que la nuit, & la raison de ces deux choses est, que le Soleil éleve plus de vapeurs, quand il fait chaud, & beau temps, que lors qu'il est mauvais, & qu'il en éleve aussi plus le iour, que la nuit. Et à l'égard des eaux des marais & rivieres, ou autres croupissantes, mesme celles des fontaines qui sont à fleur de terre, estant exposées à la chaleur de l'esté, & au froid de l'hyver, elles en prennent aisément les qualitez, n'y ayant rien qui les en empêche.

Il se peut faire aussi que les eaux des fontaines, qui sont chaudes en esté, & froides en hyver, sont proches de quelques mines, qui attirent les vapeurs des eaux

qui font en terre , & ne les laiffent pas aller à ces eaux
qui entretiennent ces fortes de fontaines , ayant fait
remarquer cy-devant , que les mines attirent les vapeurs , & rendent par ce moyen les terres voifines , ingrates & infertiles.

On obferve auffi , que fi on expofe à l'ardeur du Soleil , de l'eau nouvellement tirée d'un puits , où d'une
bonne fontaine, elle devient encore plus froide d'abord,
qu'elle n'eftoit du precedent , & la raifon eft , que le
Soleil tirant du fond de cette eau , des vapeurs , elles
refroidiffent le milieu , & le haut de cette mefme eau ,
iufqu'à ce que la chaleur , ayant élevé quantité de vapeurs froides , & s'eftant infinuée dans cette eau , l'é-
chauffe ; comme il arrive à de l'eau qu'on fait boüillir
fur du feu , dans un baffin , ou autre vaiffeau ; car bien
que cette eau boüille dans le haut , où elle eft tres-
chaude , elle eft neantmoins froide dans le bas , enforte qu'on peut toucher avec la main nüe , au fond du
baffin fans fe brufler ; ce qui arrive ainfi , à caufe que
l'eau qui eft échauffée , devenant plus legere monte ,
& occupe la partie fuperieure , & par un effet contraire,
celle qui eft encor froide defcend en bas , & fe rend
à la partie inferieure , & au fond du vaiffeau qu'elle
refroidit.

Il ne nous refte qu'à prouver que les vapeurs élevées
& attirées par le Soleil , font effectivement froides,
quoy qu'il n'en foit pas befoin, tous les Philofophes en
demeurant d'accord , & que les exhalaifons font chaudes , neantmoins fi quelqu'un en doutoit, il pouroit en
eftre convaincu par l'experience , qu'il en pouroit faire
au matin , & au foir , l'air eftant plus froid à lors, comme nous avons dit cy-devant , qu'en un autre temps,
à caufe que le foleil venant à paroiftre fur l'horifon , il
éleve quantité de vapeurs, partie des quelles s'eftoient

assemblées pendant la nuit, & croupissoient sur terre, & en se retirant sous l'horison, les vapeurs qu'il avoit élevées pendant le iour, retombent, & se convertissent en rosée, ce qui refroidit l'air davantage qu'à midy, que le Soleil par sa presence échauffe l'air, où à minuit, auquel temps estant sous l'horison, les vapeurs qu'il avoit élevées pendant le iour, retombent, & se convertissent en rosée, ce qui refroidit l'air davantage qu'à midy, que le Soleil par sa presence échauffe l'air mesme qu'estant sous l'horison il n'éleve que bien peu de vapeurs ; & à l'égard des exhalaisons que la terre envoye, on demeure d'accord qu'elles sont chaudes, ainsi que la terre qui les produit, d'où procede les foudres, & les tonnerres, le froid & chaud se livrant la guerre dans l'air, à ce que disent plusieurs Philosophes, quoy que pourtant ie ne sois pas bien persuadé, qu'il soit produit par cette cause, reservant d'en dire ma pensée ailleurs, & de donner quelques nouvelles experiences, que i'ay faites sur ce sujet, n'estant pas icy le lieu d'en parler à fond.

A R T I C L E   IX.

Pour désaler l'Eau de la Mer, & la rendre potable.

LE secret de désaler l'eau de la Mer, & la rendre potable, a esté recherché pendant tous les siecles passez, comme estant un des plus utiles qu'on puisse souhaitter, afin de s'en servir dans les grands voyages qu'on fait sur ce vaste element, où ceux qui les entreprennent sont en l'eau, pour ainsi dire, iusques à la gorge, comme ce fabuleux Tantale, sans en pouvoir goûter, neanmoins il n'a point esté trouvé iusques en ce siecle, dans lequel, & pendant ces dernieres années,

quelques uns se sont vantez de l'avoir découvert, ie ne
décriray point icy les moyens qu'ils en ont donné, de
peur qu'on ne m'accusât d'estre plagiaire, & de me servir des productions des autres, pour grossir ce traité à
leur dépens, & profiter de leurs travaux.

Je diray seulement, que si on fait reflection sur ce
que nous avons dit cy-dessus, de la circulation des eaux,
dont partie se répand de la mer dans la terre, par des
gouffres & conduits, lesquels y sont preparez dés sa
formation, où elles se détalent en passant au travers
des sables, pierres, & differentes sortes de terre, &
l'autre partie est reduite en vapeurs qui sont élevées,
& se convertissent & reduisent en eau, proche la surface de la terre, & en l'air, d'où elles retombent en
pluye, & autres sortes de meteores, on poura imiter
la nature, & faire par artifice ce qu'elle fait ordinairement.

Il faut pour cét effet se servir de ces deux moyens,
mais comme le premier ne peut pas détaler une grande
quantité d'eau de la mer, à cause qu'on ne peut porter
beaucoup de terre, dans les navires, & que mesme
elle demeure salée, ie ne voudrois pas m'en servir, &
i'aymerois mieux reduire le second en pratique.

Ainsi il faut se servir de la chaleur du Soleil, &
l'augmenter par celle du feu, pour élever beaucoup de
vapeurs de l'eau de la mer, qui est salée, & reduire ces
vapeurs en eau, qui est douce, car on sçait, & cela
se voit par l'experience des pluyes, que cette eau-là est
douce, & potable.

Je voudrois donc me servir, pour y reüssir utilement,
d'un ou plusieurs grands Alambics, & les emplir d'eau
de la mer, qu'un petit feu, tel que celuy dont on se
sert dans les navires, à ioindre a la chaleur du Soleil,
pouroit échauffer, en voicy la machine.

Premierement

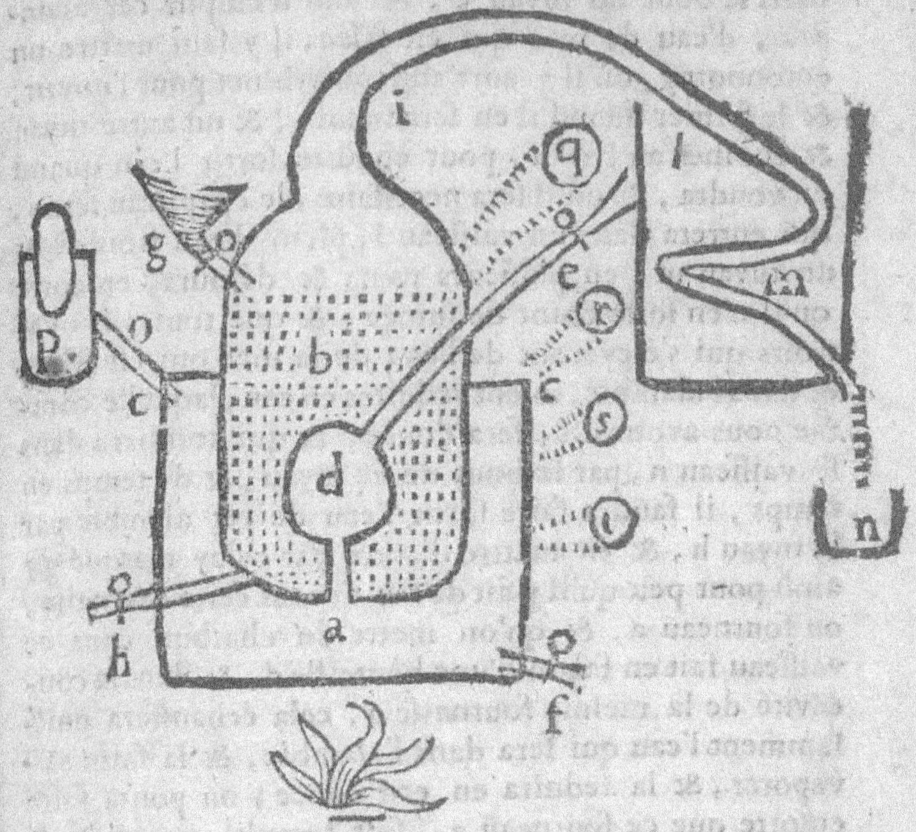

Premierement il faut faire une fournaise de fer, ou
de cuivre a, & la mettre derriere le feu, qu'on fait dans
les navires pour l'usage de ceux qui sont dedans, &
qui leur sert à cuire leurs viandes, & autres mets, &
mettre un alambic dedans, b, ensorte qu'il ne s'en évapore aucune chose, & qu'il soit bien luté au points
c, c, & mettre dans le fond de cét alambic, un rond
en forme d'une bouteille renversée d, dont le col qui
est ouvert réponde proche a, & qu'il y ait un tuyau,
& un robinet e, pour y mettre du charbon, & quand
il y aura trop de cendre, on la fera sortir par le tuyau,
& le robinet f, au moyen d'un soufflet qu'on mettra

X x

dans le bout du tuyau e , & afin d'emplir cét alambic , d'eau de mer qui eſt ſalée , il y faut mettre un
entonnoir g , où il y aura auſſi un robinet pour l'ouvrir ,
& le fermer quand il en ſera beſoin , & un autre tuyau
& robinet au bas h , pour en faire ſortir l'eau quand
on voudra , & qu'il ſera neceſſaire , le chapiteau ſera i ,
qui entrera dans un vaiſſeau l , plein d'eau froide , &
un tuyau m , en pluſieurs tours & détours , en ſorte
qu'il n'en ſorte point de fumée , & que toutes les vapeurs qui s'éleveront de l'eau de la mer qui eſt ſalée ,
& dans l'alambic , ſoient reduites en eau , laquelle comme nous avons dit , ſera douce , & qui tombera dans
le vaiſſeau n , par le bout de ce tuyau , & de temps en
temps , il faudra faire ſortir l'eau de cét alambic par
le tuyau h , & en mettre d'autre par celuy marqué g ;
ainſi pour peu qu'il y ait de feu devant cette fournaiſe ,
ou fourneau a , & qu'on mette du charbon dans ce
vaiſſeau fait en façon d'une bouteille d , & dans la concavité de la meſme fournaiſe a , cela échauffera puiſ-
ſamment l'eau qui ſera dans l'alambic , & la faira s'é-
vaporer , & la reduira en eau douce ; on poura faire
enſorte que ce fourneau a , ſoit rempli , ou compoſé
de pluſieurs miroirs ardens concaves , pour renvoyer la
chaleur vers le fond de cét alambic b , toutes ces choſes ainſi preparées augmentent la chaleur du feu , &
échauffent , & font boüillir , & enfin évaporer l'eau qui
eſt dans l'alambic , car il eſt conſtant , que la chaleur
monte en haut , & qu'ainſi elle entre dans ce rond en
forme de bouteille , où elle échauffe beaucoup l'eau qui
eſt dans l'alambic.

On poura auſſi faire porter la chaleur de cette fournaiſe , a , par le tuyau o , qui ſera au haut à un des
points c , dans un autre fourneau p , où il y aura un
autre alambic , & faire tant de fourneaux , & y appli-

quer tant d'alambics qu'on voudra; & pour les échauffer encor d'avantage sans dépense, que la premiere,
c'est à dire que la confection de la machine, on poura
se servir de miroirs ardens pour y reflechir, & renvoyer
la lumiere du Soleil, qui seront apposez aux points
q, r, s, t, & autres, tant qu'on voudra, de mesme
qu'ils sont décrits par Salomon de Caux, & quelques
autres Autheurs, pour élever l'eau, suivant les machines faites pour cét effet; ainsi avec peu de dépense,
& de frais, on poura avoir sur mer beaucoup d'eau
douce & potable, pour l'usage de ceux qui naviguent,
& font de longs voyages.

Les alambics ainsi preparez pourront servir pour tirer
de l'eau de vie, ou esprit de vin, & autres essences, à
peu de frais, & une fournaise ainsi faite dans une cui-
sine poura servir à échauffer une, ou plusieurs chambres
d'une maison, y appliquant des canaux pour porter la
chaleur où l'on voudra, ce qui n'est pas à mépriser, &
ceux qui font des bâtimens s'en doivent servir pour leur
utilité, & éviter la dépense; car par ce moyen, on
peut porter la chaleur de bas en haut, de mesme que
l'on conduit l'eau de haut en bas, aux endroits où l'on
veut, & où l'on en a besoin.

On peut aussi porter la chaleur par le moyen de ce
fourneau, dans un iardin qui sera preparé pour cét effet,
afin de l'échauffer, & y faire avancer les fleurs, les herbes potageres, & les fruits, & si on veut, on y poura
mettre de semblables miroirs, contre, ou dans les murailles, afin d'y reflechir, & renvoyer les rayons du Soleil,
soit qu'ils soient faits de metal, oùde terre cuite, & quand
les murailles ne seroient faites qu'en forme de grands
miroirs, d'espace en espace, & bien polies avec de la
chaux, elles fairoient neantmoins un grand effet, en
renvoyant cette chaleur du Soleil vers, & dans ce iar-

din, & ainſi on aura des fleurs, & des fruits bien pluſ-
toſt qu'on n'auroit pas, ſi on ne leur aidoit par ce
moyen ; mais ie m'écarte un peu de nôtre ſujet, pour
y retourner, parlons dans le ſuivant

A R T I C L E X.

De l'Impulſion, Attraction, & Inclination.

QVelques Philoſophes modernes expliquent toutes
ſortes de mouvemens, par la ſeule Impulſion, en
quoy ie ne ſuis pas de leur ſentiment ; car bien qu'on
peût expliquer l'Attraction de quelque choſe, par l'Impulſion, en la forçant, contre le ſentiment commun
des autres Philoſophes, & l'uſage ordinaire, & une longue coûtume, qui doit ſervir de loy dans le droit meſme, & d'ailleurs, les mots ne ſignifient que ce qu'on a
voulu, il me ſemble qu'on ne peut pas naturellement
expliquer ny entendre l'Attraction, ny l'Inclination naturelle, ou volontaire, par la ſeule Impulſion.

C'eſt pourquoy, comme nous avons deſia parlé, & le
ferons encor cy-aprés, de pluſieurs ſortes de mouvemens, il n'eſt pas hors de ſaiſon de dire, comme ils ſe
font, & en admettre du moins de trois ſortes, les uns
ſe faiſant par impulſion, comme quand on pouſſe quelque choſe pour l'éloigner de ſoy, ainſi que fait une perſonne, qui ioüe à la paume, pouſſant une bale avec ſa
raquette, ou ſon battoir, pour la faire aller où il veut,
les autres ſe font par attraction, quand on attire quelque choſe à ſoy, comme lors qu'on attire avec une corde,
un ſçeau plein d'eau, d'un puits ; & enfin quelques uns
ſe font par inclination, ſoit volontaire, ou naturelle.

La volontaire eſt, quand nous nous determinons
volontairement, & aprés y avoir fait reflection, d'aller

en quelque endroit, ce que les autres animaux (qu'on
appelle fans raifon, à mon âvis, irraifonnables) font
auffi ; & pour ne prendre qu'une des actions de quelques uns, entre mille, fuppofons qu'un cheval ait efté
bien nouri dans un endroit, & mal dans un autre, qui
foient d'un mefme cofté, fi on le mene par aprés vers
ces lieux-là, il n'ira point, & ne voudra pas mefme
aller, vers le lieu, où il aura efté mal reçeu, iufques à fe
câbrer, comme s'il eftoit rebours, fi on infifte de l'y
vouloir mener ; & au contraire il ira librement vers
l'autre endroit ; raifonnant ainfi, fur ce qui luy eft arrivé
en l'un, & en l'autre lieu, i'ay efté mal receu dans le
lieu, où ce chemin-là conduit, c'eft pourquoy ie n'y
veux pas aller, de peur qu'il ne m'y arrive encore la
mefme chofe, & i'ay efté bien traité dans le lieu où
cet autre chemin conduit, c'eft pourquoy i'y veux retourner, à caufe que la mefme chofe y arrivera.

La naturelle inclination eft commune, non feulement aux hommes, & autres animaux, quand ils agif-
fent fans fe fervir de leur raifonnement, ce qui fe fait
en un nombre prefque infini, de rencontres, fans qu'il
foit neceffaire d'en rapporter aucunes, mais auffi à plufieurs eftres infenfibles, qui s'inclinent, tendent, fe
pouffent, & s'approchent de quelque chofe que fe puiffe
eftre, pour les raifons, que nous avons cy-devant dites ;
ainfi l'Aimant s'incline, & tend vers la terre, & vers le
fer, comme il fe remarque par les experiences que nous
avons auffi fait oöferver ; & pour ne fortir point de l'ef-
pece, où nous fommes, les branches des arbres s'inclinent vers les eaux fous-terraines, & nous fairons voir
voir Dieu aydant cy-aprés, qu'elles font le mefme effet
vers les Metaux, & Mineraux, ce qui fe fait naturellement, & fans y eftre pouffées par une autre caufe ex-
terieure, à moins qu'elles ne foient auffi attirées par les

eaux & les metaux ; c'est pourquoy nous avons dit, qu'il y avoit du moins de trois sortes de mouvemens ; car en outre ces trois, que nous admettons, on pouroit y en adjoûter de mixtes, & qui participent de deux, par exemple, si des bœufs ou des chevaux attiroient un chariot, & que des hommes poussassent au derriere, ou bien si quelqu'un attiroit de l'eau dans un sçeau, d'un puits, & que l'eau qui reste dans ce puits élevât ce sçeau, ou qu'une autre personne le poussât en haut, il seroit vray de dire que ce mouvement seroit mixte, & qu'il se fairoit par impulsion, & par attraction ; la mesme chose arrive aussi à un cercle, qu'on iette en le retirant, car lors qu'il touche à terre, il revient vers celuy qui l'a poussé, ainsi il va en haut, & lors qu'il est en l'air, par impulsion, & revient quand il touche à la terre, par ce mouvement d'attraction, qui luy a esté donné d'abord : & comme le fer s'incline aussi vers l'Aimant, & qu'il est à croire, comme nous avons dit, que les eaux, & les metaux s'inclinent vers les arbres, nous pouvons dire, que cette inclination est mixte, estant mutuelle, & reciproque : mais cela ne détruit pas nostre proposition, au contraire c'est une exception, qui confirme la regle generale, que toutes sortes de mouvemens se font par impulsion, attraction, & inclination, ce qu'il nous falloit prouver, & ie crois y avoir reüssi, & l'avoir mesme demonstré.

A R T I C L E XI.

Les Eaux se plaisent à estre, & couler en terre.

Dieu Autheur de la nature est admirable, non seulement dans ses plus hauts, & ses plus relevez ouvrages, mais aussi dans ceux, qui paroissent vils, & abjets, & specialement dans la conduite des Eaux, qui coulent en terre, & qu'il a disposées pour l'humecter, la rafraichir, & l'arrouser, afin de luy faire produire toutes sortes d'estres, comme herbes, fleurs, fruits, arbres, & autres; & d'effet si on considere, soit par le moyen de ces baguettes, ou autrement, cette prodigieuse quantité de cours d'eau, qui sont proches, & mesme les unes sur les autres, & qui coulent dés la creation du monde, & dureront iusques à sa fin, on voira que cela n'a pas esté fait par hazard, mais bien par une grande sagesse; car cela n'est-il pas admirable de voir, que ces cours d'eau ont esté ainsi disposez, comme ils sont, dés leur creation, & celle de la terre; les uns pour porter les eaux d'un costé, & les autres de l'autre, & s'ils exhalent des eaux par les vapeurs, qui en sortent, ils en reçoivent d'autres, qui les entretiennent; & il n'en va pas de mesme, comme en ces cours d'eau, que l'on conduit par artifice, & avec beaucoup de peine, & qu'on ne peut mener bien loin, sans beaucoup de frais, & de dépense, & qui durent bien peu de temps; car ils coulent plusieurs siecles, sans qu'on y touche, & ne se vüident iamais, à moins que ce ne soit par quelque cause étrangere, qui les boûche, ou les arreste: une bonne fontaine naissant toûjours dans le mesme lieu; & si on a trouvé un cours d'eau en un endroit, par le moyen de cette baguette, dont nous avons parlé, & qu'on y retourne long-temps aprés, on le trouvera toûjours au mesme lieu, pourveu (comme nous avons dit) qu'il ne soit pas interrompu, par quelque cause étrangere.

Ce qui me fait dire que les eaux ayment naturellement à couler en terre, tant à cause que c'est leur veritable situation, que par ce qu'elles s'y purifient, & y reprennent de nouvelles forces, quand elles en ont esté tirées, & qu'elles y peuvent rentrer, & mesme lors qu'elles en sont tirées, elles se couvrent d'herbes, &

d'une espece de creme , & lymon , & enfin de boüe , &
de terre , tant elles ayment à estre cachées.

ARTICLE XII.

Qu'il y a plusieurs autres choses que les Arbres, qui s'inclinent à l'Eau.

NON seulement la coudre , & les autres arbres,
dont nous avons cy-devant parlé , mais presque
toutes sortes de choses s'inclinent aux Eaux , qui coulent naturellement sous terre , ou en des canaux , ensorte que par le moyen des fourchettes , ou mesme des
baguettes qui ne seroient point fourchées , ou de quelque autre chose que se puisse estre , estant portée en é-
quilibre sur une des mains , on peut marquer les cours
d'eau qui coulent en terre , & mesme trouver le lieu au
iuste , où les canaux , ou aqueducs sont rompus ,
ayant observé que l'or , l'argent , le fer , & autres metaux , les troncs de chou , & de girosole , les os , la corne ,
soit de bœuf ou d'autres animaux , l'ivoire , & plusieurs
autres choses , qui seroit trop long de deduire , s'inclinent
à l'eau , & en monstrent les cours qui coulent en terre ,
pour la raison que nous en avons rapportée , qui est
que ces eaux iettent des vapeurs , qui leur sont propres
& necessaires , pour leur conservation ; & plus ces branches d'arbres , ou autres choses sont seiches , plus leur
inclination est grande , de s'incliner à l'eau sous-terraine , en ayant plus de besoin pour lors , afin de temperer
leur ardeur , & étancher leur soif , que quand elles sont
encore chaudes , ou pleines d'eau.

Et bien que la vigne s'incline au vin , & évite , &
se retire du chou , comme nous le ferons voir cy-aprés,
elle s'incline neantmoins aux eaux qui coulent en terre,
comme

comme il se voit par les baguettes qui en sont faites,
les portant sur une des mains , ainsi que nous avons dit;
& la mesme chose se voit aux baguettes qui sont faites
de laurier, & de troncs d'artichaux, bien que leur qualité ou leur nature , soit plus chaude que des autres arbres ou plantes , comme il se reconnoist par leurs effets,
enfin i'ay observé que le girofflée, bien qu'il se tourne
vers le Soleil, comme nous dirons aussi cy-après, s'incline vers les eaux qui coulent en terre , comme font
les autres baguettes de quelques arbres, ou matiere qu'elles soient faites , & ie n'y trouve à present aucune dif_
ference , & ie ne puis determiner , quelles choses s'y
portent mieux les unes que les autres, quoyque dans les
commencemens que ie faisois ces experiences , i'aye
creu que le foûteau s'inclinoit davantage à ces cours
d'eau sous-terraines, qu'aucunes arbres ; i'appuyois
aussi mes experiences d'une probable raison , sçavoir
qu'il y avoit davantage de sel dans le foûteau, que dans
la coudre ou autre arbre , ainsi que ie l'avois ouy dire
à un Chimiste, qui asseuroit que le foûteau estoit plus propre à faire du verre, que les autres arbres, à cause qu'il a-
voit plus de sel qu'aucune autre; mais ie ne vois pas à present que cette inclination soit plus grande dans le foûteau, que dans une autre arbre; ie ne sçais point pourquoy
le P. Kircher, & aprés luy le P. Jean François dans sa
Science des Eaux, dit que pour trouver de l'eau en terre,
il faut se servir d'une verge, qu'il appelle divinatoire,
faite en partie d'un estre sympatique à l'eau, & l'autre
partie de quelque matiere indifferente, & sans aucune
sympatie, ny antipatie avec l'eau, & dont il décrit le
moyen de la faire, où l'on le poura voir, & dit que
l'aûne s'incline à l'eau, le coudrier à l'or, & à l'argent,
le fresne à l'airain , l'arbre de poix au plomb, & generalement que le genievre, le lierre, & les arbres qui

portent épine, ont une affinité avec les metaux.

Il adjoûte qu'Agricola se mocque meritoirement de ceux, qui sont de cette opinion-là, bien que l'Autheur cité (c'est à dire Kircher) monstre que les plantes, & les arbres se ressentent des mines, qui sont dessous, & en reçoivent les impressions, & en portent les marques: le terme meritoirement, dont il use, fait voir qu'il n'adjoûtoit point foy, à cette inclination des arbres vers les metaux & les eaux; ce qui fut cause que ie m'en voulus éclaircir avec luy en 1662. que i'estois à Rennes, lequel âdvoüa ingenüement, en la presence de cinq ou six Personnes sçavantes, & curieuses, & dont entr'autres, il y avoit deux P. P. de sa mesme Societé, qu'il n'en avoit point fait l'experience, & qu'il n'en avoit pas esté persuadé par raison, & s'en estoit rapporté à ce qu'Agricola en avoit dit, & asseuré en avoir fait l'essay, & n'y avoir iamais reüssi, comme il l'employe en son livre, mais luy ayant fait voir par experience, qu'une fourchette de la premiere arbre qui se rencontra, se tournoit sur des cours d'eau sous-terraines, & un de mes amis, à qui i'en avois appris le secret du precedent, & mesme ces deux autres P. P. Iesuites, en ayant fait plusieurs experiences, il en demeura d'accord, & dit seulement, que ces actions-là estoient naturelles, & qu'il estoit prest de le soustenir contre ceux, qui voudroient dire le contraire; ce qui n'est pas difficile, estant appuyé de l'experience, & de la raison.

De cét entretien il resulte deux choses, la premiere qu'il ne faut pas refuter legerement les sentimens des bons Autheurs; & la seconde, qu'il ne faut pas nier les experiences rapportées par ces mesmes Autheurs, quand de pareilles seroient faites, & qui ne reüssiroient pas; se pouvant faire, que celles qu'on fait, ne sont pas exactes, soit par le deffaut de la matiere, ou do l'ouvrier, se voyant souvent que de semblables machines, & faites par de mesmes ouvriers, ne reüissisent pas toûjours également, comme il se voit dans des montres, & armes à feu, (sans parler de plusieurs autres choses) qui ne sont pas si iustes, les unes que les autres.

Il décrit aussi au mesme lieu, plusieurs autres moyens de divers Autheurs, pour découvrir les eaux qui coulent en terre, par exemple, de se coucher en Esté contre terre, au matin, & regardant vers le Soleil levant observer les lieux d'où sortent les fumées, qui s'élevent de terre, ou bien enfoüir en terre pendant la nuit, de la laine, & voir au matin, si elle est moüillée, aux quels cas, ce sont des signes, qu'il y a des cours d'eau en ces lieux-là ; & quelques autres moyens qu'il rapporte, & dit qu'ils ne sont pas asseurez, mais que ce ne sont que des conjectures : & en outre, ils sont difficiles à pratiquer, c'est pourquoy ie ne les décriray pas icy, & on les poura voir en son livre imprimé à Rennes en 1653. & en d'autres, ce secret que ie propose estant plus asseuré, & facile à faire en tous lieux, & en tout temps, qu'aucun que ie sçache.

ARTICLE XIII.

De la consommation, & reparation de l'Air.

NOus avons desia dit dans la cause des Comettes, & cy-devant, que nous, & les autres animaux, & le feu, consommoient l'air, & que le feu n'estoit qu'un air enflamé ; ce que nous avons sommairement prouvé par quelques experiences, & observations, que nous en avons faites, & que nous ne repeterons pas icy, pour éviter les redites, & la prolixité ; j'adjoûteray seulement, que pour purger l'air, dans un temps de peste, ou autre maladie contagieuſe, on fait de grands feux, ſoit dans les maiſons particulieres, ou dans les rües, & places publiques des villes, & dans leſquelles on iette des eaux, ayant eſté obſervé que cela purifioit, & nétiſſoit l'air ; & la raiſon eſt, à mon âvis, que l'air eſtant corrompu par les malignes influences des Aſtres, qui cauſent cette contagion, eſt conſommé en partie par ces feux, & reparé par les vapeurs qui ſortent des eaux d'un bon air frais, & ſalutaire.

Et ſi on allumoit ces feux-là, pendant la domination de Saturne, & de Mars, qui ſont les plus méchants de tous les Aſtres, & qu'on les déteignit, & iettât des eaux deſſus, ou proche, pendant la domination des cinq autres Planettes, ie crois que cela fairoit encor de meilleurs effets, car l'air qui eſt deſia corrompu, eſtant encor plus mauvais ſous la domination de Saturne, & de Mars, & eſtant conſommé en partie, & aneanti en ce temps-là, & ſe faiſant d'autre air pendant la domination des cinq autres Planettes, tant à cauſe des vapeurs de ces eaux, qu'on iette dans les rües, & meſme ſur ces feux, que par les autres vapeurs qui ſortent de la terre, il ſe forme un autre air pur & ſain, en la place de celuy qui eſtoit contagieux, qui eſt diſſipé.

Fondé ſur cette experience, & les autres obſervations que i'ay faites, ie dis, & cela eſt veritable, que l'air qui eſtant conſommé par les animaux vivants, & par les feux, qui ſont ſur terre, & en l'air, eſt reparé par les vapeurs, qui ſortent des eaux qui ſont deſſus, & dans la terre ; eſtant conſtant que l'eau lors qu'elle eſt reduite en vapeurs, ſe convertit, & ſe change en air ; & ſi quelqu'un en doutoit, on l'en pourroit convaincre par les eolipiles, ou poires à feu, dans leſquelles ayant mis un peu d'eau, & les ayant approchées du feu, & échaufsées, il en sort une grande quantité d'air, jusqu'à ce que toute cette eau soit évaporée.

Ainsi il est vray de dire, que les vapeurs, qui s'élevent des eaux, qui sont dessus & dans la terre, sont essentiellement de l'air, qui entre, & reprend la place, par une action continuelle, de celuy qui est consommé, en quoy l'économie de la nature, ou Providence Divine est admirable ; car s'il estoit consommé plus d'air, qu'il n'en seroit rétably, pour grand qu'il soit, il seroit entierement aneanti, depuis qu'il a esté formé, & au contraire s'il en estoit produit plus, qu'il n'en est aneanti, il seroit trop épais, & ne garderoit plus sa consistence naturelle, qu'il a presentement, & qu'il a eüe, & aura toûjours.

Mais on me poura demander, qui répare, & rétablit les vapeurs, que les eaux envoyent continuellement, & ces eaux mesmes ; car s'il est vray, comme il se voit par l'experience des eolipides, que les eaux iettant des vapeurs, se consomment, & aneantissent, si elles n'étoient entretenuës, & reparées par quelque autre chose, elles se consommeroient, & aneantiroient aussi, & ne ietteroient pas de nouvelles vapeurs ; ainsi elles ne pourroient plus reparer, & rétablir l'air, & par ce moyen ces deux grands, & vastes élemens periroient en fort peu de temps, l'eau au moyen des vapeurs qu'elle iette, & l'air par la chaleur des animaux, & des feux qui le consomment.

De recourir aux miracles, & dire que Dieu, ou son esprit qui est porté sur les eaux, les rend fecondes, & les rétablit, il n'y a gueres d'apparence, car il n'est pas à croire qu'il face continuellement, & incessamment des miracles semblables, & il est à presumer, qu'il a disposé toutes choses dans leur commencement, & au moment de leur creation, pour continuer toûjours leurs

effets, s'estant reposé aprés ses premiers travaux, &
ayant consideré, qu'ils estoient bons, & parfaits, comme il se voit dans la sainte Ecriture.

De dire que cela se fait par les influences fecondes
des Astres, qui ont la vertu d'engendrer, & faire vegeter plusieurs choses en ce bas monde ; cela n'est pas
sans fondement, estant des causes proportionnées, &
propres pour produire de pareils effets, & mon opinion
est appuyée de l'experience ; car la Lune augmentant les
eaux, & les autres humeurs, mesme la moüelle des
os, comme nous avons dit cy-devant, elle peut augmenter les eaux, & rétablir celles que les vapeurs
ont dissipées, & l'air mesme, à cause de son humidité, ou fluidité, le mesme Sr. Digby, dont nous avons
cy-devant parlé, disant dans son discours de la poudre
de sympatie, qu'un miroir ardent concave, ou un
bassin estant exposé à la lune, & tenant ses mains au
lieu où ses rayons sont reflechis, & renvoyés, elles
deviennent humides, & moüillées, ce qui marque que
la Lune reduit l'air, ou les vapeurs dont il est plein,
en eaux.

Il y a encore d'autres choses qui font de semblables
effets, sçavoir une herbe, dont parle le mesme P. Jean
François en son livre de la Science des Eaux, qu'on appelle Gentienne, un peu differente de celle qu'on seme
dans nos jardins, dont il croist quantité proche des
Pyrénées, en la vallée de Betfugere au diocese de Terbe ;
car lors qu'on la couppe, il fait aussi-tost des orages, &
pleut abondamment ; il arrive la mesme chose, à ce
qu'il dit, & cela est veritable, comme j'ay ouy dire à
des personnes qui l'ont veu, quand on iette quelque
pierre, ou autre chose, dans des lacs situez sur les
montagnes d'Auvergne, des Pyrenées & autres, qu'il
décrit, en sa science des eaux ; car immediatement

aprés , il se forme en l'air des orages , & tonnerres, &
tombe beaucoup de pluye , mesme de la gresle ; ce qui
se fait ainsi , a cause qu'il sort de cette herbe , & de
ces eaux , des vapeurs qui reduisent en eau , celles qui
sont en l'air ; c'est pourquoy les habitans des lieux où
cette herbe croît l'appellent l'herbe aux sorciers , & ceux
qui demeurent proche de ces lacs , empéchent qu'on
n'y iette aucune chose dedans, de peur qu'on n'excite
des orages.

J'adjouste à ces raisons , que ie crois, que les eaux
qui sont dissipées par les vapeurs , sont rétablies par le
sel , qui est dans la mer , & autres eaux salées , & dans
la terre , lequel sans contredit, a une semence feconde ,
& une vertu propre pour engendrer sans se corrompre ,
ny diminuer , & qu'il fait la mesme chose dans la mer ,
& autres eaux , que dans les arbres , & les plantes , les
faisant croistre , & vegeter , & specialement quand il est
aydé par la chaleur , & les influences du Soleil , & des
autres Astres ; & d'effet nos bleds ne viennent bien , &
nos arbres ne croissent beaucoup , que lors qu'ils sont
poussez par le sel , qui est dans le fumier , & par celuy
qui est volatile dans l'air , & qui se répand sur la surface de la terre , d'où vient qu'estant reposée , elle est
plus feconde , que du precedent ; & si on seme du sel ,
les herbes & les bleds viennent mieux , qu'ils ne fairoient , mesme que si on fait tremper du bled dans de
l'eau , ou l'on aura dissous du sel , y ayant meslé quelques autres choses propres pour cét effet , ce bled vient
aussi bien , que si on avoit engraissé beaucoup la terre ,
où l'on le seme , comme on a decouvert depuis quelques années , & qu'on pratique desia , en quelques endroits de la France.

On me poura objecter que ce sel , se pouroit luy-
mesme dissiper , & qu'il faudroit encor établir une au-

tre cause pour le reparer, à quoy ie réponds premierement, que s'il est vray, ce que nous venons de dire,
qu'il ait une vertu feconde pour faire vegeter les arbres,
& les plantes, & qu'il face la mesme chose dans les
eaux, c'est à dire, qu'il les face croistre, & augmenter,
il ne faut point chercher d'autre cause que dans luy,
pour produire cét effet, se pouvant faire qu'il fait la
mesme chose dans luy-mesme, & dans les estres où il
est, & dont il fait partie, que dans ceux, dont il est
seulement proche, & aux quels il est ioint. En second
lieu ie crois que la force du sel, peut estre augmentée
par la chaleur du Soleil, & mesme qu'il est produit
par ce mesme Astre, de l'eau de la mer, comme il se
voit sensiblement sur les rivages, où le sable devient
tres-salé quand il fait un temps sec, mesme qu'une
partie des vapeurs, qui s'élevent dans l'air, est reduite dans un sel volatile, qui se répand, & s'attache
aux arbres, & aux plantes, & sur la surface de la terre,
& ainsi ce sel, & les eaux sont reparées, & augmen-
tées, & reparent, & rétablissent l'air.

Mais, dira quelqu'un, qui reparera cés influences des
Astres, qui s'écoulent continuellement, afin de rétablir
ce qui se consomme de sel, d'eau, & d'air; pour y
répondre, J'ay recours à la devise mise par Hercule, sur
deux colomnes proche du détroit de Gilbraltar, *Non
plus vltra*, estant des choses au dessus de la portée de
nos esprits, & il ne faut pas s'étonner, si nous ne sça-
vons pas ce qui se passe si haut, & si loin de nous, veu
que nous ignorons la plus part des choses que nous voyons, & touchons des doigts, & si nous voulions aller
iusques là, il seroit à craindre que nous n'eussions un
mesme sort, que ce mal-heureux Phaëton de la fable,
qui s'estant voulu ingerer de conduire le char du Soleil,
fut precipité, & tomba mort en terre; ou de ces Geants
temeraires

temeraires qui voulurent escalader, & prendre les Cieux,
qui furent ensevelis sous les montagnes, qu'ils avoient
entassées les unes sur les autres : neantmoins, & quoy qu'il
en puisse arriver, qui ne peut estre autre chose que ma
confusion, de n'avoir pas bien rencontré, qui seroit pourtant semblable, à ce qu'on mît, pour l'epitaphe de ce
mesme Phaëton, que i'aurois l'avantage d'estre décheu
de hautes entreprises, ie diray que ie crois, que le
Soleil, & les autres Astres élevent iusques à eux, la
plus subtile partie des vapeurs, qui sortent des eaux,
pour se rafraischir, & temperer leur ardeur, & que par
ce moyen, ils reparent leurs forces, & leurs puissances, pour renvoyer ces mesmes vapeurs, par le moyen
de leurs influences, vers ce Globe terrestre, pour y produire de differens effets ; car comme les Cieux sont
faits pour la terre, il est à croire que la terre est faite pour
les Cieux ; & que pour peu que les Cieux reçoivent
de fumée, de la terre ingrate & sterile, ils la com-
blent d'une infinité de biens, pour marque de leur re-
connoissance, de mesme qu'un peu de levain, fermen-
te un grand monceau de farine.

A R T I C L E XIIII.

Plusieurs Observations particulieres, afin de prouver que
les Arbres s'inclinent aux Metaux, & Mineraux.

NOus avons desia dit, que les Arbres s'inclinent
aux Metaux, & aux Mineraux, & pour le faire
voir par experience, prenons quatre baguettes de coudre, fourchées (ie dis de coudre, tant à cause qu'on s'en
est servi en premier lieu, que par ce qu'elle est plus
propre pour cét effet, qu'aucune autre arbre, estant
bien droite, & ses branches estant fourchées presque

également, & en forme d'un grand Y, y grec, & les
autres arbres ne font pas fourchées fi iuftement) dont
le tronc foit de l'année derniere, & les petites branches
qui conftituent cette fourche foient de l'année prefente;
& ayant coupé châque tronc d'environ un pied, & les
branches de deux doigts de longueur, il faut cacher,
ou faire cacher de l'or ou de l'argent aux environs du
lieu, où l'on veut faire l'operation : ce fait il faut que
deux perfonnes prennent chacun deux de ces baguettes, & les tenant contre leur eftomach, les appuyer les
unes contre les autres en ligne droite, & les laiffer fe remüer en liberté quand elles voudront, ou qu'elles com-
menceront à fe mouvoir, & on verra qu'elles tendront
toutes quatre d'un mefme cofté, vers lequel eftant allé
quelques pas, il faut encore faire une femblable operation, & fi elles tendent vers le lieu, où l'on a commencé, il faut y revenir, & faire ces experiences iufqu'à ce que ces baguettes fe croifent, & s'inclinent,
ou defcendent en bas, qui eft une marque qu'elles font
directement deffus cét or, ou argent, c'eft la mefme
chofe d'un trefor, & fi elles tendent en haut, c'eft figne que ce trefor, ou cét argent caché, eft en haut,
& s'il eft dans une muraille, on peut auffi découvrir
le lieu où il eft, en mettant ces baguettes les unes fur
les autres, & faifant des obfervations femblables à celles que nous venons de dire, car ces baguettes fairont les mefmes chofes, que lors qu'elles font portées
parallelles à l'horifon ; & eftant entre deux trefors, ou
de l'argent caché en deux endroits, deux des baguettes
iront vers l'un, & les deux autres iront vers l'autre,
en voicy les figures.

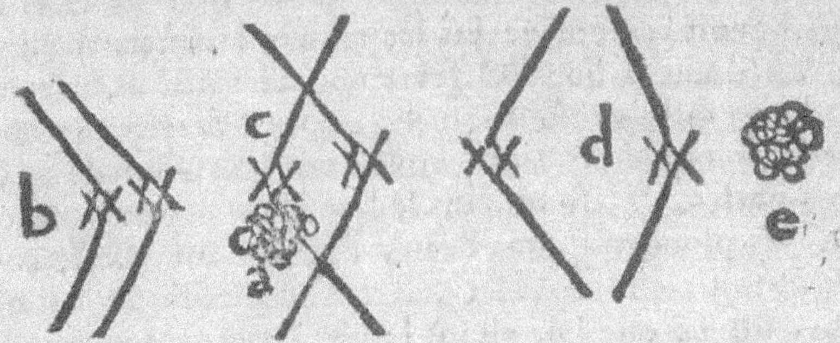

Soit l'or, ou l'argent, ou le trefor a, en terre, ou bien ailleurs, les baguettes eftant en b, tendent vers ce lieu-là, & eftant fur, ou deffous a, au point c, elles fe croifent, & tendent en bas, s'il eft en terre, ou en haut, s'il eft dans le plancher, ou voute d'un bafti-ment, & eftant entre deux trefors d, ou au milieu de deux pareilles quantitez d'or, ou d'argent a, e, deux des baguettes iront vers a, & les deux autres vers e.

ARTICLE XV.

Pour fçavoir s'il y a beaucoup d'Or, ou d'Argent caché dans un lieu.

CE fecret fait non feulement connoiftre s'il y a beaucoup d'Or, ou d'Argent caché dans un endroit, afin de voir s'il vaut la peine de faire de la dépenfe pour le découvrir, mais auffi de fçavoir, s'il y a quelques metaux meflez avec de l'or, ou de l'argent de quelque ouvrage confiderable, & les deviner fans les voir, & les pefer, ou les mettre dans de l'eau.

Mais comme cecy comprend plufieurs belles chofes, il eft neceffaire de les exprimer plus particulierement, & pour cét effet, il faut parler encor une fois de cette fameufe couronne, que Hyero Roy de Syracufe fit faire

à ſes Dieux, en action de grace d'une ſignalée victoire,
qu'il avoit remportée ſur ſes ennemis ; mais d'autant
qu'on doutoit que l'Orſévre n'y eût meſlé d'autre metail, on faiſoit reſolution d'en faire l'eſſay par la cou-
pelle, ou quelque autre voye, dont Archimede ayant
ouy parler, & eſtant dans le bain, s'apperceut que lors
qu'il ſe plongeoit dans l'eau, elle hauſſoit, & quand il
en ſortoit, elle baiſſoit, il fit reflection & raiſon-
na, ſur ce que l'or eſtant le plus peſant de tous les
metaux, il devoit moins faire élever d'eau, qu'aucun
autre metail, & courut auſſi-toſt au Palais nud en che-
miſe, crier & âvertir qu'il avoit trouvé le ſecret de découvrir, s'il y avoit d'autre metail que de l'or, en cette
couronne, & en ayant fait l'eſſay, & mis cette couronne dans un ſceau plein d'eau, & autant peſant d'or,
il ſe trouva que cette couronne en faiſoit ſortir plus
d'eau, qu'autant peſant d'or ne faiſoit ; & que par conſequent l'Orſévre y avoit meſlé d'autre metail : on s'eſt
ſervi depuis, de ce ſecret pour le meſme éffet ; mais
ce ſeroit inutilement, ſi cét or (c'eſt la meſme choſe de
l'argent) n'eſtoit pas ſolide, & qu'il fût creux, en ſorte
que l'eau ne peût entrer dans ſes concavitez.

On voit dans les Recreations Mathematiques, qu'un
Empereur propoſa à quelqu'un, pour le recompenſer
de quelque ſignalé ſervice, qu'il luy avoit rendu, deux
quaiſſes égales tant en grandeur, que peſanteur, l'une
pleine d'or, & l'autre de plomb, & le mît à choix de
prendre celle qu'il voudroit ; l'Autheur de ce livre donne le moyen de choiſir l'or, par des poids qu'il décrit, où l'on le poura voir, ce qui eſt bien aiſé à comprendre, & à faire, ſi on ſuppoſe que cét, or, & ce
plomb, ſoient ſolides, & que chacun ne ſoit, qu'un
ſeul morceau, car l'or tenant moins de place que le
plomb, la boëtte où il eſt, a un autre centre de peſan-

teur, que celle du plomb, du moins en quelques unes
de ses parties, ces quaisses estant contre-balancées par
des leviers, & par ce moyen on peut iuger, ou deviner laquelle contient, & renferme l'or, & laquelle
contient le plomb ; neantmoins on ne le pouroit connoistre par les poids, si l'or estoit reduit en poudre,
ou en petits morceaux, tels que sont des pistoles, &
qu'il y eut du papier, ou quelque autre matiere legere meslée parmi, en sorte que l'or tint autant d'espace, que le plomb ; mais par le secret que ie propose,
on poura non seulement sçavoir dans quelle quaisse est
l'or, & dans quelle est le plomb, mais aussi on poura
connoistre ce qui sera dans six autres quaisses pareilles,
& également pesantes, dont une sera pleine d'argent,
l'autre de fer, une autre de vin, une autre de sidre, ou
de laict, & une autre de chou, supposez un chou de
pomme, & efin une pleine de pierre, ou de terre, ou
de bois ; sans les pezer, ou les mettre dans l'eau

Et pour cét effet, il est constant par experience, que
ces baguettes s'inclinent davantage à l'or, qu'à l'argent,
& plus à l'argent qu'au plomb, ainsi celle qui sera pleine
d'or, attirant les baguettes de plus loing, ou bien elles
y tendant davantage qu'aux autres, quand elles
seroient toutes ensemble, on découvrira la quaisse, où
est l'or, la premiere, qu'on ostera d'auprés les autres,
& ensuite celle pleine d'argent, & comme les baguettes
s'inclinent presque également au plomb, & au fer, on
connoistra celle qui est pleine de fer, par le moyen
d'une aiguille aimantée, car lorsqu'on l'en approchera,
elle s'inclinera vers le fer, comme nous avons dit cy-
devant, & ainsi on reconnoistra ce qui est dedans, &
partant on sçaura aussi où est le plomb.

En voila quatre découvertes, allons aux autres, &
pour y reüssir & découvrir celles, où est le vin, le sidre

& le chou, il faut se servir de pareilles baguettes faites,
les unes de vigne, & les autres de troncs de chou,
celles de vignes s'inclinent au vin, & évitent, & se
retirent du chou, quand on les en approche, & celles
de troncs de chou, font un effet contraire, car elles
tendent, & s'inclinent vers le chou, & évitent, & se
retirent du vin, le fuyant comme leur ennemi, & les
unes & les autres s'inclinent au sidre ou au laict, &
non à la pierre, terre, ou bois, pendant qu'il y aura
une des autres matieres, dont nous avons parlé, qui
sera proche ; & par ce moyen on découvrira toutes ces
differentes choses, qui seront dans ces huit quaisses, ce
qu'il falloit faire ; & pour mieux encor y reüssir, il seroit à propos que ces baguettes agissent d'elles mesme,
sans estre soûtenües par des personnes, car il est à craindre, qu'on ne les force de prendre un autre mouvement,
que celuy qu'elles auroient, si elles estoient en liberté,
ce qui se poura peut-estre faire, ainsi que le P. Kircher
dit de sa verge divinatoire, dont nous avons cy-devant parlé, laquelle estant soûtenuë sur des pivots de
la façon que le P. Jean François la décrit, s'incline à
l'eau sous-terraine, comme nous venons de dire, que
les baguettes s'inclinent davantage à l'or, qu'à l'argent
ou autres metaux, on poura connoistre s'il y aura de
l'argent, ou d'autre metail meslé parmy de l'or, en quelque ouvrage considerable (c'est la mesme chose pour
sçavoir s'il y a de l'eau parmi du vin) car ayant mis
autant pesant d'or auprés de celuy dont on veut faire
l'essay, & s'estant mis entre deux, directement au milieu, avec ces quatre baguettes, si le premier est aussi
bon que celuy de l'epreuve, deux de ces baguettes iront
vers un des costez, & les deux autres iront de l'autre,
& s'il y a d'autre metail meslé avec le premier or, toutes ces baguettes iront vers le second ; & par ce moyen

on poura aussi connoistre la valeur d'un tresor , ou de
l'or , ou argent caché , en ayant mis d'autre auprés , &
faisant de pareilles observations que celles , que nous
venons de dire , car les baguettes s'inclinent davantage
à la plus grande quantité d'or ou d'argent , qu'à la plus
petite : pourveu qu'il n'y ait pas d'autre cause qui empêche leurs effets , comme nous dirons cy-aprés.

Ces baguettes de coudre , ou d'autres arbres s'inclinent aussi aux mineraux , comme il se voit par experience sur des morceaux de mine , telle qu'elle puisse
estre , faisant les mesmes choses que nous avons décrit cy-
devant , & en font aussi de semblables sur les mines qui
sont en terre , en telle sorte qu'on les peut découvrir , ainsi
que leur grandeur , ces baguettes se croisant , quand on
est dessus , comme elles font estant sur des metaux , pour
les mesmes raisons que nous avons rapportées.

Aprés ce que nous avons dit de la sympatie & antipatie , il n'est pas bien difficile à comprendre , pourquoy
ces diverses sortes de baguettes font les differents effets ,
que nous avons fait observer , sçavoir pourquoy les baguettes de vignes s'inclinent au vin , & hayssent , & se
retirent du chou , & au contraire pourquoy le chou ,
tend au chou , & se retire du vin , & ainsi des autres ;
estant constant que les choses d'une mesme nature , s'entr'aiment & se recherchent , & celles qui sont contraires
se fuyent , & se retirent les unes des autres ; ainsi la vigne
aime le vin , comme son fils bien aimé , & le chou aime
le chou comme son frere , la vigne estant comme le vin ,
d'un temperament chaud , hait le chou qui est d'une
humeur froide , & le chou a une aversion reciproque
pour la vigne & le vin , à cause de leurs contrarietez
d'humeur , & c'est d'où procede leur haine & leur inimitié naturelle , qui est reconnuë de tout le monde ;
la vigne ne s'alliant point avec les chous , quand elle

est plantée auprés, pendant qu'elle peut trouver d'autre chose pour se soûtenir.

On peut raisonner sur ce principe des differentes inclinations, & adversions, c'est à dire des amitiez & inimitiez, de toutes les choses qui s'entr'aiment & se recherchent, & qui se fuyent, & se retirent les unes des autres, sans qu'il soit besoin d'en dire davantage, & on peut connoistre la nature ou qualité, presque de toutes choses, par ces differentes baguettes, soit qu'elles soient chaudes, comme est le vin, ou froides ainsi que le chou, ou temperées ainsi que le sidre & le laict, & ce qui en est fait, & autres choses de pareille nature.

J'ay encore fait quelques observations que ie ne puis obmettre, sçavoir que plus l'eau, ou les Metaux & Mineraux sont profonds en terre, ces baguettes y tendent davantage; ce qui a donné lieu à plusieurs personnes, qui cherchoient des tresors, qui neantmoins ne bechoient, que sur des quarrefours de deux cours d'eau, lors qu'ils en approchoient, & voyoient que leurs baguettes ne tendoient plus au premier endroit, mais bien à un autre lieu, où il y avoit un pareil quarrefour d'eau, de becher en ce second endroit, esperant y rencontrer ce tresor, qu'ils se persuadoient y avoir esté transferé par le diable; & quelques uns estoient si abusez de cette pensée, qu'ils faisoient faire des exorcismes, par quelque Prestre à leur devotion, mais toûjours inutilement, ne béchant que sur de l'eau, qu'ils trouvoient quelques fois, au quel cas, ils se persuadoient encore que c'estoit un effet de l'artifice du demon, pour les empécher de trouver leur pretendu tresor: & qu'il leur avoit, non pas ietté de la poudre aux yeux, mais fait naistre de l'eau; quoyque cela ne fût pas veritable, le diable n'y ayant aucun pouvoir, à mon âvis, & s'il en avoit, il donneroit ces tresors, plûtost que de les
retenir;

retenir ; car par ce moyen , il fairoit faire bien plus de
crimes , à ceux qu'il en voudroit gratifier , en les rendant riches , & opulens qu'ils ne fairoient pas , s'ils
demeuroient en leur pauvreté , estant constant , & i'en
pourois rapporter les authoritez de la sainte Ecriture,
des Peres , & des Philosophes , que l'or & les richesses,
ne sont que des instruments propres à faire commettre
toutes sortes de crimes , estant plus difficile à un homme
riche de se sauver , que de faire passer un chameau
par le trou d'une aiguille.

    Auro pulsa fides , auro venalia iura ,
    Aurum lex sequitur , mox sine lege pudor.

  Nous avons dit qu'on peut trouver des mines , par le
moyen de ces quatre baguettes , on peut encore faire
la mesme chose , par les eaux , en voyant où il y en a
de minerales , & les suivant sur terre , par une seule
baguette de la façon que nous avons dit , & de temps
en temps percer la terre par le moyen des tarrieres ,
dont nous avons aussi parlé , & voir par ce qu'ils rapportent , si c'est de la mine , ou matiere minerale , au
quel cas il faudra ouvrir la terre , & decouvrir la
mine , & ensuite faire l'épreuve , si elle est bonne , afin
de s'en servir.

  Ie diray aussi en passant , qu'il y a bien des mines de toutes sortes en France , & que si on s'appliquoit
à les découvrir , & à s'en servir , cela ne produiroit que
de bons effets ; il y a aussi de la marne presque en tous
lieux , & qu'on peut trouver , ainsi que des perrieres ,
ou carrieres , par le moyen des tarrieres dont nous avons
parlé , ce qui n'est pas à mépriser pour les utilitez qu'on
en pouroit recevoir , plusieurs personnes ayant bien de
la peine à fumer leurs heritages , & trouver , & aller chercher bien loin , des pierres pour bastir , qui ont de la
marne , & de la pierre à leur porte.

A a a

ARTICLE XVI.

De l'Eliotrope.

AYant observé que l'Eliotrope qui croît dans nos iardins, estant encor ieune, tourne toûjours sa teste vers le Soleil, & en suit le cours, & ayant leu dans quelque livre qu'il en croît dans l'Inde, qui est un des plus grands fleuves du monde, lequel éleve, & fait sortir sa teste de l'eau à Soleil levant, & l'y replonge à Soleil couchant, & suit ainsi le cours du Soleil moitié par terre, & moitié par eau, cela m'a donné occasion de croire qu'on en pouroit faire une machine, laquelle suivant le cours de Soleil, nous serviroit d'horloge, en quelque endroit qu'on fût, en monstrant le lieu, où est le Soleil, qui fait & regle les heures.

Et pour cét effet, il faut prendre deux morceaux du tronc de cette plante, d'environ un pied de longueur chaque, & les ayant mises le bout de l'un, contre un des bouts de l'autre, comme nous avons dit des baguettes, pour trouver des metaux, elles tendent vers le Soleil, s'inclinant, ou baissant quand il est sous l'horison, & se haussant quand il est dessus, tendant toûjours vers luy, & lors qu'elles sont exposées en ligne droite au Soleil, elles s'elevent, s'il est sur l'horison, & se baissent quand il est dessous, & ainsi marquant directement le lieu, où est le Soleil, elles marquent par le mesme moyen, quelle heure il est.

Ce secret seroit beau, & tres-utile, si la derniere main y estoit mise, & qu'il fût en sa perfection, & qu'on peut faire ensorte que cette plante, marquât toûjours, & en tous lieux d'elle mesme, & sans y toucher, le veritable lieu, où est le Soleil dans le Ciel, & qu'on peut en faire une machine portative, pour s'en servir en tous les endroits où l'on iroit, i'en ay medité quelque chose, mais elle n'est pas faite, non plus que plusieurs

autres experiences, dont i'ay parlé de quelques unes cy-
devant , n'ayant pas le loisir de faire toutes les choses,
que ie voudrois bien ; & mesme que ie puis dire , comme Hypocrate, que la vie est bien courte , & l'art est
bien long , & mesme i'adjoûteray qu'il est bien difficile
de faire tout ce qu'on projette & specialement en mon
endroit , ne travaillant point de la main , ayant mesme
peine d'écrire ce que i'ay conçeu , car à moins que cela
ne se face de suite , i'ay de la peine de renoüer ce que
i'ay entrepris , & commencé , & quand il faut le reprendre , i'en change tout l'ordre , que i'avois projetté
de luy donner la premiere fois ; à ioindre à mes autres
ocupations , qui me dérobent bien du temps , & m'en-
peschent de faire ce que ie voudrois bien , si i'estois entierement à moy ; c'est pourquoy ie prie ceux qui liront
ce present Traité , (ou les autres que i'ay fait ,) d'ex-
cuser , & de pardonner à plusieurs choses , où il y a sans
doute bien à redire , dans l'ordre qu'il est tissu , &
dans plusieurs experiences qui ne sont encore parfaites ,
& mesme que quelques unes ne sont pas commencées ,
que dans mon imagination , sans parler de plusieurs
autres deffauts , dont il est plein ; & puisque les enfans ressemblent ordinairement à leurs peres , il ne faut
pas s'attendre que cét ouvrage soit parfait , sortant d'un
homme si rempli d'imperfections que ie suis , cependant
comme i'ay creu qu'il y avoit quelque chose de bon &
d'utile , i'ay pris la liberté de le donner au public ,
esperant mesme , qu'il y aura quelques personnes , qui
pouront en tirer de l'utilité , & comme i'y ay ietté plusieurs sortes de semences , quelqu'un poura les faire
meurir , & en recueillir , & moissonner quelques fruits ,
Dieu le veille , submettant (pour finir) à l'authorité , &
censure de l'Eglise Catholique , Apostolique & Romaine , tout ce que *I'ay dit.*

F I N.

EXPLICATION DES FIGVRES
qui font au couvercle de ce livre.

Nous avons dit dãs le traité du Baftõ Vniverfel, qu'on pouvoit mettre fur un bafton un Cadran cylindre, & des cercles qui tournetoient, fur lefquels on mettroit les fept Planettes avec leurs afpects, & qu'on pouvoit faire la mefme chofe fur des plans, ce qui m'a donné lieu de mettre au couvercle de ce livre plufieurs fortes de Cadrans, & ces cercles des Planettes, & autres deffeins.

Premierement il y a deux Cadrans verticaux, & deux horifontaux qui font faits fur les arcs des iours, deux defquels ont les fignes du Zodiaque parallelles les uns aux autres, fçavoir fix, où les iours croiffent, & lefquels fervent auffi aux iours qui decroiffent, & les deux autres ont les mefmes fignes dans un mefme centre,

Quand on voudra fe fervir de ces quatre Cadrans, il faudra mettre cette aiguille dans les trous qui y font, & faire enforte que l'ombre produite par le Soleil, tombe à ceux dont les fignes ont un mefme centre, fur le lieu où fera le Soleil au Ciel, lors de l'operation, fçavoir au commencement, au quart, au milieu, ou fur la fin du figne où eft le Soleil, & voir la ligne, où l'heure, que l'extremité de l'ombre marque, qui eft l'heure de l'operation, & dans les deux Cadrans qui ont les fignes parallelles, en outre les lignes des heures qui font obliques, il faut y mettre des lignes droites compofées de petits points, qui coupent ces fignes à angles droits, afin qu'ayant expofé ces cadrans en telle forte, que l'ombre de l'aiguille tombe fur le figne du Cancre, c'eſt à dire au point du folſtice d'Eſté, il faut voir quelle ligne droite l'extremité de l'ombre de laiguille touche, & remarquer où cette ligne coupe le figne, où eſt le Soleil pour lors, ce qui marque ainſi l'heure cherchée.

Il faut que l'aiguille ſoit marquée pour eſtre miſe de la longueur qu'il faut, pour ſervir à ces quatre cadrans, pour l'élevation du pole où l'on eſt, & ſi on approche, ou qu'on s'éloigne de ce lieu-là, il faut allonger, ou accourcir cette aiguille, & faire auſſi la meſme choſe au cadran équinoxial, en l'élevant ou le baiſſant, à proportion de l'élevation de la ligne équinoxiale, & que l'aiguille réponde au pole le plus proche; & ainſi on rendra ces cadrans univerſels, pour s'en ſervir en tous les lieux de la terre, ou de la mer.

En ſecond lieu, il y a un Cadran qu'on appelle Equinoxial, à cauſe qu'il le faut élever, en ſorte qu'il réponde à la ligne équinoxiale; on le peut auſſi appeller Polaire, attendu que l'aiguille regarde d'un des bouts le pole arctique, & l'autre répond au pole antartique, le deſſus du couvercle ſert pour les ſix mois, que le Soleil eſt dans les ſignes Septentrionaux, & le deſſous pour les ſignes Auſtraux.

Pour ſe ſervir de ce Cadran, il faut élever ce couvercle, autant qu'eſt la ligne équinoxiale, & l'ayant une fois placé à l'heure qui ſera trouvée par le moyen d'un des autres cadrans, il poura ſervir toûjours ſans qu'on y touche, ce qui n'eſt pas de meſme aux quatre autres cadrans, car il les faut remuer autant de fois, qu'on veut ſçavoir quelle heure il eſt.

3. Il y a une ligne ſur ce livre, pour connoiſtre par l'ombre de l'aiguille l'élevation du Soleil, & de la Lune, au temps qu'on voudra la chercher.

4. D'un des coſtez du couvercle par dedans, il y a un cercle immobile, où les vingt & quatre heures ſont marquées, & huit autres cercles mobiles, l'un pour les 12. ſignes du Zodiaque, & les ſept autres pour les ſept Planettes, avec leurs caracteres & leurs aſpects, ſuivant le ſiſteme de Ptolomée, à cauſe qu'il eſt plus commode, & ſe peut mieux accommoder, ou placer ſur un plan, que ceux de Tycho-brahé, & de Copernic, quoyqu'on les y puiſſe pourtant mettre ſi on veut; & pour le mieux, il faut que le cercle où eſt le Soleil, ait une grande largeur au point où il eſt, qui diminuë au point oppoſé, lequel découvrira la Lune toute entiere, (dont le cercle ſera & coulera ſous cette largeur) quand elle ſera pleine, & oppoſée au Soleil, & qui la couvrira toute, quand elle y ſera iointe, & ſur cette largeur, il faut faire deux ouvertures ou ſections de cercle, l'une pour y mettre Mercure, qui aille, & qui vienne, comme il fait au Ciel, ne s'éloignant du Soleil qu'environ de vingt-ſept degrez, & l'autre qui ſera plus éloignée ſervira pour Venus qui ne s'éloigne du Soleil, que d'environ quarante & neuf degrez ; & ſi on vouloit ſuivre le ſyſteme de Ticho, ou de Copernic, il faudroit que Mercure, & Venus tournaſſent au tour du Soleil : en outre que le cercle du Soleil a ſes aſpects comme les autres, ſçavoir les ſextils, quarts, trines, & oppoſé, il a auſſi 30. chiffres, pour marquer l'âge de la Lune, la mettant au lieu où elle eſt au Ciel, lors de l'operation.

Pour ſe ſervir de ces cercles, il faut mettre le ſigne, & meſme le degré du ſigne ſur l'heure, ou à la partie de l'heure propoſée, & mettre auſſi le Soleil, & toutes les autres Planettes dans le meſme endroit, où elles ſont pour lors au Ciel, & on remarquera leurs ſituations, & les aſpects qu'elles ont les unes avec les autres, & avec les ſignes du Zodiaque, pour dreſſer des nativitez, tirer des horoscopes, & predire le temps qu'il doit faire.

5. Il y a aussi une table des vents, laquelle comme elle ne pouvoit pas estre commodement appliquée au milieu, elle est divisée en deux demy cercles, qui ont deux centres, & pour s'en servir, il faut mettre l'aiguille dans l'un ou l'autre centre, & un morceau de papier delié au haut, que le vent puisse faire remuer, & ayant mis le livre, en sorte que le Nord de la table soit exposé au Septentrion, on verra de quel costé le vent soufflera pour lors.

6. Il y a un Astrolabe sur l'autre costé du couvercle, tel qu'on le fait ordinairement, & trois ou quatre tables dans son ventre, pour s'en servir en differents degrez de l'élevation du pole, de trois en trois degrez à cause de sa petitesse ; une des pinnules de l'alhidade se ploye, afin qu'on puisse fermer ce livre, & quand on s'en voudra servir sur le dos de l'Astrolabe, il l'y faudra mettre.

Comme l'Astrolabe, est le plus beau, & le plus universel des instrumens Mathematiques, on s'en sert à plusieurs usages, ainsi que sçavent ceux qui sont Astrologues, Geomettres, Geographes, & autres Mathematiciens, & ceux qui n'en sçavent pas l'usage, le pouront apprendre des autres, ou des livres qui en ont esté composez, car il faudroit un gros volume pour en décrire sa fabrique, & tous ses usages, que i'ay reduit à une des parties du couvercle d'un petit livre.

7. Il y a enfin une table de dix-neuf années commençant par celle de 1677. où nous sommes, qui contient la lettre Dominicale, le Nombre d'or, & l'Epacte.

8. Il y a proche d'un des costez du couvercle deux fueilles de tablettes pour y écrire ce qu'on voudra, avec l'aiguille, soit des remarques de ce livre, ou autres choses.

9. Les Armes de nôtre Auguste Monarque, de Monseigneur le Dauphin, de M.rs de Roquelaure, & de Beauvais, sont sur le dos du livre.

Tous ces Cadrans & autres desseins pourront estre mis en d'autres couvercles de livres, & specialement sur des heures, qu'on poura appeller à bon droit de ce nom-là, puis qu'en outre les heures canoniales qui sont dedans, il y aura des heures marquées dessus, qui pourront regler les autres, & sur des livres qu'on porte sur soy, pour s'en servir chacun en sa profession, par exemple sur un diurnal pour un Prestre, ou autre Eclesiastique, les instituts de Justinian, ou un petit Code, ou une Coûtume, pour un Juge & un Avocat, les Aphorismes d'Hypocrate, pour un Medecin, & autres sortes de livres.

Ainsi un homme aura toûjours sur luy plusieurs sortes de cadrans & autres curiositez, qui sont tres utiles (sans parler des montres) soit qu'il ait un baston, ou une écritoire ou des heures, ou autres livres, dont il tirera de la satisfaction ; & ie ne crois pas qu'il y ait personne au monde, du moins qui sçache quelque chose pour peu qu'elle soit curieuse, qui n'ait cy-apres quelque cadran sur soy, & dans, ou proche de sa maison, en faisant ce que nous avons dit dans ce traité du Baston universel, sans parler des anneaux ou bagues, & clefs, où l'on peut mettre des cadrans, y appliquant un petit cercle mobile, ou il y aura un trou, pour faire passer la lumiere du Soleil, comme il s'en voit de cette sorte ; à propos d'écritoires, en outre les cadrans qu'on y peut mettre ainsi que nous avons dit dans ce traité du Baston, ony doit mettre aussi deux cachets, un à l'un des bouts, & l'autre à l'autre, ainsi quand on écrira des lettres, on aura ses cachets tous prests pour les cacheter, on en peut aussi mettre quelques uns, au tour de l'anneau d'une clef, & le long de cette mesme clef, y faire un cadran cylindre, comme ie l'ay medité depuis le traité de ce Baston que *l'ay fait.*

FIN.